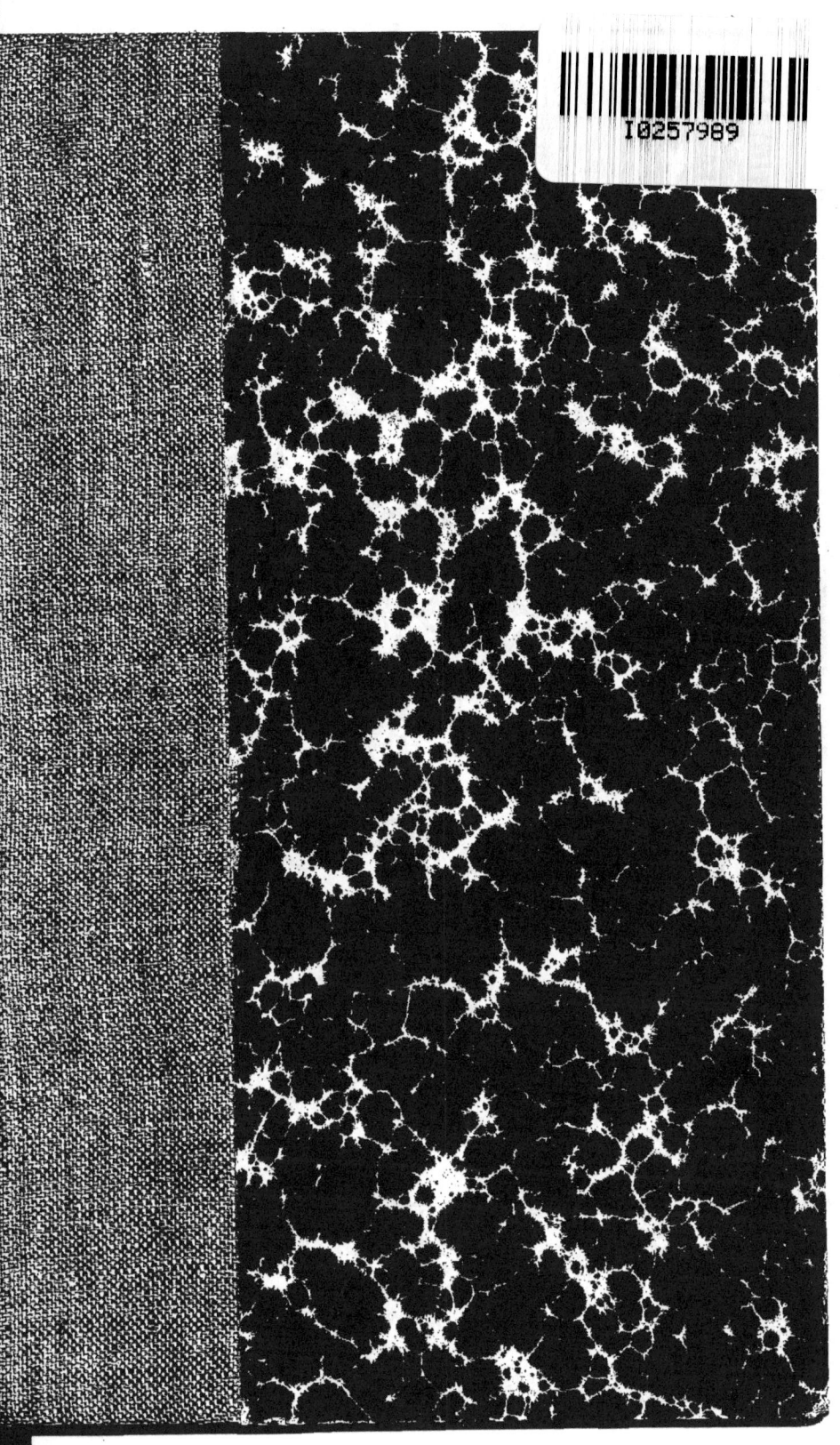

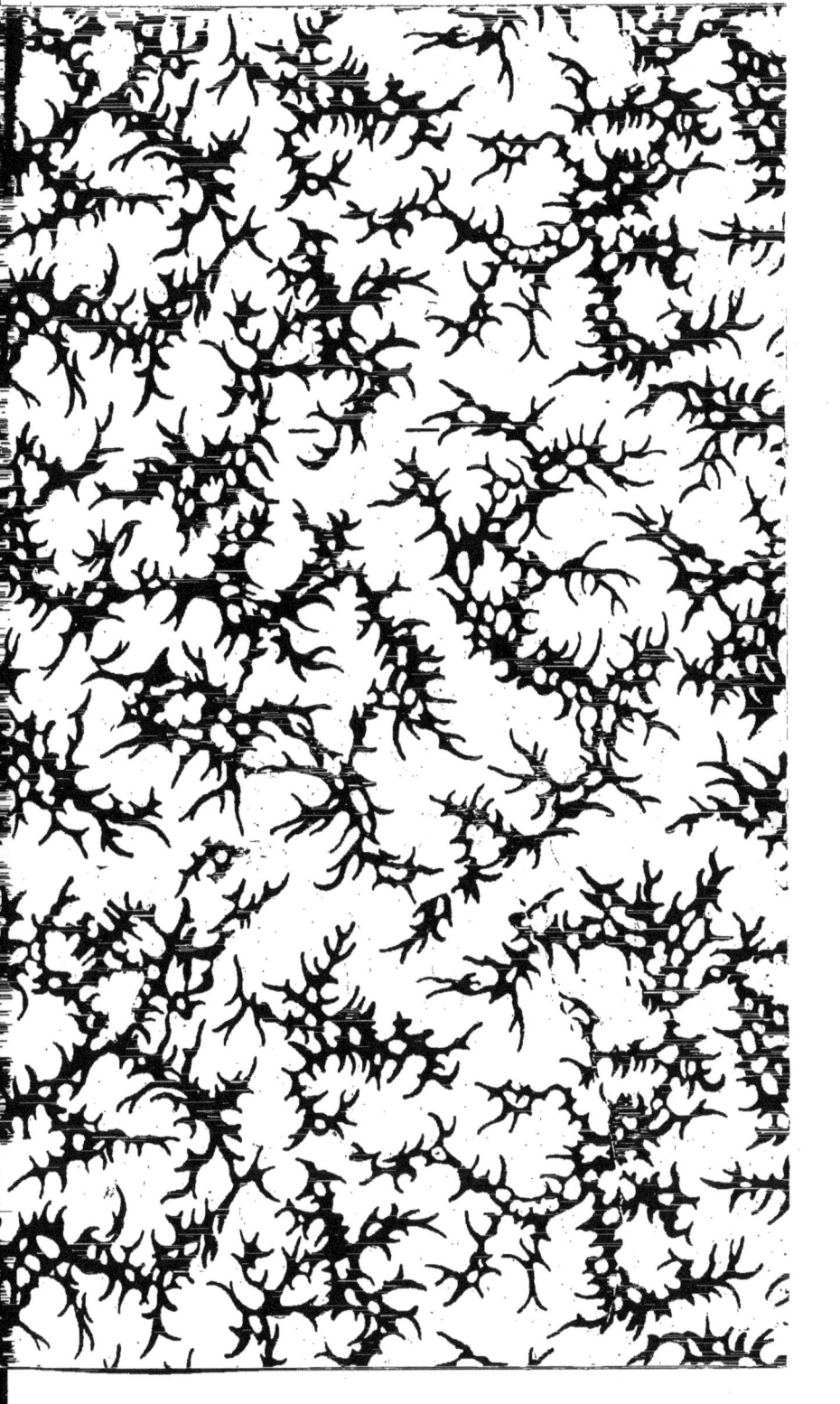

LA MONNAIE
DANS L'ANTIQUITÉ

LEÇONS PROFESSÉES

DANS LA CHAIRE D'ARCHÉOLOGIE

PRÈS LA BIBLIOTHÈQUE NATIONALE

EN 1875-1877

PAR

FRANÇOIS LENORMANT

TOME III

PARIS

A. LEVY
Libraire-éditeur
13, RUE LAFAYETTE, 13

MAISONNEUVE ET Cie
Libraires-éditeurs
25, QUAI VOLTAIRE, 25

ROLLIN ET FEUARDENT
Libraires-éditeurs
4, PLACE LOUVOIS, 4

1879

LA MONNAIE DANS L'ANTIQUITÉ

TOME III

Paris. — Imp. Gauthier-Villars, 55, quai des Grands-Augustins.

LA MONNAIE
DANS L'ANTIQUITÉ

LEÇONS PROFESSÉES

DANS LA CHAIRE D'ARCHÉOLOGIE

PRÈS LA BIBLIOTHÈQUE NATIONALE

EN 1875-1877

PAR

FRANÇOIS LENORMANT

TOME III

PARIS

A. LÉVY
Libraire-éditeur
13, RUE LAFAYETTE, 13

MAISONNEUVE ET Cie
Libraires-éditeurs
25, QUAI VOLTAIRE, 25

ROLLIN ET FEUARDENT
Libraires-éditeurs
4, PLACE LOUVOIS, 4

1879

LIVRE III

LA LOI DANS LES MONNAIES ANTIQUES

(SUITE)

CHAPITRE II

COUP D'ŒIL SUR LA DOCTRINE MONÉTAIRE
ET SES CONSÉQUENCES PRATIQUES DANS L'ANTIQUITÉ

§ 1. — LES GRECS.

1. Inventeurs de la monnaie, ou du moins ayant été les premiers à donner un développement considérable à son usage (voyez livre I, chapitre III, § 2 et 3), les Grecs ne se sont jamais mépris sur son véritable caractère de marchandise réelle investie du rôle de signe représentatif et de commune mesure de la valeur des choses. Un admirable passage d'Aristote, bien des fois cité par les économistes, contient l'expression philosophique de la théorie la plus saine et la plus avancée sur les véritables propriétés de la monnaie. « On convint, dit le grand philosophe, de donner
« et de recevoir, dans les échanges, une matière qui, utile
« par elle-même, fût aisément maniable dans les usages
« habituels de la vie ; ce fut du fer par exemple, de l'ar-
« gent ou telle autre substance analogue, dont on déter-
« mina d'abord la dimension et le poids, et qu'enfin, pour
« se délivrer des embarras des continuels mesurages, on
« marqua d'une empreinte particulière, signe de sa va-
« leur. Avec la monnaie, née des premiers échanges indis-
« pensables, naquit aussi la vente, autre forme d'acqui-

« sition, excessivement simple dans l'origine, mais
« perfectionnée bientôt par l'expérience, qui révéla, dans
« la circulation des objets, les sources et les moyens de
« profits considérables. » S'il n'hésite pas un seul instant
sur l'essence de la monnaie comme devant posséder par
elle-même une valeur propre, conforme à sa valeur conventionnelle de circulation, Aristote est aussi pleinement
dans la vérité économique lorsqu'il examine la question
de savoir si l'argent constitue la richesse, comme quelques
personnes le pensaient dans l'antiquité et dans le moyen
âge, ou s'il n'en est qu'une des représentations et la mesure la plus générale et la plus commode. « Un homme ne
« pourra-t-il pas manquer des objets de première néces-
« sité ? et n'est-ce pas une plaisante richesse que celle qui
« n'empêche pas de mourir de faim, comme ce Midas de
« la mythologie, dont le vœu cupide faisait changer en
« or tous les mets de sa table (1) ? »

En écrivant ces paroles, auxquelles un économiste de
nos jours n'aurait rien à ajouter pour l'exactitude scienti-
fique et pour la précision, le philosophe de Stagire expri-
mait-il ses théories personnelles, ou bien donnait-il une
forme plus philosophique aux opinions généralement ré-
pandues parmi ses contemporains ? Remarquons d'abord
que la théorie qu'il expose était au moins celle qui avait
cours parmi les philosophes, car Platon l'exprime beaucoup
plus brièvement, mais fort nettement encore, dans sa *République*, non pas dans cette partie de pure utopie où il
veut exclure les métaux précieux de l'État idéal qu'il rêve
de créer, mais dans le second livre, dans cette partie si remarquable où, reconstituant ce qui s'est passé à l'origine

---

(1) Aristot. *Politic.* I, 6, 14-16 ; t. I, p. 53, traduction de M. Barthélemy Saint-Hilaire.

des sociétés, il établit les lois de la production et les saines règles de la division du travail (1). Si nous parcourons maintenant tous les auteurs grecs de l'époque autonome, nous n'en trouvons pas un seul chez lequel apparaisse la moindre trace de la théorie funeste qui ne voit, dans les espèces d'or et d'argent, qu'un signe conventionnel des échanges, assujetti à la volonté du souverain ou de l'État. Le doute sur la véritable théorie de la monnaie ne semble même pas s'être éveillé dans leurs esprits. La distinction du numéraire et de la richesse est pour eux moins précise, que la nature de marchandise appartenant à la monnaie. Cependant le passage du traité de Xénophon *Sur les moyens d'augmenter les revenus de l'Attique* (2), où le savant Blanqui (3) avait cru trouver l'expression formelle de la doctrine erronée d'après laquelle le numéraire constitue l'essence de la richesse, ne saurait avoir le sens qu'y attribuait cet économiste. Si les expressions de quelques phrases isolées peuvent prêter à l'équivoque, l'ensemble du traité et les circonstances dans lesquelles il fut écrit ne permettent pas de se méprendre sur le sens qu'il faut y reconnaître. Xénophon poursuit un double but. D'un côté, il soutient auprès des Athéniens la nécessité de maintenir l'argent dans le rôle d'étalon monétaire, comme étant soumis à des variations de production et de valeur moins fréquentes et moins fortes que celles de l'or. De l'autre, il les encourage à donner plus d'activité à l'exploitation de leurs mines d'argent du Laurium. Il les rassure au sujet de la crainte qu'ils eussent pu avoir que l'augmentation dans la production du métal ne vînt à l'avilir, et dans

(1) Plat. *De Republ.* II, p. 371.
(2) IV, 1-2.
(3) *Histoire de l'Économie politique*, t. I, p. 32.

cette intention il fait remarquer que les métaux destinés au monnayage, en tant que servant d'instruments pour toutes les transactions, subissent, par suite de l'abondance, une dépréciation moins rapide que les marchandises qui ne servent qu'à un seul usage, fût-il de première nécessité comme celui du blé, parce que la multiplication de ces métaux permet d'entreprendre plus d'opérations, d'acquérir plus de choses à l'étranger et augmente ainsi la richesse, et ceci était plus vrai dans les sociétés antiques que dans les nôtres, parce que l'imperfection du mécanisme du crédit, le peu de développement de ses ressources, y exigeaient une plus grande quantité de numéraire disponible pour le même chiffre d'opérations et d'entreprises. Xénophon se trompe en croyant qu'avec une grande activité commerciale et industrielle on peut éviter indéfiniment la dépréciation du numéraire, quelles que soient la proportion dans laquelle la masse métallique s'augmente et la rapidité avec laquelle se produit cette augmentation. Mais on ne saurait lui attribuer la confusion de la richesse et du numéraire.

2. Que si nous laissons les textes littéraires pour interroger les monuments numismatiques eux-mêmes, de l'étude des monnaies grecques, à quelque pays ou à quelque époque qu'elles appartiennent, nous voyons ressortir avec une incontestable évidence que les vraies notions économiques ont toujours servi de règle chez les Hellènes à la fabrication monétaire. Prise dans son ensemble, la monnaie grecque est excellente, le métal en est pur, le poids exact, la valeur réelle correspond à la valeur nominale; on n'a rien fait de mieux chez les peuples les plus

civilisés et les plus sagement gouvernés de l'époque moderne. Il y a bien toujours une certaine limite de tolérance, qui tient le poids effectif de la monnaie légèrement au-dessous de son poids théorique, et ce fait se présente même avec une telle constance qu'on peut l'ériger en règle. Il faut en conclure que c'est sous cette forme que la civilisation grecque admettait, pour celui qui fabriquait la monnaie, la perception du droit de seigneuriage et du bénéfice qui lui appartient légitimement pour couvrir ses frais de fabrication, en échange du service qu'il rend au public en lui livrant le métal sous forme de monnaie « dispensant des embarras de continuels mesurages ». Mais cette tolérance se maintient toujours dans de très-étroites limites et n'excède jamais les données de la plus-value naturelle du métal monnayé sur le métal en lingots. Elle est plus forte pour les très-petites monnaies divisionnaires, destinées seulement à faire les appoints et avec lesquelles on ne payait pas de grosses sommes, que pour les monnaies représentant des valeurs plus considérables destinées aux grands payements (voy. livre VI, chap. i); et ceci est ce qui se produit encore aujourd'hui chez les peuples les plus avancés en économie politique, chez ceux qui ont les meilleures monnaies et les meilleures finances. Il ne saurait, en effet, y avoir aucun inconvénient pour les transactions à ce que la monnaie d'appoint soit en grande partie fiduciaire, pourvu que la loi ne prétende pas obliger le public à la recevoir autrement que pour de petites sommes d'un chiffre déterminé, et pourvu que le public puisse toujours trouver à l'échanger immédiatement contre de la monnaie réelle ; car alors la pièce mise en circulation pour une valeur nominale supérieure à sa valeur métallique effective n'est plus que la représentation conventionnelle d'un certain poids déterminé de métal, que l'on peut toujours se procurer contre elle sous forme de la monnaie réelle qui constitue la majeure part de la circulation.

Sans doute le fait général et prédominant de l'excellence de la monnaie grecque des siècles de la pleine indépendance, qui est une monnaie-*marchandise,* souffre quelques exceptions, comme toute règle ici-bas, dans les choses humaines. Il y a eu quelques cités qui se sont laissées aller à l'appât fallacieux d'un bénéfice illégitime en altérant la qualité de leurs monnaies, sans prévoir que les conséquences de cette opération déloyale se retourneraient contre elles-mêmes. Mais ces exceptions sont fort rares, et en général la mauvaise issue des entreprises de ce genre paraît avoir vite dégoûté ceux qui essayaient de s'y livrer. Nous avons bien signalé quelques faits de villes grecques qui, par une cause ou une autre, ont préféré fabriquer des monnaies de métal fortement allié, d'un titre assez bas, à des monnaies de métal pur, par exemple des pièces d'électrum au lieu de pièces d'or; mais nous avons vu aussi que le métal allié dans ces conditions avait une valeur commerciale particulière et déterminée, et que c'était pour cette valeur qu'il était mis dans la circulation sous forme monnayée (livre II, chap. I, § 3, 2). La monnaie d'électrum était donc en principe une monnaie-marchandise réelle aussi bien que la monnaie d'or pur. Elle avait cependant l'inconvénient de prêter davantage à la fraude, car la valeur métallique commerciale de l'électrum supposait une certaine proportion d'or et d'argent dans sa composition, et, comme l'observation loyale de cette proportion ne pouvait se reconnaître à l'analyse, il était facile à celui qui fabriquait la monnaie de se procurer un gain déshonnête en forçant dans l'alliage la quantité d'argent ou même en y introduisant un peu de cuivre. C'est précisément pour cela que la monnaie d'électrum ne put pas soutenir la concurrence de la monnaie d'or pur, quand le commerce grec eut de cette dernière en quantité suffisante, à partir du règne de Philippe II de Macédoine, et qu'elle fut alors bientôt abandonnée. Auparavant, du milieu du v⁰ siècle au milieu du iv⁰, les gens de Cyzique étaient loin d'observer strictement les proportions loyales de la composition de l'électrum dans les statères qu'ils répandaient sur tous les marchés (livre II, chap. I, § 3, 2 ; livre VI, chap. IV, § 3, et chap. IX, au mot *Cyzicènes*) ; leur opération fut une des plus considérables et en même temps l'une des moins scrupuleuses qu'entreprît aucune cité grecque en matière de monnaies. Mais elle ne reposait pas sur la théorie de la valeur conventionnelle du numéraire dépendant de la volonté de l'État, d'autant plus que c'était surtout pour l'exportation, où ils étaient reçus à titre de marchandise, que les Cyzicéniens frappaient leurs statères. Ils avaient réussi, au milieu des guerres qui déchiraient alors le monde grec, à se créer un monopole, et ils l'exploitaient à outrance comme ils auraient pu exploiter celui de toute autre nature de choses. Tout l'or qui pendant cette époque entrait dans la circulation des pays helléniques, à peu de chose près, passait par leurs mains ; eux seuls en monnayaient ; on n'en avait que par eux, sous forme de monnaie d'électrum. Abusant de cette situation, ils le livraient au prix qu'ils voulaient, donnant pour la valeur d'un électrum à 25 pour 100 d'alliage des pièces qui en contenaient 40 pour 100 dans la réalité ; dictateurs du marché, ils obligeaient à le prendre à ce cours, tel qu'ils le frappaient, ou à s'en passer. L'accaparement de toute espèce de marchandise produit des résultats semblables. Les gens de Cyzique auraient pu mettre en pratique leur opération pour le blé, par exemple, aussi bien que pour l'or. Et ici l'altération que nous constatons dans le titre loyal des monnaies, loin de montrer l'existence de la doctrine de la valeur conventionnelle des espèces monnayées, prouve qu'on les considérait comme de véritables marchandises, dont on trafiquait d'après les mêmes procédés, les mêmes lois et avec les mêmes ruses que de toute autre. Du reste, la façon dont les statères de Cyzique furent pendant un siècle entier adoptés par le commerce international prouve que l'on ne trouvait pas que les gens de cette cité abusassent de leur position en forçant dans une certaine mesure la proportion d'alliage de leur électrum. Mais quand Phocée et les autres villes de l'*Union des hectés d'électrum* (l. II, chap. I, § 3, 2 ; l. III, chap. I, § 2, 2 ; livre VI, chap. IV, § 3, et chap. IX, au mot *Phocaïdes*) voulurent aller plus loin dans la même voie et donner un titre encore notablement plus bas à leurs monnaies, le commerce international n'accepta plus leurs espèces comme de véritable électrum ; ce fut un numéraire fiduciaire et conventionnel, qui ne circulait pour sa valeur nominale que dans les villes liées par les traités d'union, mais qui partout ailleurs subissait une très-forte dépréciation. Aussi la fabrication de cette monnaie à mauvais renom ne se continua-t-elle pas aussi longtemps que celle des *Cyzicènes*, de même qu'elle n'atteignit jamais à un aussi grand développement.

Quant à la détestable pratique des monnaies fourrées, qui, nous l'avons montré (livre II, chap. II, § 3), n'était pas autre chose qu'une émission subreptice et honteuse de monnaies fiduciaires, que l'on cherchait à dissimuler au public en les mêlant aux monnaies loyales, ce furent sans doute les Grecs qui en donnèrent le premier exemple. C'est à leur imitation que les Romains en fabriquèrent. Mais jamais en Grèce cette pratique n'eut le développement qu'elle prit à Rome. Les pièces fourrées sont rares dans les séries grecques des âges de la pleine autonomie. Lorsqu'elles ne sont pas l'œuvre de la fraude des faussaires privés, lorsqu'il faut en attribuer l'origine aux gouvernements eux-mêmes, on peut presque toujours constater historiquement que les émissions de ce genre, chez les Hellènes, ont eu lieu dans des circonstances exceptionnelles de nécessité militaire, qu'elles n'ont jamais eu chez eux un autre caractère que celui des monnaies obsidionales des modernes, monnaies de pure convention, auxquelles on attribue un cours sans rapport avec leur valeur métallique réelle, jusqu'au jour où l'on pourra les remplacer par un véritable numéraire. Ces exceptions, destinées à une circulation temporaire et limitées à des circonstances extraordinaires, ne peuvent pas entrer en ligne de compte pour juger quelles étaient, aux yeux des Grecs, les conditions d'une émission monétaire paisible et régulière. Les pièces obsidionales ne sont jamais, à proprement parler, une véritable monnaie, mais des espèces d'assignats créés par la nécessité. Quant à la prétention que le gouvernement a toujours le droit, en temps normal, de mêler des monnaies fourrées aux monnaies réelles, de faire ainsi qu'une portion du numéraire en circulation se compose d'espèces ne devant leur valeur qu'à l'empreinte officielle et non à leur composition métallique, prétention qui ne peut naître que de la fausse théorie de la monnaie-*signe*, nous la trouvons déjà ancrée chez les Romains dans les derniers siècles de la République, et nous avons eu l'occasion de montrer combien de déplorables conséquences elle avait produites de bonne heure à Rome; mais rien n'autorise à croire qu'une prétention semblable ait jamais existé, non plus que la théorie dont elle découlait, dans la Grèce indépendante et florissante.

3. Ce n'est pas seulement le caractère à la fois philosophique et pratique des Grecs, ce n'est pas seulement leur instinct commercial qui maintint chez eux, tant que l'hellénisme vécut d'une vie libre, les véritables doctrines monétaires et la fabrication loyale des espèces métalliques. S'ils eurent toujours de bonnes monnaies, ils le durent avant tout à la liberté et aux règles constitutives qui dans leur société régissaient le droit de monnayage. La constitution morcelée que l'esprit de particularisme local imposait à la Grèce républicaine, avait de sérieux inconvénients pratiques, sur lesquels nous avons insisté plus haut (dans ce livre, chap I, § 2, 1), en matière monétaire, puisqu'elle donnait naissance à une trop grande variété de monnaies locales, taillées d'après des étalons différents, mais elle compensait ces inconvénients dans une certaine mesure en rendant presque impossible une altération sérieuse des espèces métalliques destinées à la circulation. Quand chaque cité était souveraine et comme telle émettait ses monnaies propres, la souveraineté, essentiellement locale, se confondait avec la municipalité, l'État ne s'élevait pas à une conception plus étendue, et la monnaie qu'il fabriquait n'était par le fait qu'une monnaie municipale. Or, il ne saurait y avoir une condition meilleure et plus sûre de la bonne qualité des monnaies. Tous les membres de la communauté, également intéressés, pour la stabilité de la fortune publique ou privée et pour la sécurité des transactions, à ce que les espèces mises dans la circulation ne

soient pas altérées, exercent facilement une surveillance constante sur les opérations de l'hôtel des monnaies, et, prenant part à leurs affaires propres et locales, empêchent des fraudes que le pouvoir souverain serait peut-être porté à essayer s'il agissait isolément et sans contrôle dans une sphère territoriale plus étendue. La cité grecque était d'ailleurs défendue contre la tentation d'altérer ses monnaies par la concurrence constante des monnaies des cités voisines. En effet, la tentation dans ce genre est surtout forte lorsque le gouvernement peut se flatter de tirer de ses opérations frauduleuses un large bénéfice, en imposant dans une étendue de pays considérable sa mauvaise monnaie, sous la sanction de pénalités légales contre le refus qui en serait fait. Mais une cité grecque qui altérait ses monnaies devait se résigner à les voir exclusivement renfermées dans sa circulation intérieure, ce qui en restreignait forcément la fabrication à des données où le bénéfice était trop peu de chose pour tenter l'aventure et en compenser les inconvénients. Elle aurait vu, en effet, toutes les transactions de ses négociants entravées par le refus de sa mauvaise monnaie jusque sur les places les plus rapprochées, avec lesquelles elle se trouvait en rapports journaliers, et sur son propre marché cette monnaie aurait bien vite subi une dépréciation ruineuse, accélérée encore par la façon dont les bonnes espèces des autres cités seraient venues y faire concurrence, sans qu'il lui fût possible d'essayer d'y fermer son territoire.

D'ailleurs, avec la liberté, un peuple n'a jamais de mauvaises monnaies; la tentation est constante, pour un pouvoir despotique, de frauder ses sujets et de réaliser à leurs dépens des profits illégitimes, en leur imposant comme bonne une monnaie qui n'ait ni le poids ni la pureté nécessaires pour que sa valeur réelle corresponde à la valeur nominale pour laquelle elle est émise. Mais lorsque la nation elle-même prend part à l'administration de ses affaires, quand même les doctrines économiques ne seraient pas encore éclaircies et connues, il suffit du bon sens naturel et de la pratique des choses d'argent pour l'empêcher de recourir à des opérations dont le résultat inévitable est la ruine de l'État et des particuliers. C'est ainsi que, jusqu'à l'invention du système du gouvernement représentatif par les modernes, les républiques ont été, par le principe de leur constitution, bien plus garanties que les monarchies contre le fléau de l'altération des monnaies ; alors qu'il sévissait dans toute l'Europe, au Moyen Age, ce sont les républiques marchandes, comme Venise ou Florence, qui s'en sont le mieux défendues. Et dans l'antiquité grecque on peut ajouter, comme nous le remarquions à l'instant, que plus l'État était restreint et se réduisait à la cité, plus aussi il était démocratique comme Athènes, donnant à tous les citoyens part aux affaires publiques, plus la monnaie s'y est conservée d'excellente qualité.

Il faut bien le remarquer, partout où régnait le véritable hellénisme, c'est-à-dire l'esprit de liberté, même dans des États à constitution monarchique, comme ceux des successeurs d'Alexandre, la monnaie demeurait bonne et les idées sur le caractère essentiel du numéraire se maintenaient intactes. Là où toute liberté disparaissait, la doctrine économique s'oblitérait et le pouvoir portait atteinte à la pureté des espèces. Par exemple, à Syracuse, nous constatons à un certain moment une véritable banqueroute opérée par un changement dans la valeur intrinsèque de la monnaie qui servait de base à tous les comptes (livre VII, chap. I, § 1) ; elle est l'œuvre de Denys, c'est-à-dire d'un homme dont le nom a traversé les siècles comme celui d'une des personnifications les plus complètes de l'esprit de tyrannie. Tous les rois grecs, tous les tyrans viagers des cités helléniques sont loin d'avoir fait des opérations monétaires déloyales : il en est beaucoup dont les espèces sont remarquables par leur excellente qualité. Mais dans le monde hellénique on ne rencontre guère de mauvaises monnaies que parmi celles des rois et des tyrans.

Les premiers exemples un peu considérables d'une altération profonde et systématique des espèces monétaires, se présentent à nous dans certaines portions de la série numismatique des rois de Perse. La base fondamentale de leur système monétaire était la darique d'or (livre VI. chap III, § 1 ; chap. IV, § 2 ; chap. IX, au mot *Dariques*). inventée par Darius, fils d'Hystaspe ; elle égalait en exactitude de poids et en pureté de titre, si elle ne le surpassait pas, tout ce qui se faisait de meilleur à la même époque en fait de monnaies chez les Grecs. Aussi eurent-elles un cours de faveur dans tout le monde hellénique, et plus d'un homme d'État de Sparte ou d'Athènes se laissa séduire par ces belles monnaies, qui trouvaient un si facile placement. A côté, comme monnaie d'empire, on frappait le sicle médique d'argent (livre VI, chap. IX, à ce mot), dont le métal était à un titre un peu plus bas que celui des monnaies d'argent helléniques contemporaines (plus haut, livre II, chap. I, § 3, 1). Le crime d'Aryandès, le satrape d'Egypte, puni de mort par Darius, consista précisément, d'après le dire d'Hérodote (1), à donner aux pièces de ce genre, qu'il faisait frapper dans son gouvernement, un titre supérieur à celui des monnaies que le

___
(1) IV, 166.

grand Roi émettait dans le reste de son empire ; et du temps de l'historien d'Halicarnasse le commerce savait encore, à de certains signes, distinguer des autres sicles médiques *l'argent aryandique*, τὸ ἀργύριον τὸ ἀρυανδικόν, qui avait un cours de circulation plus élevé, comme de meilleur métal. En outre, comme nous l'avons déjà remarqué plus haut (dans ce livre, chap. I, § 1, 2), il y avait dans l'Empire des Achéménides des monnaies provinciales du Roi, destinées spécialement et exclusivement à la circulation de certaines Satrapies, dont le titre était le même que celui des sicles médiques destinés à circuler partout, mais dont les poids étaient tenus un peu au-dessous, pour assurer la supériorité à la monnaie d'Empire ; et de plus, dans les Satrapies d'Asie-Mineure et de Phénicie, le gouvernement royal laissait une liberté presque complète au monnayage municipal des villes en argent, se réservant seulement d'une manière exclusive la fabrication de la monnaie d'or (livre VI, chap. IV, § 2 et 3).

La monarchie perse, moins intelligente que les Grecs en matière commerciale et économique, avait, en organisant son système monétaire, cru pouvoir réaliser la chimère du double étalon, et elle prétendit le maintenir contre la force des choses tant qu'elle dura. Or, dans le dernier siècle de son existence, tandis qu'elle persistait à vouloir maintenir légalement à l'or une valeur 13 1/3 fois supérieure à celle de l'argent, le cours de ce métal dans le commerce avait baissé partout d'au moins 11 0/0. Nécessairement et sans qu'aucune ordonnance royale pût parvenir à l'empêcher, il en résulta une exportation de l'argent vers l'Occident hellénique dans des proportions telles que, lors de la conquête d'Alexandre, il avait disparu presque complétement des provinces intérieures de l'Empire, où ne restait plus que l'or, fortement déprécié par le fait, quoique gardant la même valeur nominale (plus haut, livre II, chap. i, § 2,2). En fait de finances et d'économie politique, une faute en entraîne une autre, par un enchaînement presque fatal, surtout dans une de ces monarchies à la manière asiatique, où la seule règle est la volonté du maître et où les abus du pouvoir ne rencontrent ni frein ni contrôle. Les monarques achéménides crurent pouvoir arrêter, en altérant les espèces de ce métal, l'exportation de l'argent, qu'ils avaient eux-mêmes amenée en s'attachant à l'idée fausse du double étalon. Ils abaissèrent le titre du sicle médique d'Empire, à tel point que certaines des provinces de l'Asie-Mineure qui jouissaient d'une demi-indépendance, comme la Lycie, se fermèrent à cette monnaie du suzerain et refusèrent de la recevoir autrement qu'en y apportant une contremarque, après en avoir vérifié la qualité métallique et en la tarifant à leur gré par rapport à la monnaie d'argent municipale du pays, qui restait d'excellente qualité. Et l'altération fut encore bien plus forte dans les monnaies provinciales destinées à certaines Satrapies purement asiatiques, où n'existait aucune trace de vie municipale indépendante, et où les populations, prosternées dans la poussière devant la divinité et la puissance suprême du grand Roi, acceptaient sans résistance l'idée qu'il suffisait de sa volonté pour donner à un morceau de métal marqué de son empreinte une valeur dont il n'aurait jamais pu approcher dans le commerce à l'état de simple lingot. Les grosses espèces d'argent fabriquées pour les Ve et IXe Satrapies de Darius, surtout pour la portion araméenne de la Ve Satrapie et pour les pays euphratiques, deviennent, dans la décadence de la monarchie perse, de détestables monnaies, où la proportion d'alliage sans valeur dépasse de beaucoup toutes les tolérances admissibles pour une fabrication honnête, surtout dans une monnaie qui, comme celle-là, servait aux plus forts payements. Comme de juste, cette altération du numéraire d'argent ne porta pas remède au mal contre lequel on cherchait un palliatif, et ses conséquences tournèrent contre la mauvaise administration qui y cherchait un bénéfice aux dépens de ses sujets. Au lieu d'arrêter l'exportation de l'argent métallique et non monnayé vers les pays où il faisait prime, elle l'accéléra, et avec elle la dépréciation de l'or, amenant un renchérissement universel. L'unique résultat en fut de greffer un mal sur un autre, et d'augmenter ainsi le trouble de la circulation monétaire. Aussi l'usage de la monnaie, qui avait une certaine difficulté à se naturaliser dans les provinces intérieures de l'Empire et à y triompher des habitudes, prises de longue date, d'une autre forme de circulation (plus haut, livre I, chap. III, § 2, 1), ne fit aucun progrès parmi les indigènes jusqu'à la conquête macédonienne. Si les habitants de ces provinces n'étaient pas en mesure de contester à leur souverain sa prétention de donner à sa monnaie la valeur qu'il voulait, sans rapport avec la valeur intrinsèque résultant de sa constitution métallique, toutes les fois qu'ils pouvaient et qu'ils n'étaient pas contraints à en recevoir, ils préféraient se soustraire à l'emploi de cette monnaie altérée et dépréciée; aussi toutes les opérations de commerce, toutes les transactions entre particuliers se stipulaient et se soldaient en lingots de métal brut, pris au poids comme marchandise. L'usage du numéraire monnayé ne s'est complétement implanté dans ces contrées et n'y est devenu la règle habituelle qu'après Alexandre, quand les populations ont eu affaire à la monnaie à la grecque, à la monnaie-marchandise d'une valeur métallique égale à sa valeur nominale, quand ils ont été sûrs que dans une pièce monétaire revêtue de l'empreinte officielle ils avaient, sans besoin de revenir constamment à en vérifier l'exactitude à la balance, la même quantité de métal fin que dans un morceau de même poids des lingots habituels du commerce.

Les anciens n'ayant jamais conçu l'exercice de la souveraineté populaire autrement que direct, n'ayant pas eu l'idée de la représentation, n'ont point connu même la possibilité dans un grand État de cette monarchie tempérée, contrôlée, tenue en bride, dont le mécanisme représentatif a doté les peuples modernes. Le seul mode de tempérament, de limitation de l'omnipotence de l'autorité monarchique que l'antiquité ait connu et pratiqué consistait dans le développement de l'autonomie municipale des cités. Ce n'est que par là qu'elle opposait quelques barrières à l'exercice du pouvoir royal, absolu de son essence, surtout dans les monarchies issues de celle d'Alexandre, et qu'elle l'empêchait de dégénérer en un arbitraire illimité. En matière monétaire comme en matière politique, l'existence de fortes autonomies municipales fournit d'Alexandre à la conquête romaine la seule garantie sérieuse qui entrave chez les rois les tentations d'altérer les monnaies. On peut, en étudiant les séries numismatiques des diverses royautés de cette période de l'histoire grecque, observer comment celles qui restèrent le mieux préservées de ce fléau furent celles dans les États de qui le plus grand nombre de villes autonomes eurent leur monnayage propre, à côté de celui du souverain. Comment, par exemple, un roi de Pergame eût-il pu songer à altérer les monnaies qu'il mettait dans la circulation, à chercher profit dans un semblable abus de pouvoir, devant la concurrence que faisaient à ses propres espèces les abondantes émissions monétaires des cités grecques libres enclavées dans ses domaines? Bon gré, mal gré, il lui fallait de toute nécessité faire aussi bonne monnaie que ces villes et même s'efforcer de la faire encore meilleure, pour que le commerce donnât la preférence à ses espèces. Au contraire, les Lagides d'Égypte pouvaient facilement fermer leur pays à la circulation des monnaies étrangères : ils n'avaient pas à compter avec des libertés municipales; aussi devaient-ils presque fatalement se laisser aller à la pente qui graduellement les entraînait à chercher des ressources financières illégitimes dans l'altération du numéraire, en transformant la monnaie de marchandise réelle en signe conventionnel dont la valeur dépendît uniquement de leurs décrets. Dès la seconde moitié du IIe siècle avant l'ère chrétienne, la perturbation, causée par des mesures de finance arbitraires et aussi mal calculées que malhonnêtes, était profonde dans tout le mécanisme du système monétaire des Ptolémées, et sous le méprisable règne d'Aulète l'altération des monnaies, avec le bouleversement de la fortune publique et privée qui en est la conséquence inévitable, atteignait en Égypte des proportions que l'on n'avait encore vues nulle part, des proportions qui ne devaient se reproduire que dans la grande crise monétaire de l'empire romain au IIIe siècle de notre ère et dans celle qui sévit sur toute l'Europe au XIVe (voy. livre VI, chap. VI, § 2).

§ 2. — Les Romains.

1. Du monde hellénique passons au monde romain. La cité reine avait reçu des Grecs, avec l'usage de la mon-

naie, la tradition des véritables notions sur sa nature. Ces notions se conservèrent tard dans la doctrine du jurisconsulte, longtemps même après qu'elles s'étaient entièrement oblitérées dans la pratique. Ainsi la définition de l'essence et du rôle du numéraire, que contient un passage de Paul inséré au *Digeste* (1), est-elle encore fort satisfaisante, bien que sur un point essentiel elle n'ait plus la précision de celle d'Aristote et laisse la porte ouverte aux fausses théories. « La vente, dit ce célèbre jurisconsulte, com-
» mença par l'échange; jadis il n'y avait pas de *monnaies*,
» et rien ne distinguait la *marchandise* du *prix*. Chacun,
» suivant la nécessité du temps et des choses, troquait ce
» qui lui était inutile contre ce qui pouvait lui présenter de
» l'utilité, car on voit le plus souvent que ce que l'un pos-
» sède en trop manque à l'autre. Mais, comme il n'arrivait
» pas toujours si aisément que l'un possédât ce que l'autre
» désirait, et réciproquement, on choisit une matière dont
» la constatation publique et durable permît de subvenir
» aux difficultés communes de l'échange, par l'identité de
» l'évaluation; cette matière, revêtue d'une empreinte offi-
» cielle, ne porte plus le nom de *marchandise*, mais celui de
» *prix*. »

Il est facile de discerner où se trouve la lacune grave de cette définition. Le jurisconsulte romain explique très-bien ce qu'il a emprunté aux philosophes grecs, comment on fut conduit à substituer la vente au simple échange, à adopter une matière qui servît d'étalon commun de la valeur des choses, d'instrument des payements, enfin à réaliser un dernier perfectionnement en transformant cette matière en monnaie, et aussi en quoi le *prix* sous forme d'une somme de monnaie diffère de la simple *marchandise* donnée en troc.

(1) XVIII, 1, 1.

Mais il a laissé de côté toute une partie essentielle des anciennes définitions de ses maîtres hellènes, en particulier d'Aristote, qui pourtant était indispensable pour compléter l'énoncé des vrais principes. Il ne dit pas, ce que le philosophe de Stagire n'a eu garde d'omettre, que la monnaie qui constitue le *prix* est et doit être avant tout une *marchandise*, si elle en est une d'une nature particulière et privilégiée ; que sa matière doit être « utile par elle-même » et possédant une valeur propre, conforme à celle pour laquelle on la donne et on l'accepte en prix ; enfin que l'empreinte officielle dont on la frappe n'est que le « signe extérieur de cette valeur intrinsèque », par lequel l'autorité publique garantit l'exactitude du poids et du titre du morceau de métal, de manière à « délivrer de l'embarras de continuels mesurages », ce qui lui donne le droit d'obliger à la recevoir telle qu'il l'émet, droit qui n'est légitime qu'autant qu'elle-même a agi avec une entière loyauté. La définition de Paul peut aussi bien s'adapter à la théorie de la monnaie-signe qu'à celle de la monnaie-marchandise. Rien ne vient y proclamer qu'il est faux et funeste de prétendre que le numéraire servant de prix n'est qu'un signe conventionnel de la valeur des choses, qui n'a pas besoin d'avoir par lui-même une valeur propre en rapport avec celle qu'on lui donne dans la circulation, enfin que c'est l'empreinte officielle qui lui communique sa valeur de convention, au lieu de constater seulement et de garantir sa valeur réelle. C'est que cette fausse et détestable doctrine, qui a si longtemps infesté le monde, auquel les Romains l'avaient léguée, régnait sans partage à Rome dans la théorie légale et dans la pratique depuis des siècles, au temps où écrivait le jurisconsulte. En commentant les lois impériales et même celles de la fin de la République, il rencontrait et devait accepter comme vérités de droit des dispositions aussi monstrueuses que celles de la *Lex Cornelia testamentaria,* qui poussaient jusqu'à leurs dernières limites les conséquences de cette doctrine (1). Les princes au service desquels Paul mettait sa science de juriste, ceux qui l'avaient admis dans leurs conseils et fait succéder à Ulpien, étaient précisément ceux qui commençaient à exercer dans toute sa plénitude, et sans plus y mettre le moindre ménagement de précaution, leur prétendu droit d'altération des monnaies, justifié sur ce sophisme que la valeur du numéraire dérivait de leur empreinte sacrée.

2. Ni les monnaies elles-mêmes ni les récits des historiens latins ne font apercevoir l'existence d'une erreur dans les idées publiques sur la nature du numéraire ou d'une prétention de la part de l'État d'assigner arbitrairement une valeur conventionnelle à des espèces qui n'auraient pas représenté réellement cette valeur, pendant toute la période où la République fut florissante, animée d'un patriotisme supérieur aux avidités particulières, et jouit des bienfaits d'une véritable liberté. Les trois réductions successives qui amenèrent l'as du poids de 10 onces à celui d'une once (livre VII, chap. II, § 5; chap. III, § 2 et 3), lesquelles, incomplétement étudiées, pourraient faire illusion à ce sujet, n'avaient en réalité aucun rapport avec les altérations de l'aureus et du denier, que nous remarquons plus tard, sous l'Empire, dans le cours des IIe et IIIe siècles de notre ère (livre VII, chap. IV, § 1 et 2). Ces opérations présentaient toutes un double caractère. En ce qui regardait les finances publiques, c'était un moyen — bien peu loyal, je le recon-

(1) Paul, *Sentent. recept.* V, 25, 1.

nais, mais qui dans les idées du temps paraissait aussi légitime que l'est pour nous une conversion des rentes — de réduire au tiers ou à la moitié les dettes de l'État dans un moment de nécessité pressante et de disette pécuniaire, avec le consentement du peuple. Mais pour ce qui était de la circulation quotidienne et des transactions entre particuliers, les diminutions du poids de l'as n'y portaient aucune atteinte ni aucun trouble, car elles avaient seulement pour résultat de faire passer dans la monnaie de l'État le rapport qui s'était établi dans les opérations commerciales entre la valeur des deux métaux alors monnayés à Rome, le cuivre et l'argent. Dès le moment où s'accomplit la première réduction, si dans les comptes officiels toutes les sommes s'énonçaient encore en monnaies de cuivre, entre particuliers c'était déjà l'argent, venu de l'étranger sous forme de monnaies ou de lingots ou bien frappé en Campanie au nom de la République (livre VII, chap. III, § 1), qui réglait les stipulations. Ainsi les traités conclus entre personnes privées ne recevaient aucune lésion de la réduction opérée dans la monnaie qui était encore l'unité légale, quoique ayant cessé d'être dans l'usage l'étalon réel de la valeur des choses, et cependant dans le même moment le gouvernement de la République bénéficiait de 60 %, en payant en as du poids d'un triens, ou en sommes d'argent calculées d'après cet as, les dettes qu'il avait contractées en as du poids de 10 onces. Il fraudait ses créanciers, mais il ne prétendait pas donner à ses nouveaux as trientaux une valeur nominale autre que leur valeur réelle comme métal. Les nombreux passages où, dans les évaluations de sommes se rapportant à l'époque intermédiaire entre la première introduction du monnayage de l'argent à Rome même et la réduction de l'as à un sextans, l'on emploie indifféremment les mots *sestertius* ou *as libralis* (1), montrent que les anciens as de grand poids n'avaient été ni démonétisés, ni réduits à une autre valeur que celle qu'ils avaient primitivement, mais continuaient encore à circuler à côté des nouveaux as réduits, et qu'on les acceptait dans le public pour leur valeur réelle de métal, deux fois et demie plus forte que celle de ces dernières pièces. On peut même admettre, avec M. Mommsen (2), qu'il n'y eut pas dans la première réduction de l'as une banqueroute de l'État, « qui n'était pas dans les besoins de la situation financière de Rome, à cette période florissante de la République qui sépare la guerre de Pyrrhus de la première guerre punique. » En effet, comme on employait encore dans les énoncés des comptes publics les anciens as *aeris gravis*, équivalant au sesterce d'argent, à côté des as nouveaux, dont le denier valait dix, il est possible que les dettes de l'État aient été payées de cette manière, sans réduction, à leur taux exact. En ce cas, ainsi que le pense l'érudit Prussien, « il n'y aurait eu ni banqueroute ni altération des monnaies, dans l'acception ordinaire de ce mot, mais un simple changement dans *le signe* représentant la valeur ou, si l'on veut, dans *l'expression* de la valeur. »

Le seul acte du peuple romain qui produisit dans les beaux âges de la République une véritable altération des monnaies fut la loi Flaminia (livre VII, chap. III, § 3), qui réduisit subitement le denier, devenu dès ce moment le vrai régulateur de la valeur des choses, de $\frac{1}{72}$ à $\frac{1}{84}$ de la livre. Il y a dans cet acte volonté positive de donner, par suite d'une décision publique, à la monnaie une valeur

---

(1) Voy. Bœckh, *Metrol. Untersuch.* p. 396, 397, 414; Marquardt, *Handb. rœm. Alterth.* t. III, 2, p. 7 ; Mommsen, *MR*, t. II, p. 16.
(2) *MR*, t. II, p. 17.

arbitraire et conventionnelle autre que celle qu'elle devrait avoir en la considérant comme une simple marchandise. Mais on ne saurait oublier que la loi Flaminia fut rendue quand Annibal arrivait déjà aux portes de Rome, quand les désastres de la Trébie et du lac Trasimène avaient épuisé la plupart des ressources de la République, quand ses sujets se révoltaient de tous côtés et tarissaient les meilleures sources des revenus publics. Dans une pareille détresse, on pensa beaucoup moins aux règles économiques qui doivent diriger toute émission monétaire qu'aux moyens quelconques de remédier à l'épuisement du trésor, de faire face aux besoins du moment, et d'alléger les dépenses de la solde des troupes, tout en leur conservant nominalement le même chiffre, de peur que l'annonce d'une diminution de paye n'amenât des séditions et des désordres. Puis, quand le danger eut été surmonté, quand la situation fut, au bout de quelques années, redevenue prospère, il se trouva que l'on avait pris l'habitude des monnaies d'argent réduites de poids, que le prix de toutes choses avait été réglé d'après leur valeur réelle, que les anciennes pièces plus pesantes avaient été graduellement retirées de la circulation par la spéculation particulière, pour être refondues, et que revenir au poids du denier tel qu'il était établi avant la loi Flaminia eût causé une nouvelle et profonde perturbation dans la fortune publique et dans toutes les transactions des particuliers. C'est ainsi que ce qui avait été d'abord une mesure du moment, presque comparable à la création d'une monnaie obsidionale, devint l'origine de la fixation définitive du poids de la monnaie d'argent romaine jusqu'à la fin de la République.

3. Il n'y a rien de plus funeste que de commencer à toucher à la monnaie. C'est une voie où, le premier pas une fois fait, il devient presque impossible de s'arrêter. La loi Flaminia avait été proposée et adoptée comme une suprême ressource, dans un moment de nécessité telle qu'on ne regardait plus au choix des moyens pour y parer. Elle demeura comme un précédent fatal sur lequel s'appuya désormais la doctrine de la monnaie-*signe*, la théorie qu'il suffisait d'une décision législative pour attribuer aux espèces métalliques une valeur fictive et arbitraire. Cette théorie se répandit bientôt dans l'opinion générale chez les Romains et fut spécialement adoptée par le nouveau parti aristocratique, qui bientôt s'empara complétement de la direction des affaires. Ce fut désormais un des dogmes politiques et financiers de ce parti, que le droit de l'État à chercher une ressource ordinaire pour ses finances dans la sorte d'emprunt forcé que constitue une altération des monnaies. En cette matière comme en toute autre, le germe de mort fut déposé dans la société romaine par la réaction oligarchique qui marqua l'avénement de la *nobilitas*. Avide et sans principes comme toutes ses semblables, qui ne savent avoir aucune des vertus des aristocraties de naissance, tandis qu'elles en prennent les inconvénients en les cumulant avec les vices des intérêts livrés à toute la fougue de leurs appétits, cette aristocratie d'argent ne voyait dans la domination de Rome sur le monde qu'une ferme à exploiter à outrance et sans vergogne. Ses idées économiques étaient aussi fausses que ses vues politiques mesquines, égoïstes et aveugles. En poursuivant à son profit l'extinction de la petite propriété, à laquelle elle substituait les *latifundia*, elle amena la ruine et la dépopulation de l'Italie, c'est-à-dire l'anéantissement de ce qui avait été jusque-

là et pouvait seul être la base solide de la puissance de Rome. Avec la doctrine de la monnaie-signe et du droit de l'État à fixer arbitrairement la valeur des espèces, elle ne produisit pas seulement pour un temps des perturbations de la nature la plus grave dans le système monétaire, elle introduisit dans le monde un principe erroné dont les conséquences devaient se faire sentir encore après bien des siècles.

Les perturbations issues de cette doctrine, dans les monnaies et dans toutes les parties des finances publiques, furent bien plus fortes encore au milieu de l'anarchie sanglante qu'engendrèrent les discordes civiles, les luttes des partis et des ambitions personnelles, dans la décadence de la République. Livrés à eux-mêmes, sans surveillance effective des autorités supérieures, les magistrats monétaires, au lieu de se préoccuper de fabriquer de bonnes espèces et de redouter les conséquences funestes que devaient avoir pour tous des fraudes et des altérations en ces matières, ne pensèrent qu'à gagner en peu de temps le plus d'argent possible par la falsification des monnaies, les chefs des partis à s'acquérir des partisans dans la populace aux dépens de la bourse d'autrui, en fournissant, par la dépréciation du numéraire qu'amenaient les mesures législatives ordonnant de comprendre à chaque fois une plus forte proportion de pièces fourrées dans les émissions de deniers, en fournissant, dis-je, aux hommes perdus de dettes le moyen de se libérer envers leurs créanciers en ne payant réellement, pour la même somme nominale, que la moitié ou le tiers de ce qu'ils devaient. Nous avons déjà parlé plus haut de ces faits (l. II, chap. II, § 3, 5), à propos des monnaies fourrées, qui furent alors à Rome le grand moyen d'altération du numéraire ;

nous y avons rapporté les témoignages contemporains montrant quelle fut alors l'instabilité du cours des monnaies, ainsi que les conséquences désastreuses qu'elle eut pour la fortune de chacun.

Il y eut pourtant à cette époque, nous l'avons fait voir, dans le parti démocratique, un homme honnête, courageux et intelligent, qui essaya la réforme des monnaies et le retour aux vrais principes, Marius Gratidianus ; mais quand la cause oligarchique eut triomphé avec Sylla, on lui imputa à crime l'atteinte qu'il avait portée au prétendu droit de l'État, et on lui fit expier, par la mort dans les tortures, la popularité que ses mesures réformatrices lui avaient value. Homme habile et sage dans la politique, Sylla, pour sa part, n'usa que modérément du droit d'altération des monnaies; mais il inscrivit dans la loi ce principe fondamental du parti aristocratique, en poussant son expression et ses conséquences jusqu'au dernier degré du cynisme. *Lege Cornelia tenetur*, dit Paul (1), *qui vultu principis signatam monetam praeter adulterinam reprobaverit.* Les mots *vultu principis* sont une addition du temps de l'Empire, appliquant aux monnaies que l'on frappait alors les dispositions de la *Lex Cornelia testamentaria*. Ce qui était réellement dans cette loi, c'est que les particuliers ne pouvaient refuser que la fausse monnaie émanant des faussaires privés, mais que, pour celle qui sortait des ateliers de l'État et portait son empreinte officielle, on était tenu, sous des peines sévères, de la recevoir sans discussion, quels qu'en fussent le poids et le titre. C'était affirmer, pour le pouvoir, le droit de l'altérer suivant son bon plaisir comme y donnant artificiellement

---

(1) *Sentent. recept.* V, 25, 1.

la valeur par son empreinte, et transformer en crime la résistance aux fantaisies de cet arbitraire, que l'oligarchie comptait bien retenir toujours entre ses mains.

4. Après les guerres qui avaient déchiré l'État pendant plusieurs générations et jeté sur les champs de bataille les citoyens armés les uns contre les autres, le despotisme césarien s'annonça d'abord comme venant rétablir l'ordre, faire refleurir la paix, relever toutes les ruines et restaurer la prospérité détruite par l'anarchie. César d'abord, puis Auguste après lui, jouèrent avec une rare habileté, dans toutes les branches de la politique et de l'administration, ce rôle de pacificateurs et de restaurateurs, qui leur servait à couvrir l'anéantissement de toute liberté au profit de l'absolutisme. La numismatique constate les traces de leur passage et de leurs réformes, en même temps que de leurs usurpations, dont les conséquences détruisirent si vite le peu de bien qu'ils avaient pu opérer. César rétablit le crédit public en faisant fabriquer une bonne monnaie comme on n'en avait plus vu depuis longtemps, une monnaie de métal pur et de poids exact, aux émissions de laquelle ne se mêlaient presque pas de pièces fourrées, monnaie mise en circulation pour sa valeur réelle, et cette mesure devint une des principales causes de sa popularité. Auguste suivit son exemple, mais en même temps enleva au Sénat le droit de monnayage de l'or et de l'argent, pour l'attribuer exclusivement à l'autorité impériale, sans partage et surtout sans contrôle.

A dater de ce moment, on voit se répandre plus que jamais et régner exclusivement dans les esprits la doctrine que la valeur des monnaies est arbitraire et dépend uniquement de la volonté du souverain qui les fait frapper. La constitution du pouvoir étant devenue un absolutisme sans frein et sans limite, l'Empereur étant considéré comme un dieu qui pouvait tout et dont toutes les volontés étaient sacrées, le prince, auquel la fabrication de la monnaie était dévolue, car il était présumé devoir veiller en père sur la richesse publique, se laissa persuader ou feignit de croire que la valeur de la monnaie venait de l'effigie, destinée simplement à en certifier l'intégrité. La foi attachée à l'empreinte fit naître la tentation d'en abuser. On sait les conséquences qu'engendre, par une loi nécessaire, cette funeste doctrine, fille du despotisme. Du moment où le numéraire ne présente qu'un signe conventionnel, dépendant de l'autorité, le pouvoir qui l'a créé peut le modifier et le faire varier; il peut aussi le remplacer par d'autres signes, en faisant cesser ce que certains utopistes ont si étrangement nommé de nos jours « la royauté usurpée de l'or ». Comme l'a dit un des plus éminents économistes de notre pays, M. Wolowski : « Hostilité permanente des nations, conflits commerciaux, altération des espèces, banqueroutes déguisées, assignats, papier-monnaie, haine du capital, plans chimériques de rénovation financière, telle est la triste postérité d'une idée fausse au sujet de la monnaie ».

Avec un prince aussi habile et aussi sage qu'Auguste, les funestes conséquences de l'attribution de la monnaie à la personne de l'Empereur, et de la doctrine qui en ressortait, ne se firent pas ressentir tout d'abord, et pendant plusieurs règnes on continua à marcher dans la voie vers laquelle César et son neveu avaient donné l'impulsion. Mais ce ne fut pas bien longtemps. Il ne fallut pas une très-longue suite d'années à l'omnipotence impériale pour produire sur le trône des fous furieux tels que le monde n'en avait pas encore vu. De même, en moins d'un siècle, le changement de la monnaie de l'État en monnaie du souverain, et la théorie de l'origine de la valeur tenant à l'effigie impériale, produisirent un système d'altération des espèces qui alla en s'exagérant de plus en plus à mesure qu'on avançait dans la durée de l'Empire, et que les successeurs d'Auguste utilisèrent largement au profit de leurs passions et de leurs prodigalités. On vit alors, comme le remarque Vopiscus, qu'il n'est pas de symptôme plus infaillible de la décadence de l'État que la corruption du numéraire, et que les degrés de cette décadence sont marqués par l'altération successive de la monnaie. « On pourrait, a remarqué M. Wolowski, presque juger du caractère des empereurs au son plus ou moins pur que rendent les monnaies frappées sous leur règne. »

La première altération de l'*aureus* fut commise sous Néron, et le même empereur réduisit le denier à 1/96 de la livre d'argent, au lieu de 1/84, tout en lui conservant la même valeur nominale ; en même temps la proportion de l'alliage fut élevée de 5 0/0 à 10 0/0 du poids de la pièce (livre VII, chap. IV, § 1). Le nom seul de l'auteur de ces altérations, qui inaugurèrent toutes les tentatives des empereurs en ce genre, suffit pour en faire ressortir un grand et précieux enseignement. L'aureus, après Néron, se maintint assez stationnaire au poids qu'avait fixé ce prince. Le denier d'argent, au contraire, continua à descendre rapidement jusqu'à la fin du règne de Domitien. Nerva en releva quelque peu le poids; mais, sous Commode, l'altération reprit sa marche progressive avec une rapidité plus grande que par le passé. Bientôt elle devint générale pour toutes les monnaies. La violence, recouverte du masque de la loi, assura le succès des fraudes, car l'axiome fondamental de droit était le principe, emprunté à la loi Cornélia, défendant sous les peines les plus sévères de refuser la monnaie à l'effigie du prince, quel qu'en fût le titre, quelle qu'en fût la valeur intrinsèque, application poussée jusqu'aux dernières limites de la doctrine de l'origine purement conventionnelle de la valeur des espèces métalliques. Avec une semblable disposition pour base de la législation monétaire de l'Empire, l'arbitraire et la mauvaise foi se crurent tout licite, et en moins de cent ans les altérations systématiques des monnaies, ordonnées par les souverains, produisirent un désordre qui a été à peine égalé dans les plus désastreuses années du xive siècle.

Nous nous étendrons longuement dans le livre VII, chap. iv, § 2, sur les détails de cette perturbation monétaire, qui remplit toute la durée du iiie siècle de l'ère chrétienne. Ce n'est pas le lieu d'y entrer ici, où nous ne voulons qu'indiquer les faits généraux qui se rapportent aux vicissitudes diverses subies par la théorie économique de la monnaie dans les siècles de l'antiquité. A dater du moment où nous sommes maintenant parvenus, nous pouvons abandonner cette étude. Il se trouvera bien encore parfois des souverains habiles comme Constantin, qui essayeront de rétablir les finances publiques en réformant les monnaies pour leur donner bon poids et métal pur (livre VII, c. vii, § 1). On pourra rencontrer quelques nobles principes de justice et de loyauté apparaissant çà et là, comme dans ces belles expressions de la formule de la chancellerie impériale pour l'institution des procurateurs des monnaies : *Omnino monetae integritas debet quaeri ubi vultus noster imprimitur; quodnam erit tutum si in nostra peccetur effigie* (1)? Mais tout cela tiendra simplement à des dispositions individuelles et n'aura jamais un résultat durable. On aura beau inventer de nouvelles espèces de monnaies, substituer le *solidus* à l'*aureus* discrédité, pour avoir enfin des pièces de quelque valeur : ces pièces suivront elles-mêmes une progression d'affaiblissement et d'altération rapide (livre VII, chap. VI, § 2). La fausse doctrine sur l'essence de la monnaie et l'origine de sa valeur est désormais implantée dans les lois et dans les esprits. Personne ne songe plus à la contester, et les princes en profitent selon le gré de leur mauvaise foi et de leur cupidité. La véritable et saine théorie, toujours connue et pratiquée des Grecs, tombe dans l'oubli le plus complet pour une longue suite de siècles, et l'erreur funeste qui a été le fléau économique de l'Empire romain se transmet au moyen âge, dont elle devient une des plaies les plus cruelles.

5. Faut-il rappeler, en effet, les désastreuses conséquences qu'eut dans nos jeunes sociétés chrétiennes de l'Occident la doctrine, empruntée à l'Empire des Césars, que la monnaie n'est qu'un signe, qui doit toute sa valeur à l'empreinte du pouvoir qui la fait frapper? La diversité infinie des pouvoirs morcelés, durant l'époque féodale, accrut encore les désordres qui avaient régné sous les Empereurs. Chaque seigneur battit monnaie, chaque monarque commit des altérations plus ou moins graves, pour déguiser, au moyen de ces sophistications, de véritables

---

(1) Cassiodor. *Variar.* VII, 32.

banqueroutes. On prescrivit que les payements seraient faits chaque semestre, chaque mois, en la monnaie courante, et, suivant que le prince était débiteur ou créancier, il affaiblissait ou il élevait le titre des espèces. Ces tristes méfaits n'atteignaient même pas le but : suivant une loi inexorable, la mauvaise monnaie chassait la bonne, et les valeurs, après des oscillations dommageables, se mettaient en rapport avec un numéraire dégradé. De là venaient la disparition des espèces et la hausse des prix, maux auxquels on apporta des remèdes aussi impuissants que funestes en interdisant l'exportation et en imposant le maximum.

Les erreurs, les fraudes et la violence se succèdent et s'enchaînent, en laissant toujours après elles le même résultat, le trouble dans les consciences et la souffrance dans les intérêts. L'altération périodique des monnaies portait partout le désordre; le *morbus numericus*, que l'on signalait comme funeste à l'égal de la peste elle-même, n'épargna aucune contrée : l'Espagne, le Portugal, l'Angleterre, l'Empire, la Hongrie, la Bohême, Naples, la Savoie, en furent affligés comme la France. Partout la vieille idée impériale, qui faisait dépendre la valeur des monnaies de la volonté arbitraire du prince, rencontrait des gouvernements peu scrupuleux, empressés à en tirer parti. La religion avait beau tonner contre ces abus par l'organe des Papes (1) et des Evêques, qui ne furent pas toujours exempts de la même faute, et la poésie emprunter le sublime langage de Dante pour flétrir Philippe le Bel du nom de faux-monnayeur.

---

(1) Boniface VIII, dans une lettre de l'année 1296, reproche à Philippe le Bel *monetae depravatione subditis atque extraneis injuriam fieri*.

> Là si vedrà il duol che sopra Senna
> Induce, falseggiando la moneta (1);

le monde continuait à souffrir d'un mal dont il ne savait pas démêler la nature véritable. L'Ange de l'École, le grand saint Thomas d'Aquin lui-même, bien qu'il eût énoncé, en suivant les traces d'Aristote, les principes rationnels de la monnaie, se borne à conseiller aux souverains de faire un usage *modéré* du monopole de la monnaie, *sive in mutando, sive in diminuendo pondus*, soit en changeant, soit en diminuant le poids (2).

Dans tout le moyen âge on ne rencontre qu'un seul homme qui ait, par un effort de bon sens atteignant au génie, admirable au milieu du nuage d'erreur qui l'environnait de tous côtés, discerné les vrais fondements de la théorie monétaire. C'est ce Nicolas Oresme, évêque de Lisieux, dont MM. Wolowski et Roscher ont fait, il y a quelques années, sortir le nom d'un oubli injuste et cinq fois séculaire, et qu'ils ont à bon droit proclamé *grand économiste* et précurseur des plus hautes recherches de la science moderne (3). Mais les enseignements et les efforts de Nicolas Oresme ne furent suivis d'effet que sous le règne de son ami Charles V, de ce roi à qui la reconnaissance populaire a décerné le surnom de *Sage*. Après la mort de ce prince, on oublia bien vite les vérités que le prélat économiste avait

---

(1) *Paradiso*, XIX, v. 118.

(2) *De regimine principis*, II, 13.

(3) Wolowski, *Un grand économiste français du* xive *siècle*, dans les *Comptes rendus de l'Acad. des Sciences morales et politiques*, t. LXII, p. 297 et suiv.; Rœscher, *Un grand économiste français au* xive *siècle*, dans le même recueil, t. LXII, p. 435 et suiv.; *Traictie de la première invention des monnoies de Nicole Oresme*, publié et annoté par M. Wolowski, Paris, 1864, in-8°.

remises en lumière. L'altération des monnaies reprit son cours, pratiquée avec un peu moins de folie et à de plus rares intervalles que dans le xive siècle, mais toujours pratiquée.

Ce ne fut qu'au xvie et au xviie siècle qu'en Italie et en Angleterre des esprits féconds et hardis recommencèrent à battre en brèche la doctrine qui faisait émaner la valeur des monnaies du pouvoir souverain, et dans notre France il faut descendre encore jusqu'à l'Assemblée Constituante et à la renaissance de la science économique, pour voir disparaître cette doctrine de la théorie et de la pratique, et pour trouver un système monétaire invariablement fixé sur les vrais principes, sur la notion que les espèces monnayées doivent avoir une valeur réelle comme marchandise, en rapport exact avec la valeur nominale qu'on leur attribue.

Tel a été le funeste héritage de malheurs et de perturbations qu'a légué au monde pour bien des siècles une erreur d'économie politique, enfantée directement par le despotisme. En promenant rapidement nos regards sur l'histoire monétaire de l'antiquité, nous y voyons éclater à chaque page cette grande vérité, que, pour avoir de bonnes finances et de bonnes monnaies, comme pour avoir un bon gouvernement, les premières conditions sont la liberté, le contrôle et la discussion ; que le despotisme, s'il semble quelquefois réparateur et s'il séduit trop facilement les intérêts matériels, effrayés des orages de la liberté, n'a jamais de bon que ses premiers instants, et par une pente inévitable entraîne les peuples aux plus déplorables fautes économiques et à la ruine. Toute science ici-bas doit contenir son enseignement moral. Quand l'étude des médailles n'aurait d'autre résultat que de confirmer par des monuments irrécusables cette importante leçon de l'histoire, elle mériterait une noble place dans le domaine des travaux qui ressortent de l'érudition et qui reconstituent les archives de l'esprit et de la conscience humaine.

CHAPITRE III

LES MAGISTRATS MONÉTAIRES DANS L'ANTIQUITÉ

§ 1. — LES MAGISTRATS MONÉTAIRES CHEZ LES GRECS.

1. Il est peu de sujets dont les numismatistes modernes se soient moins occupés que de celui-ci et qui restent plus obscurs. Les inscriptions et les textes littéraires ne fournissent aucun renseignement positif sur les magistrats qui étaient chargés de surveiller et de diriger la fabrication des monnaies, dans les villes grecques, au temps de leur pleine indépendance, et c'est à peine si l'étude attentive des monuments numismatiques permet de glaner à ce sujet quelques observations fort incomplètes et surtout fort peu concluantes.

Les monnaies des villes grecques offrent très-fréquemment la signature du magistrat responsable qui a présidé à leur fabrication, soit sous la forme de son nom inscrit intégralement au nominatif ou en abrégé, soit sous celle d'un monogramme contenant les principaux éléments de ce nom propre, soit enfin par un petit type représenté dans le champ, lequel n'est autre que le symbole du cachet personnel du magistrat (1) (voy. livre IV, chap. III). Le

(1) Voy. J. Brandis, *Beiträge zur griechischen Wappenkunde*, dans la *Zeitschr. f. Num.* t. I, p. 43-68.

symbole personnel est souvent associé au nom inscrit en entier ou en abrégé, ou bien au monogramme. Dans bien des cités, la monnaie est signée de plusieurs magistrats, qui inscrivent tous leur nom plus ou moins intégralement ; dans d'autres cas, l'un des noms seul forme une inscription ordinaire et l'autre est un monogramme, ou bien il y a plusieurs monogrammes de personnes différentes. Ce système de signatures était nécessaire pour assurer la responsabilité du magistrat en cas d'altération frauduleuse des espèces frappées sous sa direction, responsabilité qui n'était de rien moins que de la vie, d'après l'inscription de Mitylène relative au monnayage commun de cette ville avec Phocée (1). La peine du magistrat prévaricateur qui corrompait la monnaie confiée à ses soins était donc la même que celle du faux-monnayeur privé (2), et les deux crimes paraissent avoir été légalement assimilés.

Mais la signature du magistrat ou des magistrats responsables ne fait pour ainsi dire jamais suivre le nom du titre de la fonction du personnage. Par conséquent, dans ce silence des monnaies, qui se joint à celui des documents épigraphiques, il n'est aucune partie des constitutions des diverses cités helléniques qui soit moins connue que le rang, la qualité et la désignation des fonctionnaires chargés des monnaies.

Il est pourtant un fait que l'on peut affirmer, c'est qu'il n'y avait pas à ce sujet de règle uniforme, que chaque ville possédait sur ce point ses usages propres et avait adopté une combinaison particulière. De plus, autant qu'il

---

(1) *Transact. of the R. Soc. of Literature*, 2ᵉ sér., t. VIII, p. 549; *Rev. num.* 1868, p. 241.

(2) Voy. Eckhel, *DN*, t. I, p. cxiii, les principaux textes sur la pénalité des faux-monnayeurs.

semble, on peut ramener toutes ces combinaisons diverses à deux systèmes principaux, qui se partageaient le monde hellénique. Ou bien l'exercice de cette part de souveraineté, qui consiste dans la fabrication des monnaies, était remis au principal magistrat de la cité, qui l'administrait par des employés à lui, sous sa responsabilité, et qui par suite y mettait sa signature, les employés spéciaux étant considérés comme ses instruments et ses délégués, des actes de qui il répondait envers la communauté. Ou bien, considérant la division des principaux attributs du pouvoir entre des mains distinctes comme une garantie de liberté, la constitution enlevait la direction des monnaies au magistrat politique, pour la remettre à un ou plusieurs fonctionnaires spéciaux, d'ordre inférieur, indépendants de l'autorité exécutive de l'ordre politique et responsables directement envers le Sénat et le peuple. Ce dernier système paraît être celui qui a généralement prévalu chez les cités démocratiques, lesquelles, chez les Grecs, ont seules représenté dans sa plénitude l'esprit de liberté véritable, dont elles poussaient les légitimes susceptibilités jusqu'à une jalousie ombrageuse.

2. A Athènes, nous trouvons la monnaie confiée à des magistrats spéciaux distincts des fonctionnaires supérieurs de la République. L'apposition de leur signature n'apparaît, du reste, que sur les tétradrachmes de la seconde série (livre VI, chap. v, § 7), c'est-à-dire postérieurement à Alexandre, d'abord sons la forme de monogrammes, puis en inscrivant le plus intégralement que l'on peut trois noms, qui vers la fin de ce monnayage se réduisent à

deux (1). Trois personnages, quand les indications sont complètes, interviennent pour donner la garantie à ces monnaies (2). Les deux premiers sont des magistrats annuels; le nom du troisième change, au contraire, tantôt dix, tantôt onze et tantôt douze fois, pendant l'année de fonctions des deux premiers; sa charge avait donc la durée d'une prytanie, car les variations que nous venons d'indiquer correspondent précisément à celles qui se produisirent dans le nombre des tribus attiques pendant les siècles postérieurs à Alexandre (3). Mais les trois

(1) J'adopte presque entièrement le système de classement chronologique, proposé par M. C.-L. Grotefend, pour les tétradrachmes où les noms des magistrats sont inscrits plus ou moins intégralement; il me paraît bien établi et excellent, sauf peut-être quelques modifications de détail à y introduire. Mais il me paraît, d'après les caractères numismatiques intrinsèques des pièces, impossible d'admettre, avec M. Grotefend, la postériorité des tétradrachmes à monogrammes sur les tétradrachmes nominaux. Ici je n'hésite pas à penser que c'est Beulé qui a eu raison de les considérer comme antérieurs.

(2) Cavedoni, *Osservazioni sopra le antiche monete di Atene*, dans le t. V des *Memorie di religione, morale e litteratura* de Modène; Rathgeber, *Nunundneunzig silberne Münzen der Athenaier aus der Sammlung zu Gotha*, Weissensee, 1858; Beulé, *Les Monnaies d'Athènes*, p. 109-116; J. Brandis, *Zeitschr. f. Num.* t. I, p. 55; C.-L. Grotefend, *Chronologische Anordnung der athenischen Silbermünzen*, Hanovre, 1872.

(3) C.-L. Grotefend, mém. cit. p. 6.
On sait que Clisthène avait établi dix tribus chez les Athéniens. Au temps de la domination de Démétrius Poliorcète on créa deux nouvelles tribus, l'Antigonide et la Démétriade; mais elles ne survécurent pas à la défaite des rois que l'on avait pris pour leurs éponymes. On en revint donc aux dix tribus jusqu'en 265 av. J.-C., où l'on ajouta à leur nombre une onzième, la Ptolémaïde, en l'honneur de Ptolémée Philadelphe. A son tour, le régime des onze tribus dura soixante-cinq ans, et, à partir de 200, on en compta douze, une nouvelle tribu, l'Attalide, ayant été formée sous les hospices d'Attale de Pergame.
Ces vicissitudes dans le nombre des tribus attiques, historiquement datées d'une manière certaine, fourniraient l'élément le plus précieux et le

noms ne sont accompagnés d'aucun titre, et les inscriptions attiques, si riches pourtant en documents descendant jusqu'aux moindres détails sur les institutions politiques et financières de la cité de Minerve, sont jusqu'ici absolument muettes sur la nature des officiers monétaires. On ne peut donc émettre à ce sujet que des conjectures plus ou moins vraisemblables, jusqu'à ce que la découverte d'un texte positif vienne les démentir ou les confirmer.

Le premier de ces magistrats, celui dont le nom est inscrit avant les deux autres (1), était annuel, comme nous venons de le dire, mais sa charge pouvait lui être renou-

---

plus sûr pour le classement chronologique des tétradrachmes athéniens de la seconde série, si chacun des groupes de ces monnaies nous offrait régulièrement autant de noms divers de troisième magistrat ou de lettres placées sur l'amphore et indiquant le rang des prytanies dans l'année, que celle-ci en comptait aux différentes époques. Mais il n'en est pas ainsi ; presque toujours la suite des prytanies d'une année se présente à nous incomplète dans les monuments numismatiques, d'abord parce que nous sommes loin de posséder toutes les variétés qui ont été frappées de ces monnaies, puis, parce qu'il est probable que le plus souvent on n'a pas monnayé dans toutes les prytanies de l'année, de même qu'il paraît certain que l'on n'émettait même pas tous les ans de nouvelles espèces (nous n'avons jusqu'ici que 105 groupes de pièces, pour un monnayage qui a sûrement duré, pour le moins, plus de deux siècles). Ainsi les tétradrachmes au nom de Micion et Euryclide (Beulé, p. 339), qui appartiennent à l'an 220 av. J.-C. (C.-L. Grotefend, *Eurykleides und Mikion*, dans le *Philologus*, t. XXVIII, p. 70-85) et sont, par conséquent, de l'époque des onze tribus, ne nous offrent pas de lettres d'amphores au delà du K de la 10° prytanie ; ceux dont le premier magistrat est Antiochus IV, de Syrie, ayant pour second, d'abord Nicogène, puis Caraïchos (Beulé, p. 205 et 206), ont été frappées en 176 (Rathgeber, *Ann. de l Inst. Arch.* t. X, p. 33), sous le régime des douze tribus, et pourtant la dernière lettre d'amphore que l'on y constate est celle de la 11ᵉ prytanie, Λ.

(1) Sur la difficulté qu'il y a quelquefois à déterminer exactement quel est le premier magistrat, voy. C.-L. Grotefend, *Chronol. Anordnung*, p. 4 et suiv.

velée à plusieurs reprises (1), ce qui n'est pas le cas du second, également annuel. Il paraît avoir tenu un rang d'une certaine importance dans l'État, assez pour que sa fonction pût être décernée par honneur à des princes étrangers. En effet, s'il est une place honorable sur la monnaie d'Athènes, c'est celle de ce magistrat, et nous la voyons quelquefois occupée par le roi Mithridate (2), qui paraît avoir voulu à Athènes renouveler la pratique de son royaume du Bosphore, où le roi prenait le titre républicain d'archonte dans la ville grecque de Panticapée, par Antiochus IV de Syrie, avant qu'il fût roi (3), par Aristion, tyran d'Athènes au nom de Mithridate (4), par Apellicon son complice (5), par un personnage romain du nom de Quintus (6), par un Ammônios (7), un Thémistocle (8), descendants des plus illustres familles (9). Il s'agit donc, bien évidemment, du

---

(1) On trouve, en effet, ΔΙΟΚΛΗΣ ΤΟ ΔΕΥΤΕρον (Beulé, p. 259) et ΤΟ ΤΡΙτον ΔΙΟΚΛΗΣ (Beulé, p. 261).

(2) Beulé, *Les Monnaies d'Athènes*, p. 237; *Rev. num.* 1863, p. 176-179.

(3) Beulé, p. 206.

(4) Beulé, p. 216.

(5) Beulé, p. 211.

(6) Beulé, p. 320. — Il n'est pas sûr, du reste, qu'il s'agisse ici réellement d'un Romain et non d'un Athénien agrégé à quelque famille romaine. Remarquons, du reste, le singulier usage, fort peu explicable, qui fait que dans ces signatures de magistrats des tétradrachmes athéniens de la seconde suite, il n'apparaît jamais aucun nom latin que des prénoms, comme Κόϊντος, Πόπλιος, Λεύκιος.

(7) Beulé, p. 194.

(8) Beulé, p. 305.

(9) Euryclide et Micion de Céphissia, qui menaient en même temps les affaires de la République vers 220 av. J.-C. et que les historiens désignent comme les προστάται des Athéniens (Plutarch. *Arat.* 41; Polyb. V, 106; Pausan. II, 9, 4; cf. les inscriptions dans Rangabé, *Ant. Hellén.* t. II,

plus haut des fonctionnaires préposés à la monnaie, de celui qui en avait la direction supérieure, responsable plutôt que compétent. Mais quel était son titre ? Beulé (1) a pensé à cet administrateur en chef des finances publiques que l'on appelait tantôt ταμίας ou ἐπιμελητὴς τῆς κοινῆς προσόδου, tantôt ὁ ἐπὶ τῆς διοικήσεως (2), dont les fonctions furent remplies par Aristide, par l'orateur Lycurgue, par Habron son fils et par Aphobétos, frère d'Eschine. Mais il faut absolument renoncer à une telle conjecture, car nous savons d'une façon positive que les fonctions d'administrateur suprême des finances avaient une durée de quatre ans et ne pouvaient pas être renouvelées au même personnage, tandis que le premier des magistrats monétaires était annuel et susceptible d'être rappelé jusqu'à trois fois à la même charge. M. C.-L. Grotefend (3) voit en lui le ταμίας τῶν στρατιωτικῶν, opinion plus plausible que celle de Beulé, mais uniquement conjecturale et encore fort douteuse.

Il se peut d'ailleurs qu'en dehors de cas exceptionnels, comme ceux de Mithridate et d'Antiochus, le personnage nommé le premier sur les tétradrachmes athéniens de la

n° 880; Ross, *Demen von Attika*, p. 43 et suiv.), apparaissent ensemble sur les mêmes tétradrachmes (Beulé, p. 339), Micion à titre de premier magistrat et Euryclide à titre de second. En revanche, c'est comme premier magistrat, ayant pour second un personnage inconnu du nom d'Ariarathe (Beulé, p. 297), que figure, sur un groupe de tétradrachmes du temps des douze tribus (on y trouve la marque de la 12ᵉ prytanie, **M**), un nouvel Euryclide, petit-fils du premier, qui a dû exercer sa magistrature vers 190 av. J.-C. (C.-L. Grotefend, *Chronol. Anordnung*, p. 15), car la date de sa vie est déterminée par deux inscriptions (*Philologus*, t. XXV, p. 338; Φιλίστωρ, t. IV, p. 4 et suiv.).

(1) P. 114. J. Brandis (*Zeitschr. f. Numism.* t. I, p. 50) ne paraît pas non plus éloigné de cette manière de voir.

(2) Bœckh, *Staatshaushalt d. Athen.* liv. II, chap. VI.

(3) *Chronol. Anordnung*, p. 4.

seconde série ait été un magistrat d'un ordre moins relevé, dont l'office se sera borné exclusivement à la surveillance et à la direction de la monnaie. M. Albert Dumont (1) a très-ingénieusement reconnu le premier magistrat d'un des groupes de ces tétradrachmes, Aropos (2), dans le personnage de même nom qui figure sur une inscription attique (3) comme trésorier d'une confrérie d'éranistes. Il était tout naturel qu'ayant dans l'association l'un des officiers de finances de la République on en eût fait le trésorier.

Le second nom paraît à M. Beulé celui du directeur spécial de la monnaie (ἀργυροκοπεῖον), du citoyen qui la prenait peut-être chaque année à entreprise, ou plutôt qui était désigné pour cette *liturgie* : ce qui serait de nature à faire penser que c'était une liturgie, une fonction imposée, c'est l'annuité, à laquelle se serait difficilement soumis un entrepreneur prenant la monnaie à ferme par spéculation. Du reste, quand Démosthènes tenait à honneur d'être commissaire pour l'achat des grains, il n'y avait pas moins d'honneur à être commissaire pour la fabrication des monnaies. Quoi qu'il en soit de ce dernier point, il paraît tout à fait positif que le second magistrat est le monnoyer proprement dit. Le petit type qui se place dans le champ de la monnaie, en même temps que les noms, est son symbole personnel, son cachet. Des deux premiers personnages qui signent les monnaies d'Athènes, il semble que le premier dispose du type de la République et le place

---

(1) *Essai sur la chronologie des archontes athéniens*, p. 118.

(2) Beulé, p. 222. — Les monnaies signées d'Aropos et Mnasagoras paraissent de fort peu antérieures à la guerre de Mithridate.

(3) Rangabé, *Ant. hellén.* t. II, n° 811 ; Ἐφημ. ἀρχαιολ. n° 861.

sur les espèces avec sa signature, avec sa responsabilité, tandis que le second se constitue responsable pour sa part en la marquant de son propre sceau, avec son nom. J. Brandis (1) a très-ingénieusement rapproché ici ce qui se passait pour le trésor de l'Acropole, aux portes duquel le ταμίας τῆς κοινῆς προσόδου apposait le sceau officiel de la République (2) tandis que le trésorier d'Athènes les scellait de son sceau personnel (3).

Cependant, sur les statères et les tétradrachmes signés ΒΑΣΙΛΕὺς ΜΙΘΡΑΔΑΤΗΣ et ΑΡΙΣΤΙΩΝ, le petit type est l'astre placé entre deux croissants des monnaies du roi de Pont (4); sur les tétradrachmes de ΑΡΙΣΤΙΩΝ et ΦΙΛΩΝ, c'est le Pégase des tétradrachmes royaux de Mithridate Eupator(5) dont Aristion était le représentant; sur ceux de ΑΝΤΙΟΧΟΣ avec ΝΙΚΟΓΕΝΗΣ ou avec ΚΑΡΑΙΧΟΣ, l'éléphant des Antiochus de Syrie (6). Et ce fait ne se produit même

---

(1) *Zeitschr. f. Num.* t. I, p. 50.

(2) Aristoph. *Equit.* 943.

(3) M. C.-L. Grotefend (*Chronol. Anordnung*, p. 7) a essayé d'établir, contrairement à l'opinion généralement admise depuis Beulé, que le symbole du petit type appartenait au premier, et non au second personnage mentionné. Quelque ingénieux et dignes d'attention que soient ses arguments, ils ne me paraissent pas pouvoir prévaloir contre ceux sur lesquels se fonde la théorie opposée.

(4) Beulé, p. 237; *Rev. num.* 1863, p. 176.

(5) Beulé, p. 216.

(6) Beulé, p. 205 et 206. — Ici le second magistrat a changé dans le courant de l'année, pour une cause que nous ignorons, peut-être par suite de mort, après la 2ᵉ prytanie (marquée B); le symbole ne change pourtant pas, parce qu'il se rapporte au premier magistrat, qui reste le même. Un fait semblable s'observe dans deux autres groupes :

1° Nous avons des tétradrachmes signés d'Eumaridès et d'Alcidamas avec les marques A et B (1ʳᵉ et 2ᵉ prytanie), puis d'Eumaridès et de Cléomène avec des marques qui partent de la 4ᵉ prytanie (Δ), évidem-

pas seulement pour faire honneur à des princes étrangers, comme une sorte d'hommage qui aurait transformé temporairement la monnaie de la République en leur monnaie à eux (1). Nous avons des tétradrachmes signés de ΘΕΜΙΣ-ΤΟΚΛΗΣ et ΘΕΟΠΟΜΠΟΣ, où le petit type du champ représente la galère Salaminienne à la proue ornée d'un trophée (2), symbole incontestablement en rapport avec le nom du premier magistrat, lequel devait être un membre de la branche de la famille des Lycomides descendant de Néoclès, le fils aîné de Thémistocle, branche dans laquelle le nom du vainqueur de Salamine se reproduisait de deux en deux générations avec une grande régularité (3); il est même probable que ce Thémistocle des tétradrachmes athéniens était le bisaïeul de celui que nous voyons occuper la dadudrie d'Eleusis vers 55 av. J.-C. (4). Il semble donc que lorsque le premier des magistrats monétaires était un prince

ment de la même année (Beulé, p. 289 et 291); malgré le changement du second magistrat le petit type y reste le même.

2° Un certain Métrodore est associé à un Miltiade pendant les prytanies A et B (Beulé, p. 337), puis à un Démosthène (Beulé, p. 338), et dans l'un et l'autre cas nous voyons le même symbole, une grappe de raisin, figurer dans le champ.

(1) C'était là l'opinion de J. Brandis, *Zeitschr. f. Num.* t. I, p. 56.

(2) Beulé, p. 303.

(3) Voy. les recherches sur la généalogie de cette famille, dans Bossler, *De gentibus Atticae sacerdotalibus*, p. 43; et dans mes *Recherches archéologiques à Eleusis*, p. 154-157.

(4) Pausan. I, 37, 1. — Dans le t. II du présent ouvrage, p. 110, j'ai admis que le Thémistocle monétaire pouvait être le daduque du milieu du 1ᵉʳ siècle av. J.-C.; mais ceci doit être rejeté. Les tétradrachmes qui portent son nom doivent être de 150 ans environ plus anciens, frappés peu après 200 av. J.-C., car ils se classent chronologiquement avec une grande vraisemblance entre ceux de Micion et Euryclide (vers 220) et ceux d'Euryclide et Ariarathe (vers 190), plus près des derniers que des premiers; voy. C.-L. Grotefend, *Chronol. Anordnung*, p. 15.

LA LOI DANS LES MONNAIES ANTIQUES 47

ou simplement un personnage tenant un rang exceptionnel parmi les citoyens, par la possession d'une charge sacrée ou par toute autre cause du même genre, le second lui abandonnait par déférence le droit de mettre l'emblème de son sceau sur la monnaie. Pourtant le symbole, pour avoir rapport à la personne et aux traditions de famille du premier magistrat, n'en est peut-être pas moins celui qui figurait sur le sceau du second pendant la durée de sa charge. L'hommage rendu par celui-ci au rang de son collègue aurait consisté dans ce cas à adopter, pour le temps où ils devaient être en charge ensemble, un sceau dont l'emblème appartînt plutôt au personnage qu'il voulait honorer (1). C'est là, du reste, un point qu'il n'est guère facile d'éclaircir, où l'on ne peut même arriver à un résultat probable qu'en examinant à un point de vue général, comme nous le ferons dans le chapitre III du livre IV, la question de savoir si les symboles des sceaux des magistrats, placés comme types accessoires sur les monnaies, sont de véritables armoiries de famille, ainsi que l'a pensé J. Brandis, et ne sont pas plutôt, comme nous penchons à le croire pour notre part, des emblèmes purement personnels, dont un même personnage pouvait changer à plusieurs reprises dans le cours de sa vie, adoptant quelquefois un nouveau type de cachet en entrant dans une charge publique (2), de telle façon que ces em-

(1) Les quelques faits dont M.-C.-L. Grotefend argue pour établir que le petit type du champ est le symbole personnel du premier magistrat, cadreraient sans aucune difficulté avec notre hypothèse.

(2) M. Grotefend (*Chronol. Anordnung*, p. 7) admet que sur les tétradrachmes athéniens un même magistrat change de symbole à chaque année de sa charge. Il est vrai que, pour étayer cette conclusion, il s'appuie principalement sur des faits dont nous sommes disposé à contester la signification, puisqu'ils reposent sur le rapport établi entre le petit

blèmes de magistrats paraissent quelquefois porter le reflet des circonstances politiques du moment (1).

type accessoire et le *premier* magistrat au lieu du *second*. Mais, même en les écartant, le principe que cherche à dégager le savant hanovrien paraît s'imposer en présence des trois groupes de tétradrachmes signés de Xénoclès et Harmoxénos (Beulé, p. 355, 356 et 357). Il y en a trois, qui appartiennent évidemment à la même époque, où les marques numérales des prytanies indiquent trois années différentes (pour l'une de A à Z, pour une autre de Γ à Λ et pour la troisième de A à M) et où le symbole change aussi trois fois. Ainsi, quand les mêmes personnages restent en fonction pendant plusieurs années successives ou reviennent en charge ensemble à peu d'intervalle, pour chacune des années, celui qui place son emblème sur la monnaie en adopte un nouveau.

Nous voyons également, sur des tétradrachmes dont la fabrication indique qu'ils ont été frappés à deux ou trois ans de distance les uns des autres, un même individu, du nom d'Œnophilos, tenir le second rang, d'abord avec un Lysandre (Beulé, p. 329), puis avec un Amphias (Beulé, p. 198), et dans ces deux occasions employer un emblème différent.

Il faut, du reste, apporter beaucoup d'attention et de réserve en constatant les faits de ce genre; car on pourrait facilement se laisser égarer par les homonymies entre personnages sûrement distincts et ayant vécu à des intervalles assez éloignés. Ainsi, il ne saurait y avoir identité entre Apellicon collègue de Gorgias (Beulé, p. 221) et Apellicon, collègue d'Aristotélès (Beulé, p. 210); Lysandre, collègue de Glaucos (Beulé, p. 326), et Lysandre, collègue d'Œnophilos (Beulé, 329); Ménédème, collègue d'Epigène (Beulé, p. 331), et Ménédème, collègue de Timocrate (Beulé, p. 334). Micion, collègue de Théophraste (Beulé, 343), doit être le quatrième descendant du Micion, collègue d'Euryclide (Beulé, p. 339); en effet, il me paraît numismatiquement impossible d'admettre, avec M.-C.-L. Grodefend (*Philologus*, t. XXVIII, p. 85), qui lui-même a renoncé à cette opinion, que le Micion associé sur les monnaies à un Théophraste soit le petit-fils du premier Micion, mentionné dans une liste de vainqueurs aux jeux Panathénaïques l'an 3 de la CXLVI[e] Olympiade (Rangabé, *Ant. Hellén.* t. II, n° 962).

(1) Il faut, du reste, remarquer que, parmi les allusions à des événements politiques que Beulé a cru reconnaître dans les types accessoires des tétradrachmes athéniens, presque aucune ne saurait être acceptée. Ce sont en général de véritables mirages, surtout quand il s'agit des faits antérieurs au milieu du IIIe siècle avant l'ère chrétienne.

Le troisième nom des tétradrachmes d'Athènes, nous l'avons déjà dit, change, suivant le temps, dix, onze ou douze fois pendant la durée de charge des deux premiers magistrats, c'est-à-dire à chaque prytanie. Pour indiquer le numéro d'ordre dans l'année de celle où il exerce son office, on se sert d'une des lettres de l'alphabet, jusqu'à K sous le régime des dix tribus, jusqu'à Λ sous le régime des onze et jusqu'à M sous le régime des douze, inscrite sur l'amphore sur laquelle est posée la chouette du type du revers (1). Cette marque ne manque jamais, si ce n'est à la fin du monnayage, dans la période de sa décadence (2),

(1) Beulé, p. 129-134; C.-L. Grotefend, *Chronol. Anordnung*, p. 5.

Vers la fin du IIe siècle avant notre ère, postérieurement à l'établissement des douze tribus, il y eut un moment où le changement du troisième personnage mentionné sur les monnaies ne s'opéra plus régulièrement à chaque prytanie (voy. C.-L. Grotefend, mém. cit. p. 12). Nous en avons la preuve par les tétradrachmes d'Amphicratès et Epistratos. (Beulé, p. 200), où l'on ne compte que cinq troisièmes magistrats différents pour les douze prytanies de l'année, et ceux d'Andréas et Charinautès (Beulé, p. 202), où l'on n'en compte même que trois. La durée de l'année ne se divise même pas d'une façon régulière entre ces derniers personnages, dont chacun reste en fonctions pendant plusieurs prytanies. Dans les tétradrachmes d'Andréas et Charinautès, ΚΡΙΤΩΝ est troisième magistrat avec les marques numérales A et B seulement, ΑΜΥΝΟΜαχος avec Δ, E et Z, enfin ΔΗΜΗΤΡιος avec H, K, Λ, M.

(2) Les lettres d'amphore, indicatives des prytanies, font défaut dans les groupes suivants, tous sans mention de troisième magistrat, parmi les pièces où les noms sont inscrits avec développement :
Ammônios et Dio[genès? : Beulé, 191.
Adimantos et Héliodoros : Beulé, p. 188.
Charias et Héraclide : Beulé p. 377 ;
Ammônios et Dio[clès? : Beulé, p. 193;
Héraclon et Héraclidès : Beulé, p. 304.
Les mêmes lettres manquaient sur la majeure partie des tétradrachmes à monogrammes, qui représentent les débuts de la seconde période du monnayage d'argent d'Athènes. Entre ces pièces, les séries 1, 2, 3, 4, 5, 6, 8, 9, 11, 13 et 17 de Beulé présentent la particularité dont nous par-

tandis que le nom du troisième magistrat est quelquefois omis (1) ; en effet, l'inscription du numéro d'ordre de la prytanie pendant laquelle une monnaie avait été frappée suffisait, en cas que l'on constatât que le titre ou le poids en étaient inexacts, pour établir la responsabilité du magistrat mensuel qui avait été en charge pendant cette prytanie. Son nom se retrouvait toujours sur les registres publics.

Nous trouvons, dans l'organisation connue du gouvernement d'Athènes, plusieurs fonctionnaires dont l'office avait la durée d'une prytanie et qui pouvaient avoir dans

lons. C'est donc pendant la durée de l'époque d'emploi des monogrammes, avant l'introduction des noms de magistrats écrits intégralement, qu'a commencé l'usage des lettres indicatrices de la prytanie, placées sur l'amphore du revers.

(1) Dès les périodes les plus hautes du monnayage des tétradrachmes du nouveau style à Athènes, on rencontre sporadiquement quelques exemples isolés d'omission de mention du troisième magistrat, la prytanie en cours étant seulement indiquée par la lettre d'amphore. Mais la suppression de cette mention paraît devenir une règle à partir du 1er siècle av. J.-C. (C.-L. Grotefend, *Chronol. Anordnung*, p. 9). Les pièces où le roi Mithridate ou son représentant Apellicon figurent comme premiers magistrats, appartiennent aux débuts de ce nouvel usage et en déterminent approximativement la date. Il y a dans cette particularité un élément important, et dont M. C.-L. Grotefend s'est heureusement servi, pour jeter les premières bases d'un classement chronologique.

Les monnaies nominales où manque sur l'amphore la lettre numérale de la prytanie, celles du moins que nous avons énumérées dans la note précédente, sont sans nom de troisième magistrat. C'était un retour aux habitudes du début de ce nouveau monnayage, car les tétradrachmes à monogrammes n'en présentent jamais que deux, ceux des deux premiers magistrats de la période où l'on en nomme trois.

Notons aussi l'exception qui marque les deux groupes des tétradrachmes de Dioclès et Mélittidès (Beulé, p. 258) et de Quintus et Charias (Beulé, p. 322), lesquels appartiennent aux derniers temps de l'habitude d'inscrire trois noms. Si le troisième magistrat y est mentionné, l'on a omis l'inscription d'une lettre numérale de prytanie sur l'amphore.

leurs attributions la charge de s'occuper des monnaies à un point de vue de surveillance et de contrôle. Beulé (1) a pensé aux μετρονόμοι ou surveillants des mesures et aux ἀποδέκται ou receveurs publics. J. Brandis (2) aux εὔθυνοι ou aux λογισταί, officiers de comptabilité. M.-C.-L. Grotefend (3), à son tour, croit que ces personnages étaient pris dans le collége des ταμίαι τῶν ἱερῶν χρημάτων τῆς Ἀθηνᾶς, opinion qui me semble assez peu vraisemblable. On pourrait également pencher à reconnaître ici les ἄρχοντες τοῦ ἀργυρίου que mentionne une inscription attique (4). Ces derniers personnages étaient, d'après l'inscription même qui en parle, plusieurs à remplir leurs fonctions dans une même année, circonstance qui empêche absolument de reconnaître, avec Cavedoni (5), un ἄρχων τοῦ ἀργυρίου dans le magistrat nommé le premier sur les tétradrachmes athéniens.

En tous cas, ce que les tétradrachmes de la seconde série établissent d'une façon certaine, c'est qu'à Athènes le soin du monnayage était confié à des fonctionnaires spéciaux, qui n'occupaient, deux du moins sur trois, qu'un rang secondaire dans la hiérarchie, comme les triumvirs monétaires de Rome (sur ceux-ci, voy. le § suivant). Trois de ces fonctionnaires, revêtus chacun d'attributions différentes, interviennent dans l'émission de toute monnaie et contribuent, chacun pour sa part, à lui donner la garantie publique sous leur responsabilité. A l'un la direction supérieure, à l'autre la fabrication même, au troisième, celui

(1) *Les Monnaies d'Athènes*, p. 112.
(2) *Zeitschr. f. Num.* t. I, p. 55.
(3) *Chronol. Anordnung*, p. 4.
(4) *Corp. inscr. graec.* n° 82.
(5) *Mem. di relig. mor. e letter. di Modena*, t. V, p. 344.

qui change le plus fréquemment, le contrôle et la surveillance, car il est bon que le contrôleur soit souvent renouvelé et n'ait pas le temps de nouer avec ceux qu'il surveille des relations assez prolongées pour donner facilement naissance à une complicité qui faciliterait les fraudes ; telle est la façon dont se répartissent leurs rôles. Et cette organisation est tout à fait conforme à l'esprit général de la constitution athénienne, aux précautions compliquées et soupçonneuses dont elle environne les magistrats qui ont un maniement de fonds. Car non-seulement ils ont toujours des assesseurs qui les redressent, des vérificateurs qui les surveillent, mais on leur donne pour agents subalternes des esclaves publics, parce que l'on peut mettre les esclaves à la torture et découvrir ainsi les malversations.

3. Nous ne retrouvons pas ailleurs une aussi savante division de la responsabilité qu'à Athènes, un mécanisme aussi délicat et aussi ingénieux de contrôle pour prévenir les fraudes et empêcher, si elles se commettent, qu'elles ne demeurent cachées. Mais le principe fondamental de la fabrication de la monnaie confiée à un fonctionnaire spécial, distinct des magistrats politiques supérieurs, se constate d'une manière sûre dans plusieurs autres cités.

Dans la convention entre Mitylène et Phocée pour la fabrication des hectés d'électrum, au texte épigraphique de laquelle nous avons eu déjà l'occasion de nous référer plusieurs fois (voy., dans ce livre, chap. I, § 2, 2 ; et, plus loin, livre VI, chap. IV, § 3 ; chap. IX, au mot *Phocaïdes*), le monnoyer, ὁ κόψας τὸ χρυσίον, qui exerce son office pendant un an et dont la responsabilité en justice est prescrite six mois après sa sortie de charge, est un personnage spécial, distinct des autorités politiques, ἀρχαί ; il semble avoir été un entrepreneur prenant la fabrication à ferme pour la durée établie par la loi, sous certaines conditions déterminées, responsable criminellement des fraudes qu'il commettrait lui-même ou de celles que ses agents subalternes d'exécution pourraient commettre en dehors de lui, faute d'une assez attentive surveillance de sa part; seulement, dans ce second cas il n'est passible que d'une amende, tandis que dans le premier sa peine est la mort.

Nous possédons, je l'ai déjà dit, un bon nombre d'échantillons des hectés d'électrum frappées à Mitylène et à Phocée en vertu de cette convention. Elles ne portent ni noms propres d'hommes inscrits, ni monogrammes, ni petits types dans le champ qui constituent la signature ou le cachet du monétaire. La distinction des émissions de chaque monnoyer successif s'y fait par une autre méthode, qui est aussi celle des statères de Cyzique (voy. livre VI, chap. IV, § 3, et chap. IX, au mot *Cyzicènes*) et qui la rend encore plus sensible aux regards. C'est l'emblème de la ville d'émission, le thon à Cyzique, le phoque à Phocée, qui passe à l'état de symbole accessoire, subordonné au type principal; tout emblème de ce genre fait même défaut sur l'électrum de Mitylène. Mais le type principal change à chaque émission, et particulièrement à Cyzique, où la fabrication a été la plus abondante et la plus prolongée, déroule à nos yeux tout un cycle de représentations, empruntées aux traditions religieuses de la cité, imitées des types des villes avec qui elle avait les relations commerciales les plus habituelles, ou bien allusives aux faits historiques contemporains, dont la variété est presque infinie (1). Il est clair qu'avec ce système de changer les

---

(1) Voy. les descriptions dans Brandis : Statères de Cyzique, p. 403-409. — Hectés de Phocée, p. 414. — Hectés de Mitylène, p. 412.

types à chaque émission, c'est la représentation même du type principal qui devenait le moyen certain d'établir la responsabilité de tel ou tel monnoyer quand une monnaie était reconnue pour frauduleuse, car chacun avait frappé des espèces d'un ou de plusieurs types dont l'adoption, pendant sa charge, devait être constatée par des actes publics ou tout au moins mentionnée sur les registres de comptabilité (1).

Nous avons vu plus haut (dans ce livre, chap. I, § 6, 4) qu'à dater d'une certaine époque les types des monnaies d'argent de la République romaine deviennent personnels aux monétaires, chacun d'eux en adoptant un particulier pendant la durée de sa charge. Nous constaterons de même, dans le chap. Ier du livre IV, en traitant de l'histoire des types, que, dans les villes grecques qui ne s'en sont pas tenues à un type invariable et immobilisé, mais ont admis sur leurs monnaies des représentations très-diverses, ou qui ont adopté le système d'introduire des variations de détail presque infinies dans la représentation de sujets qui restent au fond les mêmes, comme Tarente dans les objets que tient à la main le *Taras porté sur un dauphin*, du droit de ses nomes d'argent, ou dans les *épisodes de courses de chevaux* qui en décorent les revers, — que, dans ces villes, les changements de types d'une telle nature et si multipliés sont en rapport avec la succession des magistrats préposés au monnayage ou des entrepreneurs de la fabri-

---

(1) M. J.-P. Six (*Num. Chron.* nouv. sér. t. XVII, p. 171) remarque ingénieusement que l'on connaît déjà plus de 115 types différents de statères de Cyzique, pour une période de 145 ans environ que paraît avoir duré leur fabrication. Ceci rend manifeste que le changement de type avait lieu chaque année, sinon plus souvent. Car nous sommes bien loin de connaître tous ceux qui ont été adoptés, et chaque jour en voit découvrir de nouveaux.

cation, et devenaient un moyen de plus de constater leur responsabilité. Ainsi, quand nous voyons sur une pièce de Tarente (1) le nom du magistrat ΔΑΙΜΑΧΟC écrit tout au long, et en même temps le *coureur* du revers représenté *tenant un flambeau allumé à la main*, il est clair que cette modification du type est allusive au nom même du magistrat, signifiant « celui qui prend part à la lutte aux flambeaux. » Quelques cités, comme Abdère de Thrace vers la fin du v⁰ siècle avant notre ère et dans le IV⁰ (2), ont élevé l'emblème personnel du sceau du magistrat éponyme, dont leurs monnaies portent la légende, au rang d'un des types principaux de ces monnaies. Ainsi, à Abdère, tandis que le droit des pièces porte invariablement le griffon, symbole de la cité, le carré creux du revers est occupé par une représentation qui change avec le nom propre d'homme inscrit autour; avec ΕΠΙ ΜΟΛΓΑΓΟΡΕΩ, par exemple, c'est une figure de femme; avec ΕΠ ΟΡΑΙΟ, un lion; avec ΗΡΟΦΑΝΕΟΣ, la tête et le caducée d'Hermès; avec ΚΛΕΑΝδρου, une tête de bélier, etc. Dans la numismatique d'Athènes, Beulé a établi que l'emblème personnel du magistrat nommé le second sur les tétradrachmes de la deuxième série, lequel y est à l'état de petit type accessoire dans le champ, devient par une règle constante le type principal du revers des monnaies de cuivre correspondant à chaque groupe de ces tétradrachmes.

La numismatique d'argent de Rhodes, après Alexandre le Grand, présente constamment sur le revers des pièces, avec le type et le nom de la ville, exprimé presque toujours

---

(1) Combe, *Mus. Hunter.* pl. LVI, n° 1; Avellino, *Ital. vet. numism.* t. I, p. 88, n° 143; R. Rochette, *Lettre à M. le duc de Luynes sur les graveurs des monnaies*, pl. III, n° 28.

(2) Brandis, p. 518 et s.

seulement par les initiales **PO** (1), un nom de magistrat écrit intégralement au nominatif et un emblème personnel qui varie avec le nom (2). Ce sont les mêmes noms, écrits de même, qui signent les tétradrachmes copiés de ceux d'Alexandre le Grand, portant la marque de Rhodes (3), lesquels doivent être considérés comme des monuments d'un monnayage d'imitation purement autonome (plus haut, dans ce livre, chap. I, § 1, 6; livre VI, chap. V, § 1). Le premier, comme rang d'honneur plus que comme autorité effective, parmi les magistrats de Rhodes, celui qui jouissait du privilége de l'éponymie, c'est-à-dire qui donnait son nom à l'année de sa charge, était le prêtre d'Hélios. Au-dessous de lui — car les inscriptions nous font connaître d'une façon très-complète l'organisation des pouvoirs dans cette cité, qui passait pour avoir une constitution particulièrement bien pondérée — se classaient : le greffier, γραμματεύς, du Sénat et du peuple; les six prytanes, chargés de l'administration politique, qui exerçaient leur office trois par trois, pendant un semestre; les stratéges, présidant aux choses de l'armée et de la flotte, dont le nombre varia de dix à douze; les trésoriers, ταμίαι, qui ont également été, suivant les époques, cinq ou six, et entre qui un, tenant le premier rang et ayant une compétence plus générale que les autres, était qualifié comme le ταμίας par excellence; c'étaient là les fonctionnaires civils les plus impor-

---

(1) Avant Alexandre, le nom du peuple est écrit en entier, **POΔION**; celui du magistrat, au contraire, indiqué seulement par une ou deux lettres initiales, mais toujours accompagné de l'emblème particulier de ce personnage : Brandis, p. 480 et s.

(2) Mionnet, t. III, p. 413-421; *Suppl.* t. VI, p. 588-599; Brandis, p. 481-485.

(3) L. Müller, *Numism. d'Alexandre*, n° 1160-1167.

tants, d'où dépendaient encore un secrétaire des stratéges et des trésoriers, un sous-greffier des délibérations du Sénat et du peuple, et enfin un sous-secrétaire des stratéges et des trésoriers ; en outre, les fonctions de police de l'astynome et celles de l'agonothète, ou intendant des jeux publics, étaient indépendantes (1). Grâce principalement aux timbres des anses d'amphore rhodiennes, qui portent toujours une date éponymique, nous connaissons les noms d'environ cent cinquante prêtres annuels d'Hélios pour la période comprise entre Alexandre et l'empire romain ; d'un autre côté, les monnaies nous offrent environ le même nombre de noms de magistrats dans la même période. Or, entre les deux listes, il n'est pas possible de relever dix coïncidences. C'est la proportion que le hasard donnera toujours nécessairement pour les homonymies entre deux catalogues d'individus différents d'une même cité, avec l'habitude qui régnait chez les Grecs de reproduire les mêmes noms dans les familles. D'ailleurs, de même qu'à Rome nous trouvons comme triumvirs ayant inscrit leurs noms sur les monnaies bon nombre de personnages qui ont été plus tard *consuls* (ce qui ne prouve pas que ces monnaies soient *consulaires*, comme on l'a cru si longtemps) ; à Rhodes il a pu y avoir plus d'un individu qui, avant d'être élevé au sacerdoce suprême, aura rempli les fonctions moins importantes qui lui auront donné le droit de signer les espèces monétaires comme magistrat responsable. Mais le nombre infiniment minime de ces coïncidences est tellement significatif, que l'on est en droit d'affirmer que ce ne sont pas les prêtres annuels d'Hélios, fonctionnaires supérieurs à tous les autres dans leur caractère sacré et éponyme, dont les noms

---

(1) Foucart, *Inscriptions inédites de l'île de Rhodes*, p. 17.

étaient inscrits sur les monnaies rhodiennes au temps de la pleine indépendance et de la grande prospérité commerciale de cette République maritime.

Rhodes ayant conservé sa liberté nominale et sa constitution intérieure jusque sous l'Empire, on est en droit de chercher dans sa numismatique de l'époque impériale des éclaircissements sur l'organisation de son monnayage dans les siècles de sa complète indépendance. Sous l'Empire, Rhodes a perdu le privilége de frapper de la monnaie d'argent (plus haut, dans ce livre, chap. I, § 4, 4; livre VII, chap. IV, § 4), mais elle continue à émettre de très-grosses pièces de cuivre, tantôt avec l'effigie des Empereurs introduite à titre d'hommage (1), tantôt sans cette marque de dépendance (2). Ces pièces pèsent environ une once romaine, le même poids que les sesterces en laiton de coin romain dont quatre faisaient un denier romain ; elles portent souvent l'indication de valeur ΔΙΔΡΑΧΜΟΝ, qui prouve à quel degré leur valeur de circulation dans le territoire rhodien était purement conventionnelle ; en effet, d'après une inscription de Cibyra (3), la drachme de Rhodes était tarifée à 10 as ou $\frac{5}{8}$ denier, ce qui fait pour nos didrachmes de cuivre 20 as ou $1\,^1/_4$ denier, précisément la valeur que le métrologue d'Alexandrie (4) attribue à la drachme rhodienne forte (5), c'est-à-dire environ 5 fois la valeur métallique intrinsèque de ces pièces (voy. livre VI, chap V, § 6; livre VII, chap. IV, § 4). Celles de ces monnaies de

---

(1) Mionnet, t. III, p. 427-429; *Suppl.* t. VI, p. 605-607.

(2) Mionnet, t. III, p. 424 et s., n°s 247-268; *Suppl.* t. VI, p. 603 et s., n°s 304-316.

(3) *Corp. inscr. graec.* n° 4380.

(4) Dans Vincent, *Recherches sur Héron d'Alexandrie*, p. 212.

(5) Voy. Mommsen, *MR*, t. I, p. 50 et s.

cuivre de Rhodes, du temps de l'Empire, qui ont une apparence pleinement autonome, portent la mention d'un des magistrats de la cité, et c'est toujours le trésorier ou questeur, ταμίας (1) dont le nom, il est vrai, s'y présente au génitif précédé de la préposition ἐπὶ, ΕΠΙ.... TAMIA, c'est-à-dire dans une formule qui peut constituer une simple date et non pas une indication de responsabilité. Pourtant, en numismatique, il n'est guère possible d'attribuer à la formule ἐπὶ τοῦ δεῖνα le caractère d'une date pure et simple, d'où il n'y a pas à inférer une participation directe du magistrat nommé à la fabrication de la monnaie, que lorsque ce magistrat est l'éponyme de la cité. Aussi la mention, sur les espèces monnayées, qu'elles ont été frappées « sous la magistrature » d'un officier public revêtu d'attributions purement financières et qui ne jouissait pas de l'éponymie, doit-elle être considérée comme équivalant à sa signature, comme indiquant que c'est lui qui a dirigé l'émission monétaire et qui en était responsable. C'était par conséquent un ταμίας qui était préposé à la fabrication des monnaies municipales de Rhodes au temps des Empereurs, et comme les institutions de la cité étaient demeurées les mêmes que lorsqu'elle était indépendante, il est au moins très-probable que c'est à un magistrat du même titre et du même rang qu'avait incombé dans les époques antérieures la charge de la direction du monnayage, si développé pendant la grande puissance maritime et commerciale des Rhodiens, en même temps que l'obligation de les signer de son nom pour établir et constater sa responsabilité. Telles sont les raisons qui m'induisent à considérer les magistrats nommés dans la numismatique rhodienne comme des ταμίαι, soit que le premier des trésoriers eût seul pendant une année la signa-

(1) Eckhel, *DN*, t. II, p. 603, t. IV, p. 202.

ture de la monnaie, soit qu'elle appartînt à tour de rôle et pendant un certain temps à tous les fonctionnaires ainsi qualifiés qui étaient nommés pour chaque année ; en effet, depuis que le nombre des trésoriers ou questeurs de Rhodes avait été porté à six, ils devaient se succéder en fonctions de deux mois en deux mois, ou bien se diviser en deux colléges de trois, administrant chacun les finances pendant un semestre, comme trois des six prytanes administraient les affaires politiques.

4. Après ces quelques exemples, empruntés aux cités ou le monnayage était confié à des officiers particuliers ou bien aux administrateurs financiers de la République, distincts des magistrats politiques, jetons un coup d'œil sur les séries numismatiques où l'on peut reconnaître l'application de l'autre système, du monnayage remis à la direction et à l'entière responsabilité du magistrat suprême, de celui qui avait l'éponymie et le rôle de chef du pouvoir exécutif.

Une célèbre pièce d'or de Smyrne porte la légende des « prytanes des Smyrnéens », ΣΜΥΡΝΑΙΩΝ ΠΡΥΤΑΝΕΙΣ (1), qui s'y révèlent ainsi comme ayant possédé la direction du monnayage dans cette ville pendant la période d'autonomie qui correspond aux siècles des successeurs d'Alexandre, jusqu'à la création de la province romaine d'Asie. Les tétradrachmes d'argent de Smyrne, durant cette même période, ont généralement au revers le nom du peuple au génitif d'appartenance, ΣΜΥΡΝΑΙΩΝ, et un nom de magistrat écrit intégralement au nominatif. Ce magistrat est un prytane, le premier en rang, le président

(1) Eckhel, *DN*, t. II, p. 537 ; Mionnet, t. III, p. 190. n° 909.

de leur collége, qui, à Smyrne comme dans la plupart des villes grecques de l'Asie Mineure, possédait la direction du gouvernement. En effet, sur plusieurs tétradrachmes, en même temps que l'on a inscrit son nom, l'on a placé l'indication de son titre dans un monogramme dont la disposition varie un peu d'un exemplaire à un autre, mais qui offre toujours avec certitude les lettres ΠΡΥΤΑνις (1). Quelquefois ce monogramme y est seul avec la légende du peuple, sans nom de magistrat exprimé (2) ; c'est alors le parallèle exact de l'inscription de la monnaie d'or (3).

Sur les cistophores frappés à Pergame, le magistrat local qui met sa signature est encore le premier des prytanes. Car les initiales de son nom sont le plus souvent accompagnées d'un monogramme des lettres ΠΡΥΤ, quelquefois suivi de la lettre numérale A, ΠΡΥΤανις A($\pi\rho\tilde{\omega}\tau\text{ο}\varsigma$) (4). En revanche, sur quelques cistophores de Tralles (5), les lettres ΠΡΥΤ, détachées ou groupées en monogramme, ne peuvent pas être prises pour l'indication d'un titre ; c'est l'abréviation du nom propre ΠΡΥΤανις, puisqu'elle n'ac-

---

(1) Eckhel, *DN*, t. II, p. 538; Mionnet, t. III, p. 190 et s., n°ˢ 915-918, avec les noms ΗΡΑΚΛΕΙΔΗΣ et ΦΑΝΟΚΡΑΤΗΣ.

(2) Mionnet, t. III, p. 190, nᵒˢ 910-912.

(3) L'inscription anonyme du titre de la fonction du magistrat qui fait frapper la monnaie, sans mentionner son nom personnel, tel que nous l'avons ici, n'est pas un fait sans autres exemples en numismatique. Dans le § 7 du chap. 1ᵉʳ de ce livre, nous avons vu plusieurs monnaies militaires romaines signées du titre IMP*erator*, Q*uæstor* ou LEG*atus*, sans nom propre. De même, il existe des pièces de cuivre de Leptis Magna dans la Syrtique (L. Müller, *Num. de l'anc. Afrique*, t. II, p. 3, nᵒˢ 1 et 2; cf. p. 10), où la légende, en caractères néopuniques (voy. livre V, chap. III, § 2), offre les mots לפקי — כמפקד « Leptis — le préfet », sans donner le nom de ce magistrat supérieur.

(4) Pinder, *Ueber die Cistophoren*, p. 544 et 565.

(5) Pinder, p. 543, 565 et 566.

compagne aucun nom et que, sur les cistophores de cette ville, la règle est que la signature du magistrat responsable se compose de ces quatre premières lettres, ΑΠΟΛλώνιος, ΑΡΤΕμων, ΔΙΟΝύσιος, etc.

Sur une monnaie d'argent de Taba de Carie (1), nous lisons l'indication abrégée du titre du magistrat dont le nom y est inscrit avec celui de son père : ΑΡχων ΤΑΒΗΝΩΝ — ΑΡΤΕΜΩΝ ΠΑΠΙΟΥ. C'est encore cette fois le premier fonctionnaire de la cité, l'archonte, qui possède l'éponymie.

En général, du reste, on est en droit de penser que, dans les villes grecque de l'Asie-Mineure, au moins pendant l'époque des successeurs d'Alexandre, le système qui prédominait était celui consistant à remettre entièrement l'administration et la direction de la monnaie au magistrat suprême, lequel y apposait sa signature. Cette manière de voir n'est pas seulement suggérée par les trois faits très-positifs que nous venons de rappeler, elle est presque imposée par l'importance exceptionnelle de la place qu'occupent les noms de magistrats sur les monuments numismatiques des cités de cette région à l'époque dont nous parlons, par la façon dont ces noms y sont fréquemment suivis d'un patronymique (c'est la règle invariable à Erythres d'Ionie et à Taba de Carie), et même quelquefois de la désignation de l'aïeul après celle du père.

Nous trouvons aussi quelques exemples du même régime dans la Grèce occidentale.

Corcyre avait un gouvernement calqué sur celui de Corinthe (2), sa métropole. Le pouvoir politique y apparte-

---

(1) Leake, *Numism. hellen.*, *Asiatic Greece*, p. 126 ; Brandis, p. 474.
(2) Pausan. IV, 4, 4.

naît a cinq prytanes annuels, dont le premier avait l'éponymie de l'année (1). Or, il résulte d'une façon tout à fait formelle de la comparaison des monnaies et des inscriptions de Corcyre, que c'est le prytane éponyme qui est mentionné, avec son nom au nominatif, sur les espèces monétaires de cette ville, lorsqu'on y lit un nom de magistrat (2). M. Leicester Warren (3) admet, avec beaucoup de vraisemblance, que le personnage dont le nom est inscrit au nominatif, avec la légende du peuple, sur le revers des monnaies d'argent de Leucade (4), est le prêtre de l'Apollon Actien, premier magistrat et éponyme de la cité, qui fut aussi l'éponyme de la Ligue Acarnanienne au temps où Leucade en faisait partie (5).

MM. Ch. Lenormant et de Witte (6) ont reconnu avec une certitude presque complète, dans le ΧΑΡΙΛΕΩΣ mentionné sur plusieurs monnaies d'argent de Naples (7), le Charilaos qui, étant le premier magistrat de la ville, la livra aux Romains en 321 (8). Ce rapprochement ingénieux déterminerait la nature des personnages dont les noms (écrits en lettres très-fines au-dessous de la tête de Parthénope) et les emblèmes ont été placés sur le droit des pièces

---

(1) Franz, *Corp. inscr. graec.* t. II, p. 23.

(2) F. Lenormant, *Rev. num.* 1866, p. 150-155.

(3) *Greek federal coinage*, p. 15.

(4) Mionnet t. II, p. 82 et s.

(5) Rose, *Inscript. graec.* p. 282; Freeman, *History of federal government*, p. 149.

(6) *Elite des mon. céramographiques*, t. I. p. XLVII; *Rev. num.* 1844 p. 251; De Witte, *Etudes sur les vases peints*, p. 103.

(7) Carelli, *Catal.* n°ˢ 101-107; Mionnet, *Suppl.* t. I, p. 242, n° 300, et p. 243, n° 302.

(8) T. Liv. VIII, 25.

de Néapolis de Campanie; et cette ville serait à enregistrer parmi celles où le magistrat qui signe la monnaie est celui qui, dans l'ordre politique, tient le premier rang. Son titre y était le *démarque* (1).

Dans la numismatique d'Olbiopolis sur les bords de l'Hypanis, à partir de la reconstruction de la ville, vers 65 av. J. C., quand elle eut été une première fois détruite par les Gètes, le nom de magistrat inscrit sur la monnaie, lequel est toujours au génitif quand il a été tracé intégralement, ou le premier nom, lorsqu'il y en a deux, est presque constamment accompagné d'un monogramme des lettres APX, indicatif de ses fonctions d'archonte (2). Par analogie, M. de Kœhne (3) a admis avec pleine raison que, sur les monnaies de l'époque antérieure, les noms qui se présentaient dans les mêmes conditions, sans titre exprimé, étaient aussi des noms d'archontes. Au reste, sur les monnaies olbiopolitaines de la seconde époque (après 65), on trouve le plus souvent deux noms en abrégé, le premier avec le monogramme APX, le second sans titre (4), et même à la première époque on lit bien des fois deux noms abrégés, dont ni l'un ni l'autre n'est accompagné de qualification de fonctions (5), le rang respectif des deux personnages n'étant déterminé que par la priorité que l'on donne à l'un des deux noms. L'association que l'on observe ainsi dans la série des monnaies autonomes d'Olbiopolis est sûrement, comme l'a reconnu M. de Kœhne, celle du magistrat poli-

---

(1) Franz, *Corp. inscr. graec.* t. III, p. 717.
(2) De Kœhne, *Musée du prince Kotchoubey,* t. I, p. 71, 76 et s.
(3) T. I, p. 13.
(4) De Kœhne, t. I, p. 77 et s.
(5) De Kœhne, t. I, p. 46, 50, 53 et s.

tique le plus élevé de la cité, du premier des archontes, qui étaient au nombre de neuf d'abord, puis de cinq, appelé aussi προεστὼς τῆς πόλεως, et du monnoyer spécial, soit fonctionnaire public de l'ordre financier, soit entrepreneur de la fabrication. Ils partagent la responsabilité du monnayage, et, par suite, en signent concurremment les produits.

5. Cette combinaison de la mention simultanée, sur la monnaie, du premier magistrat politique, en possession de l'éponymie, et du monnoyer, a dû être fort répandue dans les cités grecques. Elle fournit la meilleure et la plus vraisemblable explication des cas, fort multipliés, où les monnaies nous offrent à la fois, sans accompagner de titres ni l'un ni l'autre, un nom écrit intégralement et un autre représenté par un monogramme, ou bien deux monogrammes placés côte à côte.

Nous l'observons avec une certitude complète et un caractère particulièrement bien déterminé dans l'abondante série des drachmes d'argent frappées à Dyrrhachion et à Apollonie d'Épire postérieurement à Alexandre et dans les premiers temps de la domination romaine (1). Le principe de disposition des types et des légendes sur ces monnaies est invariable (2) : d'un côté, *la vache allaitant son veau*, avec un nom d'homme au nominatif et un petit type accessoire, qui est un emblème personnel de magistrat; de

(1) Lagoy, *Rev. num.* 1838, p. 334-337; J. Brandis, *Zeitschr. f. Num.* t. I, p. 56-68.

(2) Dyrrhachion : Mionnet, t. II, p. 37-43, nos 84-153; *Suppl.* t. III, p. 330-348, nos 121-272. — Apollonie : Mionnet, t. II, p. 29 et s. nos 3-29; *Suppl.* t. III, p. 314-317, nos 5-36.

l'autre le type vulgairement désigné sous le nom inexact de *jardins d'Alcinoüs*, c'est-à-dire deux carrés juxtaposés, à l'encadrement plus ou moins riche, dont chacun renferme une sorte d'astre ; ce type du revers est accompagné de la légende de la ville, abrégée en quelques lettres, ΔΥΡ pour Dyrrhachion et ΑΠΟΛ pour Apollonia, plus un nom propre d'homme inscrit en entier et au génitif. Contrairement à ce que l'on eût pu être disposé à attendre au premier abord, l'emblème placé en petit type sur le droit n'appartient pas au magistrat dont le nom est écrit au nominatif sur cette face de la pièce, mais à celui dont le nom figure au génitif sur le revers. On en acquiert la preuve quand on voit la *corne d'abondance* se maintenir au droit avec le nom ΑΜΥΝΤΑ au revers, tandis que le nom du droit change et est successivement ΕΥΝΟΥΣ, ΚΤΗΤΟΣ, ΦΙΛΩΝ et ΣΩΣΤΡΙΩΝ ; la *grappe de raisin* coïncider avec ΑΡΙΜΝΑΣΤΟΥ au revers, tandis que le droit a ΗΡΑΚΛΕΙΔΗΣ, ΗΡΟΔΟΤΟΣ, ΜΑΧΑΤΑΣ et ΘΕΟΔΟΤΟΣ ; un *épi et une grappe de raisin* avec ΔΑΜΗΝΟΣ au revers, tandis que le droit laisse lire les différents noms ΕΥΚΤΗΜΩΝ, ΖΩΠΥΡΟΣ, ΚΤΗΤΟΣ, ΑΡΙΣΤΩΝ, ΑΝΤΙΟΧΟΣ, ΔΑΖΙΟΣ, ΦΙΛΩΤΑΣ, ΠΕΡΙΓΕΝΗΣ et ΦΕΡΕΝΙΚΟΣ, etc. Trompé par l'analogie avec les tétradrachmes athéniens de la seconde série, où l'emblème du petit type appartient au personnage qui est le plus spécialement chargé de la fabrication, le directeur de la monnaie, J. Brandis, a supposé que sur les drachmes de Dyrrhachion et d'Apollonia le magistrat politique, l'éponyme, était celui dont le nom se lit au nominatif sur le droit, le monnoyer celui dont le nom est au génitif sur le revers. C'est précisément l'inverse qu'il faut admettre, comme le marquis de Lagoy l'avait reconnu dès 1838.

La place d'honneur, sur ces monnaies, celle qui appartient au premier magistrat politique, est la légende du revers, où le nom d'homme est associé à celui de la ville ; c'est là, en effet, que le roi Monunios place également son nom quand, devenu maître de Dyrrhachion, il monnaye aux types de cette ville (1). L'importance moindre du magistrat nommé sur le droit est encore attestée par l'existence d'une série peu nombreuse et antérieure à l'habitude d'écrire les deux noms tout au long, série où il n'y a pas de petits types et où le nom du droit est exprimé par un simple monogramme, tandis que celui du revers est inscrit intégralement, toujours au génitif (2). Du reste, cette forme du génitif, du moment qu'elle n'entraîne pas l'idée de l'appartenance, que l'on ne saurait admettre ici, implique celle de l'éponymie, et l'intention dans laquelle on l'a employée est précisée par une pièce d'Apollonie (3) où le nom du revers est précédé de la préposition ἐπί, ΕΠΙ ΚΑΔΟΥ ; le sens est donc bien : « Sous la magistrature de N. » Ainsi, dans la numismatique d'Apollonie et de Dyrrhachion, c'est le magistrat politique éponyme qui marque la monnaie de l'emblème de son sceau personnel, tandis que le monnoyer proprement dit la signe de son nom au cas direct. Remarquons, de plus, que l'on y trouve jusqu'à neuf ou dix monnoyers différents sous un même éponyme, et que, de plus, un monnoyer figure généralement sous plusieurs éponymes successifs. Ceci semble indiquer l'existence de plusieurs ateliers différents fonctionnant en même temps pour ce monnoyage, fabriqué sur une très-grande échelle en vue de l'exportation (nous parlerons de cette

(1) Mionnet, t. II, p. 44, n° 164; *Suppl.* t. III, p. 353, n° 314; Ch. Lenormant, *Num. des r. gr.* pl. XXI, n°s 5 et 6.

(2) J. Brandis, *Zeitschr. f. Num.* t. I, p. 58.

(3) Mionnet, t. II, p. 30, n° 4; *Rev. num.* 1838, p. 335.

exportation des monnaies d'argent de Dyrrhachion et d'Apollonia, principalement vers l'Italie, livre VI, chap. v, § 6, et livre VII, chap. III, §4) ; chacun a son directeur ou son entrepreneur, en fonctions pour plusieurs années, tandis que le magistrat politique éponyme est annuel. Quant à la responsabilité, telle qu'elle résulte des signatures opposées aux espèces monnayées, elle est organisée de la manière suivante : le monnoyer est responsable de la qualité des monnaies qu'il fabrique dans son atelier, sous quelque éponymie que ce soit, et en même temps l'éponyme (qui est probablement le premier des prytanes, car Dyrrhachion et Apollonie devaient avoir la même constitution que Corcyre, leur mère-patrie) est responsable de toutes les espèces frappées par les différents monnoyers pendant l'année de son administration.

Le système des deux noms, l'un sur le droit, l'autre sur le revers, se continue dans la série, encore plus récente, d'Apollonie, où les pièces d'argent, du poids du denier romain, ont d'un côté la tête d'Apollon, de l'autre trois Nymphes dansant autour des feux naturels du mont Nymphée, voisin de la ville (1). Ce sont bien manifestement les noms des deux mêmes personnages qu'à l'époque antérieure ; mais il est plus difficile d'y déterminer quel est l'éponyme politique et quel est le monnoyer ; car, dans ce monnayage de décadence, on n'observe plus de règle précise et significative pour la forme sous laquelle chacun des deux se présente. Ils sont indifféremment l'un et l'autre, tantôt au nominatif, tantôt au génitif, quelquefois tous deux au même cas ; de même l'un ou l'autre indifféremment,

---

(1) Mionnet, t. II, p. 30 et s., n°s 30-40; *Suppl.* t. III, p. 317 et s., n°s 37-44. — Sur l'explication du type du revers, voy. Eckhel, *Num. vet. anecd.* p. 92.

ou tous deux ensemble, peuvent être suivis d'un patronymique.

L'exemple des drachmes de Dyrrhachion et d'Apollonie établit d'une manière bien positive ce que les règles de la grammaire grecque suffiraient à faire admettre par avance, que, lorsque sur une monnaie de ville on trouve, avec la légende du peuple, un nom d'homme au génitif, ce nom doit être celui du magistrat éponyme de la cité, que la préposition ἐπὶ est sous-entendue dans cette formule (1), laquelle désigne la monnaie, non comme « celle de N », mais comme celle qui a été frappée « sous la magistrature de N. » Tel est le cas dans la numismatique de Cherrhonésos de Tauride. Le nom de la ville y est presque toujours indiqué sous la forme abrégée **XEP**; en même temps, on y lit habituellement sur les pièces un nom propre d'homme au génitif. Par l'exemple d'un certain Agasiclétès, mentionné à la fois dans une inscription et sur les monnaies, M. de Kœhne (2) a prouvé que le magistrat dont le nom se trouve ainsi écrit sur les monnaies de Cherrhonésos est celui dont le titre était ὁ πρωτεύων, sorte d'archonte éponyme, chef du pouvoir exécutif. Cavedoni (3) et M. L. Müller (4) ont également montré que les noms de magistrats qui se présentent au génitif sur les monnaies des diverses villes de la Cyrénaïque pendant la période républicaine, entre l'extinction de la dynastie des Battiades et la soumission du pays à Ptolémée (450-322 av. J.-C.), en particulier sur les belles pièces d'or

---

(1) Voy. Cavedoni, *Spicilegio numismatico*, p. 66.

(2) *Mém. de la Soc. d'Archéol. et de Num. de Saint-Pétersbourg*, t. II, p. 234-237; *Musée du prince Kotchoubey*, t. I, p. 134 et 139.

(3) *Osserv. sopra le monete della Cirenaica*, p. 45 et s.

(4) *Num. de l'anc. Afrique*, t. I, p. 112 et s.

de Cyrène, sont ceux des archontes ou éphores éponymes de ces villes.

La mention de l'éponyme sous cette forme, avec la préposition ἐπί exprimée ou sous-entendue, ne constitue proprement qu'une date et n'implique pas nécessairement que le magistrat, ainsi mentionné sur la monnaie, eût de sa personne la direction et la responsabilité des opérations monétaires. Sans doute, l'inscription d'une date sur les espèces monnayées n'a pas pour objet de donner un renseignement oiseux; il importe peu de savoir qu'une pièce a été frappée en telle année, si ce n'est pour établir, en cas où on reconnaîtrait une altération dans le numéraire émis cette année, la responsabilité du monétaire alors en fonctions. L'inscription du nom du magistrat éponyme fournit cette date, qui permet de faire remonter la responsabilité à qui de droit; mais il n'en résulte pas d'une manière absolue et certaine que le responsable soit le personnage dont le nom détermine la date. Nous avons vu que, sur les monnaies athéniennes, la mention du numéro d'ordre de la prytanie suffisait à constater la responsabilité du contrôleur mensuel, et qu'à cette marque on se dispensait de joindre l'inscription de son nom, toujours facile à retrouver sur les registres publics. Dans les cités qui se bornaient à marquer les monnaies du nom de l'éponyme, il était également facile de retrouver sur ces registres le nom du monnoyer responsable correspondant à telle éponymie, même quand la loi le faisait entièrement distinct de l'éponyme politique ou sacerdotal. Cette manière de dater les monnaies suffisait donc à fournir les moyens de vérification et de poursuite des fraudes, dont le public avait le droit de réclamer la présence sur les espèces mises entre ses mains par le gouvernement, sans que ce fût pour cela le personnage réellement responsable dont le nom y fût inscrit. La seule forme de signature qui entraîne de toute nécessité la responsabilité directe de celui qui l'appose à la monnaie est celle qui met le nom au nominatif. En ce cas, l'inscription du nom du magistrat ne marque plus une date, mais une garantie personnelle qu'il donne du poids et du titre des espèces, et qui l'en constitue responsable.

Mais, en droit, l'apposition du sceau personnel équivaut et a toujours équivalu à celle de la signature. Quand donc un magistrat, de quelque rang qu'il soit, marque la monnaie de l'emblème de son cachet, il s'en déclare personnellement responsable envers le public, aussi bien que lorsqu'il la signe de son nom au nominatif. Aussi n'y a-t-il plus à hésiter en présence de certaines villes où, comme à Abdère et à Maronnée, par exemple, le nom de l'éponyme est inscrit avec la forme de date la plus caractérisée, précédé de la préposition ἐπί, mais où cet éponyme place en même temps sur la monnaie son cachet personnel, soit en type accessoire, soit en type principal opposé sur le revers au symbole de la ville qui occupe le droit (1). Le premier magistrat politique, investi de l'éponymie, y est en même temps celui à qui revient la direction et la responsabilité de la direction de la monnaie. Aussi, en même temps que, par l'apposition de son emblème propre, il se constitue responsable, voit-on quelquefois, dans l'inscription de son nom, surtout à Abdère, la forme de la signature au nominatif remplacer celle de la date au génitif avec la préposition ἐπί; on trouve, par exemple, ΑΝΑΞΙΔΙΚΟΣ ou ΜΗΤΡΟΦΩΝ au lieu de la formule bien plus habituelle ΕΠΙ ΜΟΛΓΑΔΟΣ, ΕΠΙ ΓΟΛΥΑΡΗΤΟΣ, etc.

(1) Abdère : Brandis, p. 517-519. — Maronée : Brandis, p. 522 et s.

6. Confédérations de cités souveraines qui se réservaient d'une manière absolue leur indépendance administrative, mettant seulement en commun certains grands intérêts de politique générale tenant aux relations avec l'extérieur et les institutions qui touchaient à la défense militaire commune, les ligues grecques n'ont jamais possédé une administration fédérale développée ni compliquée. Un Sénat formé des plénipotentiaires des villes fédérées et délibérant sur les intérêts communs, un ou plusieurs stratéges contrôlés par ce Sénat, mais possédant par le fait une grande liberté d'action dans la sphère de leurs attributions, ayant surtout un rôle militaire en tant que commandants des troupes fédérales formées des contingents des diverses cités, exerçant comme tels une certaine part de pouvoir exécutif là où ils n'étaient pas arrêtés par la souveraineté propre des villes, enfin administrant les rapports internationaux avec l'étranger, tel était le cadre fort simple auquel se réduisaient généralement leurs institutions communes. Quand donc ces ligues avaient institué un monnayage fédéral, comme ceux que nous avons étudiés au § 2 du chapitre Ier du présent livre, il était naturel que la direction et la responsabilité en fussent remises au stratége unique ou au premier de ces magistrats guerriers, lorsqu'il y en avait plusieurs. Et c'est en effet ce que nous constatons dans la plupart des séries monétaires fédérales de la Grèce.

Les monnaies de la Ligue Phocidienne offrent quelquefois un nom de magistrat. Il n'est jamais accompagné d'un titre, mais la nature des fonctions du personnage qui y est ainsi mentionné se trouve déterminée avec une certitude absolue par les pièces où on lit les noms d'Onymarchos et de Phalaïcos (1), connus dans l'histoire comme deux des stratéges des Phocidiens dans la Guerre Sacrée. Il est vrai que ces noms y sont tracés au génitif, sous la forme de date éponymique, encore plus caractérisée sur les monnaies de la Ligue Chalcidienne, où le nom du stratége en fonctions lors de l'émission de la pièce est toujours précédé de ἐπί ΕΠΙ ΠΟΛΥΞΕΝΟ, ΕΠΙ ΑΣΚΛΗΠΙΟΔΩΡΟ, etc. (2). En revanche, les noms des stratéges inscrits sur les espèces fédérales de la Ligue Acarnanienne (3), s'y montrent toujours comme des signatures au nominatif, souvent suivies d'un patronymique.

Les noms inscrits sur le revers des statères d'argent de la Ligue Béotienne sont en général écourtés de telle façon qu'ils ne présentent pas de désinence casuelle. Parmi ceux qui semblent entiers, on en observe au génitif (comme **ΕΥΓΑΡΑ**, du nom qui, dans le grec commun, est Εὐάρης) et d'autres au nominatif (**ΚΛΙΩΝ**, forme dialectique pour Κλέων). On a, du reste, quelques raisons de croire que celui qui signait les monnaies fédérales des Béotiens était celui des Béotarques (on appelait ainsi les stratéges de cette ligue) qui, au moment de l'émission des espèces, avait, à son tour de rôle, le pas sur les autres et le commandement suprême des forces de la Confédération (4). On lit le nom **ΕΠΑΜ**Ινώνδας sur des pièces dont le style convient parfaitement à l'époque où le grand Epaminondas avait la direction des affaires politiques et militaires. Par contre, le nom **ΨΑΡΟ**, inscrit sur d'autres statères, ne peut pas être attribué au Charon de

---

(1) Leicester Warren, *Greek federal coinage*, p. 12 ; Friedlænder *Zeitschr f. Num.* t. I, p. 296 et s.

(2) Brandis, p. 535 et s.

(3) Leicester Warren, p. 12.

(4) Leicester Warren, p. 24 et s.

l'histoire, ami de Pélopidas ; la forme des caractère de la légende est trop archaïque pour son temps.

Les espèces fédérales des Épirotes ont un nom exprimé par quatre ou cinq lettres et accompagné d'un autre exprimé par un monogramme, ou bien deux noms écrits de la même façon en lettres détachées, ou bien encore deux monogrammes (1). Nous sommes portés à voir dans ces combinaisons un nom de stratége, de magistrat suprême militaire et politique et un nom de monnoyer. En effet, la supériorité de rang d'un des deux personnages sur l'autre est bien caractérisée par la forme où ils se présentent le plus souvent : l'un écrit avec un certain développement, en lettres détachées, l'autre réduit à un monogramme dans une place subordonnée. De plus, l'un des noms inscrits avec développement, ΔΕΡΔΑ (2), est celui de Derdas, connu par Tite-Live (3) comme stratége des Épirotes en 204 av. J.-C.

Le même système d'inscription de deux noms, celui du magistrat suprême de la confédération et celui d'un monétaire, s'observe, cette fois avec une entière certitude, dans le monnayage d'argent de la Ligue Thessalienne, formée sous les auspices des Romains après la bataille de Cynoscéphales (voy. plus haut, dans ce livre, chap. I, § 3,2). On y lit sur le revers, avec la légende ΘΕΣΣΑΛΩΝ, deux noms d'hommes dont la position réciproque varie : l'un est au génitif éponymique, précisé encore dans un exemple par l'emploi de la préposition, ΕΠΙ ΑΝΔΡΟΣΘΕΝΟΥΣ ; l'autre est au nominatif. Le premier est sûrement le nom

---

(1) Mionnet, t. II, p. 47-50; *Suppl.* t. III, p. 359-361.
(2) Leicester Warren, p. 17.
(3) XXIX, 12.

du stratége annuel et éponyme de la confédération; et, en effet, plusieurs de ceux qu'offrent les monnaies se retrouvent dans la liste des stratéges thessaliens qu'Eusèbe nous a conservée d'après Phorphyre de Tyr, mais qui malheureusement n'embrasse que les années de 195 à 179 av. J.-C. L'autre nom, qui a la forme d'une signature de responsabilité, ne saurait être que celui du monnoyer spécial, magistrat élu ou entrepreneur à ferme (1).

Les magistrats dont les noms se trouvent inscrits sur les monnaies de la Ligue Achéenne ne sont certainement pas ceux des stratéges fédéraux annuels (2). En effet, sur les pièces de cuivre, où ces noms sont exprimés intégralement, on ne retrouve pas *un seul* de ceux des stratéges connus dans l'histoire comme chefs de la ligue. Sur les petites drachmes d'argent, où ces noms sont généralement abrégés, on pourrait être tenté au premier abord d'expliquer par les deux personnages historiques d'Aratos et de Lydiadès les abréviations AP et ΛY, qui se trouvent avec les marques des villes de Dymé, Patræ, Égire et Elis; mais, comme l'a justement remarqué M. Leicester Waren, il suffit, pour démentir cette interprétation, de la pièce de Dymé, où l'on trouve à la fois AP et ΛY; car Aratos et Lydiadès ne pourraient pas figurer en même temps comme stratéges. Ces personnages ne sont même pas des magistrats fédéraux d'un ordre quelconque; il n'y a pas moyen de les considérer autrement que nous l'avons fait plus haut (dans ce livre, chap, I, § 2,8), c'est-à-dire comme des fonctionnaires particuliers des différentes villes prenant part au monnayage fédéral et y mettant chacune sa marque propre sur

---

(1) Voy. R. Weil, *Zeitschr. f. Num.* t. I, p. 176-183.

(2) Leicester Warren, p. 45.

les espèces qu'elle fabrique. Les noms d'hommes changent, en effet, en même temps que les noms de villes. Sur les pièces de cuivre, où ces noms sont complets, on ne trouve à relever que *deux* coïncidences entre les noms de magistrats qui accompagnent les indications de villes différentes, un ΧΑΙΡΕΑΣ de Corinthe et un de Messène, un ΦΑΗΝΟΣ d'Argos et un de Sicyone ; par rapport au nombre de monnaies de ce genre que l'on connaît déjà, la proportion de telles coïncidences est fort au-dessous de ce que pourrait donner le simple hasard des homonymies entre personnages différents. Sur les drachmes d'argent, la réduction des noms à une très-courte abréviation multiplie un peu plus les coïncidences apparentes ; mais, si l'on trouve jusque dans quatre villes différentes des magistrats désignés par ΑΡ et par ΛΥ, ces deux syllabes peuvent commencer tant de noms si absolument divers entre eux que l'homonymie, entre les magistrats notés par ces abréviations sur les pièces de Dymé, Patræ, Égire et Élis, n'est rien moins que certaine.

Les dispositions du texte si précieux de la convention d'union monétaire entre Mitylène et Phocée (1), nous révèlent quel pouvait être le mécanisme des responsabilités pour l'altération des espèces dans un monnayage fédéral organisé comme celui de la Ligue Achéenne, quel intérêt il y avait à y inscrire sur les pièces, comme garantie, le nom de la ville qui émettait sa part proportionnelle du numéraire commun et en même temps le nom du monétaire spécial de cette ville. D'après le traité que le marbre nous a conservé — et une semblable disposition devait être la règle habituelle dans les conventions de ce genre — le

---

(1) *Transact. of the R. Soc. of Literature*, 2ᵉ sér., t. VIII, p. 549 ; *Rev. num.* 1868, p. 241.

monnoyer est responsable criminellement des fraudes commises par son fait direct ou par sa négligence, devant un tribunal dont les autorités de sa ville forment la majorité ; mais cette ville est à son tour financièrement responsable envers l'autre cité, son associée, de la qualité des espèces du numéraire d'union qui se fabriquent chez elle ; elle est tenue à lui payer une indemnité pour le préjudice causé au public par les falsifications de son monétaire, qu'elle aura eu le tort de ne pas suffisamment surveiller. C'est à cette double nature de responsabilité et de garantie que correspondent les deux mentions inscrites sur les pièces du numéraire fédéral de la Ligue Achéenne ; la mention du peuple de telle ou telle ville, avec sa qualification de membre de la Ligue, assure à la monnaie, quel qu'en ait été le lieu d'émission, le cours légal dans le territoire entier de la confédération, et en même temps garantit, à l'égard des autres confédérés en corps, la responsabilité pécuniaire de la ville qui a fabriqué, dans le cas de fraude ou d'altération. Mais il faut aussi, pour le même cas, assurer la responsabilité criminelle du monnoyer envers sa propre cité ; et c'est à cet objet que répond l'obligation de signer les monnaies qu'il frappe pour cette cité. De cette façon, les moyens de recours à qui de droit de l'un et de l'autre côté sont assurés pour tout citoyen qui constate une fraude dans la monnaie qu'il reçoit dans la circulation. Et cette possibilité pour tout citoyen de se porter accusateur était essentielle chez les anciens, qui ne connaissaient pas d'institution de poursuite au nom de la société, analogue à notre ministère public.

Dans les confédérations dont le numéraire, comme celui de la Ligue Lycienne (plus haut, dans ce livre, chap. I, § 3,2), ne portait que la signature des villes, sans celle de leurs monnoyers particuliers, il n'y avait de garantie par les marques de la monnaie que la responsabilité de la cité, prise isolément, envers la confédération. C'était ensuite aux magistrats de la ville, une fois qu'elle avait été rendue responsable, à poursuivre à l'aide des registres publics la responsabilité personnelle du monétaire. Pour rendre ce dernier recours possible, en l'absence de marque particulière de monnoyer, il est assez probable que chaque cité, comme nous le voyons encore dans la convention entre Mitylène et Phocée, avait son tour de monnayage, qui ne revenait qu'après l'expiration des délais dans lesquels se prescrivait l'action contre le fonctionnaire infidèle ou l'entrepreneur frauduleux.

7. Dans toutes les monarchies postérieures à Alexandre, en particulier chez les rois de Macédoine, de Syrie et d'Égypte, nous voyons adopter comme règle l'usage dont nous avons déjà parlé plus haut (dans ce livre, chap. I, § 1, 6) et qui ne se montre complétement organisé pour la première fois que dans la numismatique de Philippe II de Macédoine, l'usage d'indiquer par de petits types, des monogrammes ou des combinaisons de lettres, placés dans le champ du revers, les ateliers de fabrication des monnaies royales, frappées avec les mêmes types sur une grande étendue de territoire et dans un grand nombre de villes. Ces marques, comme toutes celles que dans les temps modernes on a employées et l'on emploie encore pour différencier les produits des divers hôtels des monnaies d'un même pays, sont des certificats d'origine, indispensables au contrôle administratif et financier des opérations monétaires.

Avant tout, ce qu'il importait de désigner pour ce contrôle et pour établir la responsabilité du monnoyer envers le gouvernement royal qui l'avait chargé de la fabrication de ses espèces, c'était la ville d'émission, le siége de l'atelier monétaire. Cette marque pouvait, au besoin, dispenser de toute autre ; aussi est-ce celle que l'on trouve presque constamment, dont la présence paraît avoir été considérée comme tout à fait nécessaire. Elle se fait par l'un des trois moyens que nous avons indiqués, quelquefois par la combinaison d'un petit type avec un monogramme du nom de la ville ou avec ses initiales. L'emploi des marques d'atelier formées par des monogrammes ou par une ou deux lettres du commencement du nom, est celui qui prévaut dans les séries monétaires des Séleucides, des Lagides et des rois grecs de la Bactriane.

L'explication de ces différents monétaires de villes d'émission sur les monnaies royales est un sujet fort intéressant, mais d'une nature particulièrement délicate, qui ne doit être abordé qu'avec une grande prudence. On doit toujours craindre de s'y laisser entraîner aux fantaisies de l'imagination, et les résultats certains que l'on peut y obtenir sont en petit nombre. Aussi cet ordre d'études n'a-t-il été que rarement abordé, et il ne l'a pas été toujours avec succès. M. L. Müller est de tous celui qui y a le mieux réussi, et l'on doit compter parmi les meilleurs travaux de la numismatique dans notre siècle ceux qu'il a consacrés à l'étude des marques locales sur les monnaies de Philippe II, d'Alexandre le Grand et de Philippe Arrhidée (1), ainsi que sur celles de Lysimaque (2), séries qui se composent en notable partie de mon-

(1) *Numismatique d'Alexandre le Grand*, suivie d'un appendice contenant les monnaies de Philippe II et III. Copenhague, 1855.

(2) *Die Münzen des thrakischen Königs Lysimachus*. Copenhague, 1856.

naies d'imitation, frappées, après la mort des princes dont elles portent les noms, par des villes dont beaucoup n'ont jamais fait partie de leurs états (dans ce livre, chap. I, § 1, 6; livre VI, chap. v, § 1). Chemin faisant, M. L. Müller a été amené, par le cours de ses recherches, à déterminer la plupart des marques d'atelier qui se rencontrent sur les monnaies des rois de Macédoine postérieurs au conquérant de l'Asie. M. de Saulcy (1) s'est occupé récemment de celles que portent les monnaies datée des Séleucides. M. le major Cunningham (2) a traité des monogrammes que l'on peut considérer comme des indices d'ateliers sur les espèces monnayées des rois grecs de la Bactriane et de l'Inde, mais il l'a fait avec plus de zèle et de hardiesse que de réelle réussite. Quant aux différents de ce genre sur les monnaies des Lagides, c'est un sujet où presque tout est à refaire aujourd'hui. Personne ne juge plus sévèrement que moi le travail que j'y ai consacré jadis (3), à un âge où l'on ne doute de rien et où l'on se contente de peu; personne ne sait mieux qu'il n'en reste presque rien debout aujourd'hui. Non-seulement la fausse idée des alliances monétaires, inadmissibles sur ces monnaies, m'a égaré presque à chaque page et m'a fait prendre pour des marques de villes un grand nombre de monogrammes qui n'en ont jamais été, mais même une portion considérable des explications que je proposais pour les marques qui indiquent le plus incontestablement des ateliers, ne sauraient être maintenues. En relisant froidement ce volume, je m'étonne

(1) *Mémoire sur les monnaies datées des Séleucides*. Paris, 1871.

(2) *Attempt to explain some of the monograms found upon the greek coins of Ariana and India*, dans le t. VIII du *Numismatic chronicle*.

(3) *Essai sur le classement des monnaies d'argent des Lagides*. Blois, 1855.

moi-même d'avoir pu me laisser aller tant de fois à de véritables mirages, cherchant des solutions compliquées pour des problèmes où la vraie ne pouvait être que simple et naturelle, et transformant des villes sans aucune importance en siéges d'ateliers monétaires d'où seraient sorties des quantités exceptionnelles de produits. C'est ainsi que j'ai été attribuer à Rhinocorura la marque P, qui a été celle d'un des hôtels des monnaies fonctionnant avec le plus d'activité, au lieu de songer, ce qui eût été l'explication juste, à l'atelier rétabli dans le quartier de Racotis, à Alexandrie; que j'ai rapporté à la bicoque de Magdolon, dans le voisinage de Péluse, jusqu'à deux monogrammes, dont l'un, se composant en réalité des lettres ΔM ou ΔAM (suivant les exemplaires), est la marque de Damas, et dont l'autre, Σ, toujours accompagné d'un bouclier en petit type, marque un des ateliers les plus féconds en émissions sous les premiers règnes de la dynastie ; ce dernier désigne certainement une ville forte de première importance, située en Palestine ou en Phénicie ; mais, quelque interprétation que l'on adopte à son sujet, c'est un Σ qui en est la lettre principale, et l'on ne saurait y retrouver les éléments de Μάγδωλον.

En général, — on peut le poser en principe, bien qu'il y ait quelques exceptions, comme à toutes les règles — lorsqu'une pièce royale ne porte qu'une seule marque, petit type accessoire, monogramme ou combinaison de deux ou trois lettres isolées, on doit y chercher l'indication du lieu où la pièce a été frappée, plutôt que toute autre chose, car c'était l'indication la plus nécessaire. Mais, ce que l'on doit tenir pour un principe encore plus absolu, c'est qu'à moins qu'il ne s'agisse d'une monnaie d'imitation sortie en réalité du monnayage autonome des cités, malgré son apparence royale, comme sont une partie de celles de Philippe II ou d'Alexandre de Macédoine et de Lysimaque de Thrace, jamais une monnaie de roi ne peut porter simultanément les différents des deux villes (voy. plus haut, dans ce livre, chap. I, § 1, 6). Par conséquent, lorsqu'il y a double marque, l'une indique la ville où était situé l'atelier, l'autre constitue la signature d'un fonctionnaire responsable, très-probablement du directeur de l'hôtel des monnaies. Quelquefois, dans la numismatique d'un même roi, on voit le monogramme, qui était incontestablement une marque personnelle de directeur de la monnaie sur des pièces où elle accompagnait un différent de ville, se présenter seul sur d'autres pièces. Il est presque impossible d'admettre qu'il change de signification dans les deux cas, tandis que l'on peut parfaitement supposer que la signature du directeur de l'atelier a été considérée comme suffisant à caractériser les produits qui en étaient sortis, de même que d'autres fois le différent de l'atelier, sans marque personnelle du directeur.

Souvent ce n'est pas une, mais deux marques de personnes que l'on rencontre avec une marque de ville ; telle est, par exemple, la règle presque constante sur les tétradrachmes à la légende ΠΤΟΛΕΜΑΙΟΥ ΣΩΤΗΡΟΣ, frappés sous le règne de Ptolémée Philadelphe dans l'atelier de Ptolemaïs de Galilée, que désigne la marque à signification certaine ΠΤ (1). Ailleurs même — par exemple, presque toujours sur les espèces des derniers rois de Macédoine — on trouve trois monogrammes de personnes avec un signe d'atelier, petit type ou monogramme. Bien que l'on manque absolument de données pour déterminer en

---

(1) Feuardent, *Egypte ancienne, Monnaies des rois*, p. 39.

pareil cas à quelle nature précise de fonctionnaire appartient chacune des marques, il y a là du moins l'indice certain d'une organisation savante de contrôle et de partage de la responsabilité du monnayage, comparable à celle que nous avons constatée dans la monnaie républicaine d'Athènes. Dans cette dernière cité, les trois magistrats qui signent les monnaies nous ont paru correspondre à la direction supérieure, à la fabrication même et au contrôle financier. Ce partage d'attributions est tellement le plus naturel de tous, qu'il est assez probable qu'il a dû se reproduire ailleurs, dans l'organisation de monnayages royaux aussi bien que de monnayages républicains. Nous verrons dans le chapitre suivant que, chez les Grecs comme chez les Romains, les grands hôtels monétaires qui fabriquaient les espèces en quantités considérables pour les livrer à la circulation, étaient divisés en plusieurs officines distinctes, ayant chacune son chef, sous la direction supérieure d'un directeur commun. Il y a là encore une source d'explication fort naturelle et fort vraisemblable pour les doubles marques de personnes, dont l'une peut être celle du directeur de l'ensemble de l'hôtel des monnaies et l'autre celle du chef de l'officine spéciale. En effet, il y avait un intérêt sérieux de contrôle et de comptabilité à pouvoir discerner par des signes extérieurs, dans un établissement de ce genre, les produits des diverses officines. Ainsi que nous le constaterons dans le chapitre suivant, sur les tétradrachmes athéniens de la seconde série on ne manque jamais à cette distinction ; il en est de même sur les monnaies impériales romaines à partir de Dioclétien, et même dans le monnayage impérial, dès le troisième siècle, on a commencé à placer dans le champ des pièces des indices numéraux distinguant les différentes officines d'un même atelier, avant de prendre l'habitude d'y joindre une marque commune de cet atelier.

Il est même des faits, sur les monnaies royales grecques, qui semblent ne pouvoir s'expliquer que par l'existence, dans certains pays et à certaines époques, d'un maître général des monnaies du royaume ou d'une province, exerçant sa direction et sa surveillance sur plusieurs hôtels monétaires à la fois. On ne saurait guère, en effet, expliquer autrement le fait de la reproduction simultanée d'une même marque de personne, généralement exprimée par un monogramme toujours mis à la même place, sur les espèces portant les indices de plusieurs ateliers de villes différentes, sous le règne du même prince et dans la même année, là où les monnaies portent des dates. Tel est, dans la série monétaire des Lagides, le cas du personnage qui, sous les règnes de Soter et de Philadelphe, marquait les monnaies sorties d'ateliers très-divers d'un monogramme composé des lettres XA ou XAP, quand il est plus complet, et qui même a quelquefois substitué sa marque personnelle à tout indice de ville (1), et de celui, contemporain du règne d'Evergète Ier, qui emploie pour signature un monogramme des lettres XP, pareil à celui qui devint plus tard l'emblème du nom du Christ, ce dernier a mis sa marque sur une monnaie d'argent de la reine Bérénice, frappée en Cypre, et sur une notable portion des grosses pièces de cuivre qui furent à ce moment fabriquées dans les divers ateliers de l'Egypte propre (2); il s'y trouve le plus souvent sans différente de ville. Le monogramme de ce XPηστὸς (?) se trouve même

(1) Feuardent, *Égypte ancienne, Monnaies des rois*, n°s 21, 31, 42, 47, 58-61, 76, 101, 127, 130, 131, 134, 389, 390.

(2) Feuardent, p. 96 (n°s 391-393) et 136-138.

apposé en contremarque sur quelques-unes des plus fortes pièces de cuivre, qui avaient été fabriquées en dehors de sa direction (1). Mais l'exemple de ce genre le plus notable et le mieux caractérisé est celui que nous offre en Macédoine le Zoïle dont nous avons eu déjà l'occasion de parler (dans ce livre, chap. I, § 3, 6). Sous les règnes de Philippe V et de Persée, pendant le régime des quatre Confédérations qui ont suivi la bataille de Pydna, et même dans les premières années du gouvernement provincial organisé après la révolte d'Andriscos, il y a eu autorité sur les trois ateliers monétaires de Pella, d'Uranopolis et d'Amphipolis, et il y a mis son monogramme personnel, composé des lettres ΙΩ (2). Il a même signé de son nom, écrit en entier au-dessous de la tête du roi, ΙΩΙΛΟΥ, certains tétradrachmes de Persée (3), particulièrement remarquables par la beauté du style et le soin de l'exécution.

8. L'inscription intégrale du nom de Zoïle sur quelques tétradrachmes de Persée, prouve que, malgré le silence des historiens à son égard, ce personnage eut une importance politique exceptionnelle dans le gouvernement du roi. L'honneur d'inscrire son nom en entier ou du moins en donnant à son abréviation un développement considérable, de manière à lui attribuer dès le premier coup d'œil une importance supérieure à celle des marques ordinaires de monnoyers, n'apparaît pas, en effet, dans la numismatique

(1) Feuardent, p. 137, n° 464.
(2) L. Muller, *Rev. num.* 1867, p. 91.
(3) Mionnet, *Suppl.*, t. III, p. 257, nos 689 et 690, pl. XI, n° 4.

des rois grecs comme une prérogative vulgaire, qu'on laissât prendre aisément. Un fait de ce genre a toujours une sérieuse importance historique, et la plupart du temps on peut en retrouver l'explication d'une manière certaine.

Sans doute on trouve des noms de magistrats municipaux écrits tout au long sur les tétradrachmes d'Alexandre le Grand frappés dans les villes de l'Asie-Mineure occidentale ou dans celles de la côte thrace du Pont-Euxin, comme Callatia, Mésembria, Odessos; on en trouve aussi sur les monnaies de Lysimaque frappées dans quelques-unes de ces villes, et en particulier à Chalcédoine; et d'autres monnaies de Lysimaque, en or et en argent, laissent lire à l'exergue, indépendamment de la légende invariable ΒΑΣΙΛΕΩΣ ΛΥΣΙΜΑΧΟΥ, les noms barbares de chefs de peuplades des Thraces (1). C'est qu'il ne s'agit plus alors de véritables espèces royales, mais de monnaies d'imitation, où les types et légende du roi dont on copie le numéraire perdent toute signification précise en s'immobilisant,

(1) Le tétradrachme qui porte le nom de chef ΣΚΟΣΤΟΚΟΥ (L. Muller, *Münz. d. Lysimachus*, n° 95) est d'un travail trop barbare pour qu'on puisse admettre qu'il a été réellement frappé dans la ville grecque de Sestos, dont il présente, dans le champ de son revers, le petit type grossièrement imité. Mais, dans ce *plagia barbarorum*, la copie servile va souvent jusqu'à reproduire les emblèmes, placés en types accessoires, qui, sur les originaux, étaient des marques d'ateliers (voy. livre IV, chap. VII). C'est ainsi que les marques ordinaires de Byzance, BY sous le trône de la Minerve du revers et un trident garni de bandelettes à l'exergue, se trouvent copiées, aussi bien que la légende royale, sur un statère d'or de fabrique très-barbare, qui n'a pas été connu de M. L. Muller. Les lettres KOMONT, qu'il porte sous le bras étendu de la Minerve, me paraissent devoir être rapportées à Comontorios, le chef gaulois fondateur du royaume de Tylé. Je possède de cette pièce une empreinte que j'ai prise il y a quelques années chez un habitant de Kavarna, sur la côte de la Mer Noire, et d'après laquelle elle a été gravée dans les *Mélanges de numismatique*, 1877, p. 422.

ne sont plus qu'un déguisement extérieur dont on se pare à cause de la confiance qu'il inspire au commerce. Ces pièces à apparence royale sont des autonomes déguisées, où le certificat d'origine et la vraie marque de garantie résident dans le symbole de la ville placé en petit type, dans la signature du magistrat municipal ou dans le nom de chef de tribu (voy. plus haut, dans ce livre. chap. I, § 1, 6 ; et plus loin, livre VI, chap. v, § 1) ; et c'est en vertu des droits d'une souveraineté indépendante que ces magistrats et ces chefs y inscrivent intégralement leur nom, ce qu'on ne leur eût pas laissé faire sur la monnaie du roi, frappée de son vivant et sous son autorité.

Dans le monnayage proprement royal, quand les pièces ont été fabriquées réellement sous le prince dont elles portent la légende, et dans ses états, l'inscription avec un certain développement, et à une place d'honneur, d'un nom autre que celui du monarque, est, je le répète, un fait exceptionnel, tenant à des circonstances historiques déterminées. Elle n'a pu avoir lieu que d'après une permission spéciale du roi, ou bien être le fait d'une véritable usurpation.

Nous trouvons ainsi dans ces conditions, sur des monnaies royales, quelques noms de généraux connus dans l'histoire, qui ont signé de cette manière les produits de leur monnayage militaire. J'ai déjà parlé plus haut (dans ce livre, chap. I, § 1, 4) des pièces d'argent aux noms de Philippe Arrhidée (1) et d'Alexandre fils de Roxane (2), où Lysimaque, en Thrace, a mis les initiales de son nom et son symbole personnel, avant de faire de ces initiales et

---

(1) L. Muller, *Philippe Arrhidée*, n°s 58 et 58 a.
(2) L. Muller, *Num. d'Alexandre*, p. 394.

de ce symbole les seules marques des pièces qu'il frappa entre la mort du jeune Alexandre et le moment où il prit le titre de roi (1). Ici nous constatons le fait d'un général qui, au milieu des guerres-civiles, agit de sa propre autorité sans demander permission à personne, et, comme chef d'un parti en armes, place ses marques personnelles sur les espèces qu'il émet pour les besoins de ses troupes et du territoire auquel il commande. Quelques-unes des monnaies aux types et à la légende d'Alexandre-le-Grand, qui portent dans le champ du revers, au lieu de petits types de villes, des emblèmes personnels à Séleucus Nicator (2), peuvent à la rigueur avoir été frappées dans les mêmes conditions. Pourtant c'est peu probable, et la plupart des pièces de ce genre appartiennent à un monnayage d'imitation dans lequel Séleucus, et probablement aussi ses premiers successeurs, ont copié purement et simplement les espèces si recherchées du héros macédonien, comme le faisaient nombre de villes indépendantes. M. L. Müller (3) a établi d'une façon au moins très-vraisemblable que la majorité de ces monnaies, celles qui ont l'emblème de l'*ancre*, n'ont pas pu être battues avant 301 et ne l'ont même plutôt été qu'à partir de 295. Quant à l'emblème de la *tête de cheval munie de cornes*, qui est aussi le type de monnaies de Séleucus, comme cette représentation fait allusion au cheval dont la vitesse l'avait arraché aux mains d'Antigone en 316, il serait possible que les pièces d'Alexandre qui en sont marquées eussent été frappées dès 312,

---

(1) Sestini, *Lett. num. di contin.* t. VII, p. 11; Ch. Lenormant, *Num. des r. gr.* pl. V, n° 13; L. Muller, *Die Münzen des Lysimachus*, pl. I, n°s 1 et 2.

(2) L. Muller, *Alexandre*, n°s 1485-1514.

(3) *Num. d'Alexandre*, p. 318.

lorsque Séleucus rentra en Syrie et en Mésopotamie, c'est-à-dire avant la mort d'Alexandre fils de Roxane. Mais il est plus probable que cette figure ne devint un emblème monétaire qu'après l'érection du monument que Séleucus érigea à Antioche et où elle était représentée (1) ; et c'est seulement, paraît-il, après avoir pris le titre royal que l'auteur de la monarchie syrienne fonda la ville d'Antioche, que quelques-uns, comme Malala, si au courant des traditions locales, attribuent même à son fils.

Un statère d'or de Lysmaque, qui paraît bien avoir été frappé de son vivant, porte à l'exergue du revers les lettres ΖΩΠΥ (2) ; M. de Kœhne (3) y a reconnu, avec toute raison, le nom d'un des principaux généraux du roi de Thrace, Zopyrion, celui qui fit pour lui le siége d'Olbiopolis (4). Nous avons cité plus haut (dans ce livre, chap. I, § 7,2), comme exemple tout à fait certain de monnaies militaires, la drachme du roi parthe Arsace VII, Phraate II, qui porte, en dehors de la légende royale or-

---

(1) Ottfr. Muller, *Antiquit. Antioch.* p. 41 et s.

(2) L. Muller, *Münz. d. Lysimachus*, n° 468.

(3) *Musée du prince Kotchoubey*. t. I, p. 12; voy. aussi Rathgeber, dans la *Num. Zeitschr.* de Leitzman, t. VI, p. 34 ; *Ann. de l'Inst Arch.* t. X, p. 294.

(4) Le fait du siége d'Olbiopolis, attesté par Macrobe (*Saturn.* I, 10) et qu'il n'est pas possible de placer du vivant d'Alexandre, semble bien prouver, contrairement à l'opinion de Droysen (*Gesch. d. Nachfolg. Alexanders*, p. 273) que Zopyrion n'avait pas péri lors de l'échec sanglant que les Gètes lui avaient infligé du vivant du héros macédonien, qui lui avait laissé, en partant pour l'Asie, le commandement des troupes de Thrace (Q. Curt. X, 1, 44).

Le tétradrachme de Lysimaque qui porte ΣΩΣΙΘ sous le bras étendu de la Minerve du revers, sans autre marque (L. Muller, *Münz. d. Lysimachus*, n° 564), semble être aussi une monnaie de général.

dinaire, les mots ...ΓΟΡΟΥ ΚΑΤΑϹΤΡΑΤΕΙΑ (1). Quand cette inscription était complète, elle ne mentionnait pas seulement l'origine exceptionnelle de la pièce, frappée dans une expédition militaire, mais aussi le nom du général commandant cette expédition. Dans ces deux exemples, nous avons des monnaies militaires, frappées dans des circonstances normales, que les généraux ont émises au nom du roi qu'ils servaient, mais en les signant en même temps de leur propre nom; ici il est probable qu'ils avaient reçu l'autorisation formelle du souverain, de même que les commandants des armées des rois de Perse, quand ils monnayaient des espèces en y inscrivant leurs noms.

Quelquefois aussi des ministres tout-puissants, des tuteurs de rois mineurs exerçant pour eux la régence, ont reçu ou pris de leur propre autorité le droit d'inscrire leur nom sur la monnaie du roi, dans des conditions plus honorables que les simples monétaires, quoique d'une manière encore subordonnée à la légende royale. C'est ainsi qu'une bonne partie des monnaies d'argent et de bronze de Ptolémée Philopator portent sur le revers, devant l'aigle, à une place particulièrement apparente et d'une forte dimension, la combinaison de lettres $\genfrac{}{}{0pt}{}{\Omega}{\Sigma}$, que M. R. Stuart Poole (2) a très-heureusement interprétée, en y reconnaissant la mention du ministre Sôsibios, maître véritable et absolu sous le nom du roi. Vers la fin de la longue minorité de Ptolémée Évergète, M. Æmilius Lepidus, que le Sénat lui avait désigné comme tuteur, ayant

---

(1) Ch. Lenormant, *Nouv. ann. de l'Inst. arch.* t. II, p. 198 et 234, pl. A, n° 10.

(2) *Num. chron.* 1864, p. 70, et 1866, p. 5 et s.; voy. Feuardent, *Égypte ancienne, Monnaies des rois*, p. 60 et s.

été obligé de revenir à Rome pour y prendre possession du souverain pontificat, remit la régence à l'eunuque Eulæos, qui la garda deux ans, de 173 à 171 av. J.-C. Une partie des pièces de bronze qui furent alors frappées à la légende du roi, ΠΤΟΛΕΜΑΙΟΥ ΒΑΣΙΛΕΩΣ, portent en même temps les premières lettres du nom du régent, ΕΥΛ, placées entre les pattes de l'aigle du revers (1). Dans le royaume des Séleucides de Syrie, Tryphon, l'infidèle tuteur d'Antiochus VI, avant de mettre à mort son pupille et d'usurper le diadème royal, a marqué presque toutes les monnaies du jeune roi dont il était censé défendre les intérêts des initiales de son nom, ΤΡΥ (2). Sur les pièces datées des années 168 et 169 de l'ère des Séleucides (145 et 144 av. J.-C.), on lit, en même temps que ΤΡΥ, une autre abréviation de nom ΣΤΑ ; ce n'est pas le patronymique de Tryphon, comme on pourrait le supposer d'abord, car la majorité des pièces datées de 170 des Séleucides (143 av. J.-C.) ont les unes ΤΡΥ, les autres ΣΤΑ isolément, plutôt que les deux marques réunies. L'histoire, telle que nous la possédons, est muette sur le compte de ce ΣΤΑ..., mais, comme l'a remarqué Eckhel avec la justesse habituelle de sa critique, il est évident que c'était quelque personnage qui partageait alors avec Tryphon la direction du parti d'Antiochus VI, le commandement de ses forces militaires et le gouvernement exercé au nom du monarque enfant. C'est peut-être un singulier hasard, mais tous les noms de ministres et de tuteurs de rois ayant introduit leurs noms sur les monnaies de ces princes, que nous venons de passer en revue — et ce sont pour ainsi dire les

(1) R. St. Poole, *Num. chron.* 1866, p, 12 et s. Feuardent, p. 72.
(2) Eckhel, *DN*, t. III, p. 233 ; Saulcy, *Monnaies datées des Séleucides*, p. 40.

seuls que l'on connaisse — sont ceux d'hommes qui ont laissé dans l'histoire une fâcheuse réputation.

Je crois devoir reconnaître des noms d'hommes de même nature, et non des marques de villes, dans les inscriptions accessoires ΦΙΛΙΓ et ΚΑ, que l'on a relevées, tracées à une place d'honneur, à côté de la légende royale, sur deux drachmes de Démétrius Ier, roi de Syrie (1). A mes yeux même, la première doit être interprétée comme désignant Philippe, l'ami d'Antiochus Épiphane, à qui celui-ci avait confié la tutelle de son fils Antiochus V, mais qui, revenant de Mésopotamie, trouva ce poste déjà occupé par Lysias. On sait que, rassemblant alors une armée, il s'établit à Antioche et déclara la guerre au régent, qui, venant le combattre, traînait avec lui le jeune roi. Vaincu et assiégé dans la ville, Philippe fut obligé de se rendre à Lysias, qui le fit mettre à mort, quelques semaines seulement avant le débarquement à Tripolis de Démétrius Ier (2), lequel le vengea en livrant à son tour au supplice Lysias et Antiochus V. Josèphe, à qui nous devons le seul récit de ces événements, ne dit pas que Philippe, une fois contraint d'en venir à la lutte ouverte avec le régent et le jeune roi, se soit prononcé pour Démétrius Ier contre Antiochus V; mais il ne dit pas non plus le contraire. Démétrius, retenu à Rome comme otage, avait, aussitôt après la mort d'Antiochus Épiphane, élevé des prétentions à la couronne de Syrie, en la demandant au Sénat, qui n'avait pas voulu la lui accorder. La coïncidence de son évasion de l'Italie, pour aller en Syrie faire valoir ses droits, avec la guerre civile entre Philippe et Lysias, est trop frappante pour ne pas donner à soupçonner une

---

(1) Saulcy, ouvr. cit. p. 38.
(2) Feuardent, *Rev. num.* 1862, p. 190.

entente entre Démétrius et Philippe, qui se serait déclaré son partisan à Antioche. Ainsi s'expliquerait que Philippe eût fait frapper avant l'arrivée de Démétrius des monnaies portant son nom comme roi, et que la mention de ce personnage pût se trouver sur une pièce de Démétrius, qui ne mit le pied sur le sol de la Syrie qu'un peu après sa mort.

9. Les monnaies frappées dans les villes grecques du temps de l'Empire romain, avec ou sans les effigies des empereurs (ce qui fait que, dans le classement actuel, on les sépare en rangeant les unes parmi les *Impériales grecques* et les autres parmi les autonomes), nous offrent un grand nombre de mentions de magistrats locaux accompagnées de l'indication de leurs titres. Du moins les mentions de ce genre abondent dans la numismatique municipale des cités comprises dans la province d'Asie; car l'usage paraît en avoir été presque exclusivement restreint à cette province, et ailleurs les exemples en sont de la plus extrême rareté (1). Malheureusement, il n'y a que bien peu de choses à tirer de ces légendes mentionnant des magistrats locaux, pour la question de savoir quels étaient les fonctionnaires que les différentes villes chargeaient de la direction et de la surveillance de leurs monnayages particuliers. Le plus souvent les indications

(1) Les îles de l'archipel dont les monnaies nous offrent des mentions de ce genre, comme Mélos et Amorgos, dépendaient de la province d'Asie. On ne peut donc citer en dehors de cette province, comme offrant exceptionnellement des mentions de magistrats locaux, avec leurs titres, que les espèces de la communauté des Thessaliens, de Byzance de Thrace, de quelques villes de Bithynie, d'Adada de Pisidie, d'Anémurion de Cilicie, et une pièce de Sparte.

de ce genre n'ont aucun rapport aux magistrats proprement monétaires ; elles constituent des dates éponymiques désignant les années par le fonctionnaire supérieur qui y donnait son nom. Elles ne nous apprennent donc, sur l'organisation administrative de la fabrication des monnaies, rien de plus que les dates éponymiques établies au moyen des noms des proconsuls ou des légats impériaux, qui se voient parallèlement avec les dates par magistrats éponymes locaux sur les monnaies d'un grand nombre de villes de la province d'Asie, et à l'exclusion de toute mention de fonctionnaires municipaux dans le monnayage de beaucoup de cités des provinces de Bithynie, de Cypre, de Syrie, de Thrace, de Mésie inférieure, de Galatie et de Cappadoce (1).

Il n'y a pas moyen de contester ce caractère aux mentions d'archontes et de stratéges (2), qui se font presque

(1) Eckhel, *DN*, t. IV, p. 229-245.

(2) Voici une liste, que je n'ose donner pour absolument complète, mais qui du moins est bien près de l'être, des villes dont les monnaies offrent des dates éponymiques par l'inscription du nom de ces magistrats.

Archontes. (Je marque d'un astérisque les villes dont les monnaies offrent des mentions du « premier archonte », APX.A ou ΠΡΩΤ.APX.)

Thrace. — Byzance.
Cyclades. — Mélos.
Bithynie. — *Hadriani ; Hadrianopolis ; *Hadrianothères ; Nicomédie.
Mysie. — Cyzique ; *Germé.
Troade. — Abydos ; Dardanos.
Éolide. — Myrina.
Ionie. — Milet, Priène, Chios.
Carie. — *Aphrodisias, Céramos, *Halicarnasse, Myndos, Stratonicée, Taba, Trapezopolis.
Pisidie. — Adada.
Lydie. — *Apollonis, *Apollonoshieron, *Bagœ, *Blaundos, *Cilbiens supérieurs, *Daldis, Dioshieron, *Gordos-Julia, Hypæpa, Hyrcania, *Mæonia, *Philadelphia, *Saitte, *Sardes.

exclusivement sous la forme caractéristique de l'inscription du nom au génitif, soit absolu, soit précédé de la préposition ἐπί. En jetant un coup d'œil sur les listes données en note au bas de ces pages, on verra qu'un certain nombre de villes emploient dans leurs légendes monétaires, tantôt le titre d'archonte et tantôt celui de stratége. Quelquefois un des titres est d'usage constant pendant une certaine époque déterminée et l'autre en usage durant une autre époque ; dans ce cas, on pourrait croire qu'il s'agit de deux magistrats différents, que la ville a

Phrygie. — Acmonia, Æzani, Amorion, *Ancyre, Attæa, Cadi, *Cidyessos, *Cotiæon, Docimæon, Dorylæon, Hyrgalea, Julia, *Midæon, Nacoleia, Peltæ, *Sala, Sébaste, Synaos, Trajanopolis.

STRATÉGES :

Thessalie. — Communauté des Thessaliens.
Bithynie. — Hadrianothères, Nicomédie, Nicée.
Mysie. — Adramytion, Assos, Camena, Cyzique, Germé, Lampsaque, Milétopolis, Pergame, Perpérène, Pionia, Pitané.
Éolide. — Ægæ, Cymé, Élée, Myrina, Temnos.
Lesbos. — Communauté des Lesbiens, Méthymna, Mitylène.
Ionie. — Apollonia, Clazomènes, Colophon, Érythres, Métropolis, Phocée, Smyrne, Téos.
Carie. — Apollonia, Bargylia.
Cilicie. — Anemurion.
Lydie. — Acrasos (la forme particulière aux légendes des monnaies de cette ville met le nom du stratége au nominatif, suivi du participe στρατηγῶν), Apollonis, Attalia, Aureliopolis, Blaundos, Cilbiens supérieurs, Daldis, Dioshieron, Hermocapelia, Hiérocésarée, Hypæpa, Hyrcania, Magnésie, Mastaura, Mosténé, Nacrasa, Sardes, Silandos, Tabala, Thyatires.
Phrygie. — Attæa, Briana, Cadi, Cérétapé, Cibyra, Dionysopolis, Docimæon, Laodicée, Métropolis, Peltæ, Stectorion.

Une monnaie d'Hypæpa de Lydie mentionne, non le stratége absolument parlant, mais le premier stratége : ΕΠΙ ΚΗΡΙΝΘΟΥ Δ(τέταρτον) ϹΤΡΑΤηγοῦ Α(πρώτου) : Mionnet, t. IV, p. 57, n° 299.

modifié sa constitution municipale à une époque comprise sous la domination des Empereurs et changé le titre de son éponyme. Mais cette explication n'est pas admissible quand on voit employer indifféremment les deux titres dans le même temps, et quelquefois appliquer tantôt l'un tantôt l'autre à un même personnage (1). La vraie conclusion à tirer, c'est qu'en épigraphie numismatique, la qualification d'ἄρχων ou ἄρχων πρῶτος, à la différence de στρατηγός, n'a pas un sens absolument rigoureux, qu'elle ne désigne pas seulement un magistrat dont tel était le titre officiel et formel, mais qu'elle peut s'appliquer à tout magistrat supérieur, quel que fût son titre spécial. Ἐπί ἄρχοντος ou simplement ἄρχοντος n'y signifie donc pas d'une manière absolument rigoureuse « sous l'archontat de N », mais « sous la magistrature suprême de N », quand même ce fonctionnaire était plus proprement stratége ou désigné par une autre appellation. C'est ainsi que l'on trouve quelquefois des formules telles que ΕΠΙ ϹΤΡΑΤηγοῦ ΜΑρκου ΑΛΕΞΑΝΔρου ΑΡΧΟΝΤΟϹ Α (πρώτου), que j'emprunte à une monnaie de Docimæon de Phrygie (2).

Une monnaie d'Ægialé, dans l'île d'Amorgos, fait lire

---

(1) Tel est le cas du ΙΟ.ΛΙΒΩΝΙΑΝΟΣ qui, à Sardes, est appelé stratége sur une monnaie sans effigie impériale (Mionnet, t. IV, p. 118, n° 662) et archonte sur une pièce à la tête de Trajan. (Mionnet, t. IV, p. 125, n° 710.)

(2) Mionnet, t. IV. p. 234. n° 516. — Cependant les deux légendes que Belley (*Mém. de l'Acad. des Inscr.*, anc. sér. t. XVIII, p. 128) avait cru trouver dans la numismatique de Sardes, ΕΠΙ ϹΤΡατηγοῦ ΗΡΑΚΛΕΙΔΟΥ ΑΡΧοντος Α(πρώτου), sous Otacilie, ΕΠΙ ϹΤΡατηγοῦ ΜΕΝΕϹΤΡΑΤΙΑΝΟΥ ΑΡΧοντος, sous Maximin, sont inexactes; il faut, d'après l'examen des originaux, en rétablir autrement la vraie leçon, pour la première ΕΠΙ ϹΤΡατηγοῦ ΑΥΡηλίου ΗΡΑΚΛΕΙΔΙΑΝΟΥ, et pour la seconde ΕΠΙ ϹΕΠτιμίου ΜΕΝΕϹΤΡΑΤΙΑΝΟΥ ΑΡΧΟΝΤΟϹ.

ἘΠΙ ΑΡΧοντος ΠΡΥΤΑΝΕΙαν ΕΠΙΚΡΑΤΟΥ Β (δεύτερον) (1).
Ceci rend possible d'admettre qu'à Stratonicée de Carie ce soit la même magistrature éponyme qui soit désignée tantôt par la qualification d'ἄρχων, tantôt par celle de prytane; car le prytane, pris absolument, c'est-à-dire le premier des prytanes, sert à formuler les dates éponymiques sur les monnaies de quelques villes de la province d'Asie (2). A Byzance, l'éponyme avait le titre religieux d'hiéromnémon (3), auquel il associait une autorité politique. Pourtant, ce n'est que rarement que les dates éponymiques des monnaies de Byzance sont conçues sous la forme ἐπὶ ἱερομνάμονος τοῦ δεῖνα (4) ; plus souvent on y dit ἐπὶ ἄρχον-

---

(1) Mionnet, t. II, p. 388, n° 5 ; attribué à tort à Ægialos de Paphlagonie.

(2) A Stratonicée de Carie, Attuda et Synnada de Phrygie.

(3) Demosth., *Pro coron.*, p. 255 ; Polyb. IV, 52, 4.

(4) Il n'y en a même que deux exemples bien formels. Le premier est fourni par la pièce du temps de Marc-Aurèle où on lit ΕΠΙ.ΜΕ.ΜΑΡΚΟΥ.ΙΕΡΟΜ (Mionnet, *Suppl.* t. II, p. 249, n°s 269 et 270). J'emprunte l'autre à une monnaie que je possède et où, au revers de la tête de Commode on lit ΕΠΙΑΙΛίου ΠΟΝΤΙΚΟΥ ΙΕΡΟΜΝΑ ΒΥΖΑΝΤΙΩΝ, accompagnant le type d'un dauphin entre deux poissons. Le magistrat local nommé sur cette pièce, et qui y est qualifié d'hiéromnémon, est aussi mentionné sur un grand nombre d'autres monnaies de Byzance, du temps de Commode (Mionnet, t. I, p. 379, n°s 107 et 108 ; *Suppl.* t. II, p. 253 et s., n°s 291 et 293-297), sous la forme ΕΠΙ.ΑΙ.ΠΟΝΤΙΚΟΥ. ΗΡ ou ΕΠΙ.ΑΙ.ΠΟΝΤΙΚΟΥ.Η. Il en résulte que l'abréviation ΗΡ ou Η, qui suit très-fréquemment le nom du magistrat éponyme, comme désignation de son titre, sur les pièces de Byzance à l'époque impériale (Eckhel, *DN*, t. II, p. 28) est une sigle qu'il faut lire ἱερομνάμων. Nous en avons encore la preuve, et de plus celle qu'ἄρχων ne désigne pas, dans les dates éponymiques des monnaies de Byzance, un autre personnage que l'hiéromnémon, par ces trois variantes de la mention du même magistrat, en fonction sous Marc-Aurèle :

ΕΠΙ ΜΕ ΜΑΡΚΟΥ ΙΕΡΟΜνάμονος (effigie de Marc-Aurèle, pièce déjà citée tout à l'heure) ;

τος τοῦ δεῖνα, en voulant sûrement désigner la même magistrature. La mention d'une prêtresse, nommée avec l'ἄρχων, complète souvent la date éponymique des pièces de Byzance frappées sous les Empereurs (1). Ce sacerdoce, qui conférait le droit de fournir par son nom une époque pour certains actes publics, ayant été décerné à titre honorifique à l'impératrice Faustine la jeune par les gens de Byzance, de même qu'ils conférèrent (nous le savons aussi par la numismatique) la magistrature suprême de leur ville à Trajan, dans l'année de sa troisième salutation impériale, et à Caracalla, dans sa jeunesse, avant la mort de son père, l'éponymie enregistrée sur les espèces monétaires fut alors tenue exclusivement par l'impératrice ΕΠΙ ΘΕΑC ΦΑΥCΤΙΝΗC (2). L'association d'une prêtresse à l'archonte dans la date éponymique se remarque aussi sur les monnaies d'Acmonia de Phrygie (3).

ΕΠΙ Μ ΜΑΡΚΟΥ Η ΤΟ Β (δεύτερον) (effigie de Lucille, Mionnet, *Suppl.* t. II, p. 251, n° 284);

ΕΠΙ ΑΡχοντος ΜΑΡΚΟΥ (effigie de Marc-Aurèle, Mionnet, *Suppl.* t. II, p. 249, n° 268).

Il y a encore un autre individu qualifié tout au long de ΙΕΡΟΜΝΑμων sur un cuivre de Byzance à la tête de Lucius Vérus (Mionnet, *Suppl.* t. II, p. 251, n° 232), mais c'est dans une des légendes à formules de dédicace, dont nous parlerons un peu plus loin. On a pourtant sur une autre monnaie la date éponymique de la magistrature de ce personnage (Mionnet; *Suppl.* t. II, p. 251, n° 231); seulement, son nom n'y est accompagné d'aucun titre : ΕΠΙ ΑΙΛ CΕΥΗΡΟΥ.

(1) Eckhel, *DN*, t. II, p. 29.

(2) Eckhel, *DN*, t. II, p. 31. — L'illustre numismatiste viennois y remarque qu'aucune mention de prêtresse à côté de l'archonte ne s'observe dans la date d'une monnaie de Byzance avant cette éponymie de Faustine.

(3) Eckhel, *DN*, t. III, p. 128; Mionnet, t. IV, p. 198 et s.; *Suppl.* t. VII, p. 484.

On trouve quelquefois, mais fort rarement, dans les dates du genre de celles dont nous parlons, la mention simultanée de deux archontes, comme dans cette légende de monnaies des Cilbiens supérieurs de Lydie, ΕΠΙ ΑΡΧόντων ΑΥΡΗλίου ΔΙΟΝΥΣΙΟΥ Καὶ ΜΗΤΡΟΔΩΡΟΥ (1), et dans cette autre, de Céramos de Carie, Π ΑΙΛΙος ΘΕΜΙΣΤΟΚΛΗΣ ΠΡΟΤΟν (pour πρῶτον) ΛΕΟΝ (pour Λέων) ΔΙΣ (2). A Antioche de Carie, la formule consacrée par l'usage local mentionne au nominatif tout le collége des magistrats, avec l'éponyme qui en est le chef, ΑΤΤΑΛΟΥ ΣΥΝΑΡΧΙΑ, ΜΥΩΝΟΣ ΣΥΝΑΡΧΙΑ, etc (3). Quelques monnaies d'Aphrodisias, dans la même contrée, ont une formule analogue, ΕΠΙ ΑΡΧΟντων ΤΩΝ ΠΕΡΙ ΜΕΝΕΣΘΕΑ ΙΣΟΒΟΥΝΟΝ (4). L'éponyme d'Aphrodisias est appelé dans les inscriptions πρωτόλογος ἄρχων (5); les légendes monétaires le qualifient quelquefois de πρῶτος ἄρχων (6).

(1) Mionnet, t. IV, p. 28 et s., nᵒˢ 142 et 145.
(2) *Zeitschr. f. Num.* t. II, p. 109. — Eckhel (*DN*, t. III, p. 109) avait cru trouver sur une monnaie de Mostène de Lydie la mention de deux stratéges simultanés; mais la pièce en réalité n'en nomme qu'un seul ΕΠΙ ΣΤΡΑτηγοῦ Μ ΑΥΡηλίου ΖΕΥΞΙΔΟΣ ΠΛΟΥΤΙΑΔΟΥ (Mionnet, t. IV, p. 92, nᵒ 497; E. Muret, *Mél. de Num.*, 1877, p. 1). Mionnet (t. III, p. 62, nᵒ 7), à son tour, a publié comme d'Apollonia d'Ionie une pièce où il croyait lire ΕΠΙ ΣΤΡ ΑΥΡ ΤΕΡΤΥΛΛΟΥ Κ ΑΝΤΩΝΙΑΝΟΥ.ΑΠΟΛΛΩΝΙΕΩΝ, ce qui aurait fourni les noms de deux stratéges; mais la pièce est d'Apollonis de Lydie et la vraie leçon en est ΕΠΙ ΣΤΡατηγοῦ ΑΥΡηλίου ΤΕΡΤΥΛΛΟΥ ΓΛΥΚΩΝΙΑΝΟΥ. ΑΠΟΛΛΩΝΙΔΕΩΝ (Waddington, *Rev. num.* 1853, p. 171). Sans doute, dans presque toutes les villes grecques, il y avait en même temps plusieurs stratéges en fonctions; mais un seul était éponyme.
(3) Eckhel, *DN*, t. II, p. 574; Mionnet, t. III, p. 316, nᵒˢ 76 et 78; *Suppl.* t. VI, p. 450, nᵒ 83.
(4) Cavedoni, *Spicil. numism.*, p. 185; Waddington, *Rev. num.* 1851, p. 237.
(5) *Corp. inscr. graec.* nᵒˢ 2760 et 2769.
(6) Mionnet, t. III, p. 326, nᵒ 139.

A Lacédémone nous rencontrons une monnaie frappée sûrement à l'époque impériale, malgré son apparence tout autonome ; elle mentionne un éphore avec son titre, au nominatif (1). Son nom est probablement là pour fournir une date éponymique. En tous cas, cette pièce nous permet de reconnaître pour des noms d'éphores ceux qui se lisent au nominatif ou bien au génitif à la suite de la préposition ἐπί (car il y a variation dans l'usage) sur les espèces autonomes de cuivre de Lacédémone, antérieures à l'ère impériale, dont la majeure partie ont été frappées sous la domination de la République romaine.

Une fois, dans la numismatique de Mastaura de Lydie, l'éponymie est constituée par le nom du βούλαρχος ou président du Sénat local (2), au lieu de l'être, comme d'ordinaire sur les monnaies de cette ville, par la mention du stratége. C'est là, du reste, l'unique exemple de mention d'un magistrat de cette espèce sur les monnaies antiques.

Le caractère des mentions du secrétaire ou greffier public, γραμματεὺς, peut, dans certains cas, prêter davantage au doute. Nous savons positivement, par les documents épigraphiques, qu'à Éphèse le magistrat éponyme était le γραμματεὺς τῆς πόλεως ou τοῦ δήμου, différent du γραμματεὺς τῆς βουλῆς. Aussi est-ce certainement une date éponymique que constitue l'inscription du nom de ce fonctionnaire avec son titre, au nominatif ou plus rarement au génitif absolu ΓΡΑΜΜΑΤΟΥΣ sur les monnaies de cette ville aux effigies des premiers empereurs, avec la préposition ἐπὶ à partir d'Antonin le Pieux (3). Il en est

(1) Mionnet, t. II, p. 218, n° 26.
(2) Mionnet, t. IV, p. 234, n° 516.
(3) Vaillant a cru trouver une date éponymique par un stratége sur une monnaie d'Éphèse du règne de Marc-Aurèle, ΕΠΙ ϹΤΡΑ ΙΟΥΛΙΑ-

de même sur les monnaies des autres villes de la province d'Asie, où la formule ἐπὶ γραμματέως τοῦ δεῖνα est seule en usage (1); là encore on doit admettre que c'était ce secrétaire public qui avait l'éponymie. Mais la question est plus embarrassante pour les villes dont la numismatique offre habituellement des dates par stratéges ou par archontes, mais où apparaît sporadiquement à la place une mention ἐπὶ γραμματέως (2). Il est bien difficile de suppo-

---

ΝΟΥ; mais la pièce porte en réalité ΕΠΙ ΦΛαβίου ΙΟΥΛΙΑΝΟΥ (Mionnet, t. III, p. 103, n° 321). Quant aux mentions de stratéges faites sur des pièces de concorde, ὁμόνοια, d'Éphèse et de Smyrne et d'Éphèse et de Laodicée, Eckhel (DN, t. II, p. 519) a déjà montré qu'elles se rapportaient au magistrat de Smyrne et à celui de Laodicée.

(1) Ionie. — Magnésie.
Carie. — Alabanda, Mylasa, Nysa.
Lydie. — Cilbiens inférieurs, Tralles.
Phrygie. — Eucarpia.
A Magnésie d'Ionie, on trouve une fois deux secrétaires nommés ensemble dans la date éponymique, sans doute celui du peuple ou de la ville et celui du sénat, ΕΠΙ ΓΡαμματέων ΦΛΑΚΚΟΥ ΚΑΙ ΠΑΥΛΕΙΝΟΥ (Mionnet, t. III, p. 152, n° 665; Suppl. t. VI, p. 240, n° 1050; la première des pièces en question, rapportée par Vaillant à Élagabale, est de Caracalla jeune); mais le premier des personnages ainsi nommés, celui qui était évidemment γραμματεὺς τοῦ δήμου, est mentionné seul sur d'autres pièces, ΕΠΙ Γ. ΦΛΑΚΚΟΥ (Mionnet, Suppl. t. VI, p. 244, n° 1066).

(2) A la première catégorie appartiennent Adramytion et Pergame de Mysie, Smyrne d'Ionie, Magnésie et Sardes de Lydie; à la seconde, Hypæpa de Lydie et Sala de Phrygie. Il faut y joindre Antioche de Carie, où la formule habituelle mentionne, comme nous le remarquions tout à l'heure, la συναρχία de tous les magistrats, avec à sa tête l'archonte éponyme, mais où une pièce offre la légende ΕΠΙ ΓΡαμματέως Μ ΑΥΡηλίου ΓΛΑΥΚΟΥ (Mionnet, Suppl., t. VI, p. 451, n° 85). Eckhel (DN, t. IV, p. 198) n'a donc pas de raison de dire : *urbes quae archontibus usae sunt, etsi non raro strategos admiserint, nunquam tamen scribas in moneta sua signavere.*

poser pour ces cas isolés une variation dans la nature de l'éponyme. Faut-il plutôt admettre la conjecture de Vaillant (1), d'après laquelle le secrétaire public aurait eu son nom inscrit sur les monnaies des villes qui dataient par archontes ou par stratéges, lorsque ces magistrats éponymes réguliers seraient morts pendant la durée de leur charge ? Mais la chose est encore peu vraisemblable, et Eckhel (2) a opposé à cette hypothèse des objections du plus grand poids. Il me paraît plus probable que le γραμματεὺς était le magistrat directement chargé du monnayage des pièces où son nom était inscrit (même avec la formule ἐπὶ) dans les cités où il n'avait pas l'éponymie. En effet, quand une émission de monnaies locales de cuivre avait été décidée par un vote de l'assemblée populaire ou du sénat de la ville, approuvé ensuite par le gouverneur romain de la province, il était assez naturel que le secrétaire ou greffier, que ses fonctions avaient appelé à l'enregistrement authentique de ce décret municipal, fût aussi souvent chargé d'en surveiller et d'en diriger l'exécution. Les deux rôles étaient facilement connexes. Cette explication semble particulièrement vraisemblable pour l'unique monnaie de Smyrne où l'on remarque la mention d'un γραμματεὺς (3), au lieu de celle du stratége, dont le nom fournit toujours les dates éponymiques dans la numismatique de cette ville à l'époque impériale, si toutefois la pièce en question a été bien lue et si les légendes n'en ont pas été retouchées par une main moderne. Je crois pouvoir être encore plus affirmatif sur le fait que le personnage qualifié

(1) *Numism. graec.* p. 313.
(2) *DN*, t. IV, p. 197.
(3) Mionnet, t. III, p. 230, n° 1288.

de « secrétaire public pour la seconde fois », qui est nommé sur une monnaie d'Apamée de Phrygie à la tête d'Elagabale, ΕΠΙ Λ ΜΑ... CΕΥήρου ΓΡΑΜματέως ΤΟ Β (δεύτερον) **(1)** y figure comme magistrat monétaire. Mais je reviendrai un peu plus loin sur la numismatique d'Apamée, et c'est alors que je montrerai que les personnages, revêtus de fonctions très-diverses, en général plutôt religieuses que civiles, qui s'y trouvent constamment mentionnés à partir du règne de Commode, sont ceux qui ont eu la surveillance et la direction des différentes émissions monétaires, faites seulement de distance en distance à l'occasion des jeux publics et des grandes fêtes religieuses.

L'omission du titre du magistrat éponyme est aussi fréquente que sa mention, et dans la numismatique des mêmes villes. On conçoit, du reste, tout naturellement que, du moment où c'était un archonte, un stratége ou un secrétaire public qui donnait son nom à l'année de ses fonctions, la date pouvait l'exprimer également bien par la seule formule ἐπὶ τοῦ δεῖνα, sans titre, que par ἐπὶ τοῦ δεῖνα ἄρχοντος, στρατηγοῦ ou γραμματέως ; l'emploi de cette forme abrégée s'observe dans les inscriptions lapidaires aussi bien que dans les légendes des monnaies. Comme les habitants de la cité connaissaient leur constitution, une semblable formule était suffisante; elle en disait assez et ne pouvait prêter à l'erreur. Pour nous-mêmes, numismatistes modernes, une fois que des exemples formels nous ont appris quel était l'éponyme monétaire d'une certaine cité, nous n'éprouvons plus d'hésitation à reconnaître pour des gens revêtus de la même qualité les éponymes dont le titre n'est pas exprimé. Il arrive même quelque-

---

(1) Mionnet, t. IV, p. 236, n° 257; *Suppl.* t. VII, p. 514, n° 566.

fois que le nom du même magistrat se présente tantôt avec, tantôt sans son titre sur les différentes variétés des espèces monétaires frappées pendant sa magistrature.

Souvent le magistrat éponyme joint au titre de la fonction civile qui lui donnait le privilége d'imposer son nom à l'année, un titre sacerdotal dont il était également revêtu et qui avait un caractère plus permanent, un titre tel que ceux de grand-prêtre, ἀρχιερεύς; prêtre, ἱερεύς; président des grand jeux solennels communs de la province d'Asie, ἀσιάρχης; prêtre à vie du culte augustal dans sa cité, ἱερεὺς διὰ βίου τῶν σεβαστῶν; stéphanéphore, στεφανηφόρος; interprète des choses sacrées, θεολόγος; ou même la qualification de sophiste, à laquelle s'attachaient tant d'honneurs et de priviléges dans la société grecque de la décadence. C'est particulièrement la numismatique de Smyrne qui nous offre des exemples de sophistes revêtus de la magistrature éponyme (1); et, en effet, nous savons, par les témoignages littéraires, qu'il n'était pas de ville de l'Asie Mineure qui fît autant pour ces personnages, qui attachât plus de prix à en fixer de célèbres dans ses murs. Quant à la possession des plus hauts sacerdoces, on sait que, chez les Grecs, elle n'excluait en aucune façon l'exercice des fonctions civiles; les hommes qui en étaient revêtus étaient politiquement et civilement des citoyens comme les autres, soumis aux mêmes charges et aux mêmes devoirs, accessibles aux mêmes emplois, à qui leur caractère sacré ne faisait en aucune façon une situation particulière en dehors de la vie commune.

Il arrive quelquefois que le magistrat civil éponyme, revêtu en même temps du sacerdoce, mentionne ce der-

(1) Eckhel, *DN*, t. II, p. 554; t. IV, p. 221 et s.

nier titre dans la date qu'il inscrit sur les monnaies, sans exprimer la qualité qui lui valait l'honneur de l'éponymie et dont la possession par lui est suffisamment caractérisée par le fait qu'il donne son nom à l'année. Ce n'est pas à titre de grand-prêtre, de prêtre ou de stéphanéphore qu'il est éponyme, c'est par suite de la magistrature qu'il joint à ce titre sacerdotal ; quant à la nature de cette magistrature, nous pouvons la déterminer avec certitude par la constatation de l'usage d'adopter tel ou tel fonctionnaire comme éponyme dans la numismatique de la ville où nous rencontrons la mention du personnage. A Silandos de Lydie, sous Commode, quelques pièces (1) nous offrent une date éponymique ainsi conçue: ΕΠΙ ΑΡΧΙΕΡΕΩC ΤΑΤΙΑΝΟΥ Καὶ ΑΡΧοντος; quoique la qualité de grand-prêtre soit citée la première, c'est comme ἄρχων ou premier magistrat de la ville que le personnage est éponyme. Or, l'ensemble des monuments du monnayage de Silandos à l'époque impériale nous montre que ce rôle y appartenait au stratége ; et, en effet, sur une autre pièce, la date de l'année de fonctions du même magistrat est exprimée en ΕΠΙ CΤΡΑτηγοῦ ΤΑΤΙΑΝΟΥ (2). A Cotiæon de Phrygie, où les éponymes étaient des archontes, généralement chevaliers romains, ἱππικοί, un d'entre eux, sous le règne de Philippe, est toujours nommé sans expression de sa qualité d'archonte, mais une fois avec le titre de grand-prêtre, qu'il possédait en même temps, ΕΠΙ ΙΟΥΛίου ΠΟΝΤΙΚΟΥ ΑΡΧΙΕΡΕΩC (3), et une autre fois sans aucune espèce de titre joint à son nom, ΕΠΙ Γ ΙΟΥλίου ΠΟΝΤΙΚΟΥ (4). En général, il n'y a pas à

---

(1) Mionnet, t. IV, p. 143, n° 818; *Suppl.* t. VII, p. 434, n° 541.
(2) Mionnet, t. IV, p. 143, n° 819.
(3) Mionnet, t. IV, p. 278, n° 481 ; cf. *Suppl.* t. VII, p. 543, n° 271.
(4) Mionnet, t. IV, p. 278, n° 482.

hésiter pour interpréter ainsi les mentions de personnages investis de sacerdoces qui apparaissent sporadiquement dans les dates par magistrats de cités où la nature de l'éponyme à la même époque est bien établie par d'autres exemples monétaires. Tel serait le cas du grand-prêtre nommé une seule fois sur une monnaie de Sardes, sous le règne d'Elagabale, si toutefois la lecture de cette pièce, vue par le seul Spanheim, est certaine (1); on devrait le comprendre dans la liste des stratéges de cette ville, qui y possédaient l'éponymie pendant l'ère impériale. Plus sûrs sont les exemples suivants :

ΕΠΙ ΑΛΕΞΑΝΔΡΟΥ ΑΡΧΙΕΡΕΩC, à Synnada de Phrygie, sous Gordien III (2) ; était prytane;

ΕΠΙ ΑΛΕΞΑΝΔΡΟΥ ΙΕΡΕως, à Sala de Phrygie, à une date indéterminée (3) ; était archonte;

ΕΠΙ ΚΛΑΥΔΙΟΥ ΑΡΤΕΜΙΔΩΡΟΥ ΙΕΡΕΩC, à Ancyre de Phrygie, sous Néron (4) ; était archonte;

ΕΠΙ ΑΥΡηλίου ΚΕΛσου ΙΕΡΕΩC ΔΙΑ ΒΙΟΥ ΤΩΝ CΕΒαστῶν, à Pergame de Mysie, sous Commode (5); était probablemens archonte (6) ;

ΕΠΙ ΑΠΟΛΛΟΔΩρου CΤΕΦανηφόρου, à Bagæ de Lydie,

---

(1) Eckhel, *DN*, t. III, p. 115.

(2) Mionnet, *Suppl.* t. VII, p. 624, n° 600.

(3) Mionnet, t. IV, p. 358, n° 931 ; *Suppl.* t. VII, p. 612, n° 561.

(4) Mionnet, t. IV, p. 220, n° 152.

(5) Mionnet, *Suppl.* t. V, p. 446, n° 1040.

(6) Cependant, comme il s'agit d'un médaillon non monétaire, il a peut-être été frappé en commémoration d'une cérémonie du culte augustal; par conséquent, le prêtre de ce culte pourrait y être mentionné comme en fonctions au moment de la fabrication, sans qu'il ait pour cela occupé la fonction civile qui lui aurait donné le droit de figurer dans la date des monnaies ordinaires.

sous Adrien, avec l'effigie de Crispine (1); était archonte;
ΕΠΙ ΔΗΜΗΤΡΙΟΥ ΑΡΤΕΜΑ ϹΤΕΦΑΝηφόρου, à Cadi de Phrygie, sous Claude (2); était stratége; sur d'autres pièces, sa magistrature est indiquée seulement par ΕΠΙ ΑΡΤΕΜΑ.

C'est d'après l'usage constant et bien établi, déterminant les éponymes dans les villes où ils l'ont été, que nous avons restitué pour ces personnages la fonction sous-entendue qui leur valut d'être nommés dans les dates des monnaies, où l'on n'a exprimé que les titres sacerdotaux qu'ils avaient en même temps. Je crois pouvoir dire que, sauf une seule, toutes ces restitutions sont certaines.

On sait quelle était, dans la province d'Asie, l'importance de l'Asiarque (3), chargé de présider les grands jeux solennels appelés Κοινὰ Ἀσίας (sur ces jeux, voy. livre IV, chap. IV), dont il devait faire les frais en majeure partie sur sa fortune personelle, comme les édiles de Rome. Les légendes des monnaies des villes de la province, au temps des empereurs, mentionnent un certain nombre d'Asiarques; mais c'est presque toujours parce qu'ils étaient en même temps magistrats éponymes de leurs cités. Pour une portion d'entre eux, les légendes où ils sont nommés

---

(1) Mionnet, t. IV, p. 17, n° 86.

(2) Mionnet, *Suppl.* t. VII, p. 527, n° 220.

(3) Dans le savant chapitre qu'il a consacré aux Asiarques, Eckhel (*DN*, t. IV, p. 207-212) a confondu à tort ce personnage avec le grand-prêtre du culte augustal commun de la province d'Asie, ἀρχιερεὺς τῆς Ἀσίας. Sur la distinction qu'il faut établir entre eux et les attributions différentes de chacun, voyez le remarquable commentaire consacré par M. Waddington au n° 885 des *Inscriptions de l'Asie Mineure*, dans le *Voyage* de Le Bas, continué par lui, et l'article *Asiarcha* de M. G. Perrot, dans le *Dictionnaire des Antiquités* de MM. Daremberg et Saglio.

enregistrent en même temps leur titre d'Asiarque et la fonction civile qui leur assurait l'éponymie :

Ælius Pollio, stratége à Pergame sous Marc-Aurèle (1);

M. Aurelius, premier archonte à Hypæpa de Lydie sous Septime-Sévère (2);

Cornelius Vettenianus, stratége à Sardes sous Septime-Sévère, en même temps qu'Asiarque pour la quatrième fois (3);

P. Ælius Artemidorus, stratége à Cyzique sous Gordien III (4);

Aurelius Dama, stratége à Pergame sous Valérien (5);

Domitus Rufus, Asiarque et petit fils d'Asiarque, ἄρχων πρῶτος, c'est-à-dire stratége à Sardes sous Valérien (6).

La formule, singulièrement maniérée, de la légende d'une monnaie de Stectorion de Phrygie sous l'empereur Philippe, ΕΠΙ ΑΥΡηλίου ΔΗΜΗΤΡΙΟΥ ΑΣΙΑΡΧου Καὶ ΤΗΣ ΠΑΤΡΙΔΟΣ (7), ne peut l'interpréter qu'avec ἄρχοντος sous-entendu au second membre de la phrase. D'après les

---

(1) Monnaie à l'effigie de l'impératrice Faustine : Mionnet, *Suppl.* t. V p. 444, n° 1021.

(2) Mionnet, t. IV, p. 55; *Suppl.* t. VII, p. 359, n° 192. — Le titre propre du premier magistrat d'Hypæpa était stratége.

(3) Mionnet, t. IV, p. 128, n° 727; *Suppl.* t. VII, p. 426, n° 500.

(4) Mionnet, t. II, p. 549, n° 235.

(5) Mionnet, t. II, p. 617, n° 660.

(6) Monnaies aux effigies de Valérien, de Gallien et des autres membres de leur famille : Mionnet, t. IV, p. 139 et s., n°s 798-808; *Suppl.* t. VII, p. 432, n° 533.

Sur plusieurs pièces, ce personnage ne prend que le titre d'Asiarque; mais la légende éponymique la plus complète est ΕΠΙ ΔΟΜετίου ΡΟΥΦΟΥ ΑΣΙΑΡΧου Καὶ ΥΙΟΥ Β(δευτέρου) ΑΣΙάρχου ΑΡΧοντος Α(πρώτου).

(7) Mionnet, t. IV, p. 362, n° 950.

autres monnaies de la même ville, l'ἄρχων ou premier magistral éponyme de Stectorion était un stratége.

Un certain nombre d'autres personnages, revêtus de l'Asiarchie en même temps que de la magistrature éponyme civile de leur cité, y sont désignés, dans les dates des monnaies frappées sous leur magistrature, alternativement par l'un ou l'autre titre, mais les deux ne leur sont pas donnés ensemble :

Ælius Zoïlus, archonte à Abydos de Troade sous Marc-Aurèle (1);

Flavius Apion, stratége à Hypæpa de Lydie sous Septime-Sévère (2);

Flavius Priscus Niger, archonte à Acmonia de Phrygie sous Septime-Sévère (3);

L. Apollinaris, archonte à Adramytion sous Gordien III (4).

Comme la dignité d'Asiarque était, avec le sacerdoce augustal suprême pour la province, l'honneur le plus élevé auquel on pût atteindre dans l'Asie proconsulaire, ces exemples sont de nature à faire croire que les fonctions n'en commençaient pas à la même époque de l'année que les magistratures civiles qui donnaient l'éponymie dans les villes. S'il y a des monnaies où les quatre personnages dont nous venons de relever les noms ne sont désignés que

---

(1) Mionnet, *Suppl.* t. V, p. 504 et s., nᵒˢ 53, 54 et 56.

(2) Mionnet, t. IV, p. 54; nᵒ 284; *Suppl.*, t. VII, p. 359, nᵒˢ 190, 191 et 193.

(3) Monnaies à l'effigie de l'empereur et des différents membres de sa famille : Mionnet, t. IV, p. 204, nᵒˢ 31-36.

(4) Mionnet, t. II, p. 216; *Suppl.* t. V, p. 277, nᵒˢ 10-11; p. 285, nᵒˢ 44 et 45.

par leur titre civil, c'est qu'ils n'ont été appelés à l'Asiarchat que pendant la durée de leur magistrature, et que les monnaies en question sont antérieures à cet honneur insigne. M. Waddington pense qu'une fois qu'on l'avait reçu on en conservait le titre toute sa vie, après l'expiration des fonctions sacrées que l'Asiarque en charge avait à remplir. En tous cas, celui qui avait été promu à cet honneur si recherché, s'il se trouvait premier magistrat et éponyme de sa ville, ne manquait plus de mentionner sa qualité d'Asiarque à côté de sa fonction civile, ou même n'inscrivait que cette première dignité à la suite de son nom dans les dates éponymiques des monnaies, puisque, pour ce qui était de la fonction civile, l'emploi du nom à désigner l'année suffisait à la faire connaître.

C'est pour cela que, lorsqu'il nous arrive de rencontrer un nom d'Asiarque isolé, avec la forme ordinaire des légendes éponymiques, dans la numismatique d'une ville où la nature et la fonction de l'éponyme civil sont attestées par de nombreux exemples, nous admettons que c'est comme tel, et non comme Asiarque, que le personnage a eu son nom inscrit, bien qu'il ne se pare que de son titre religieux supérieur, omettant ou plutôt sous-entendant la magistrature municipale en vertu de laquelle sa légende sert de date aux espèces monnayées. C'est ainsi que nous entendons la mention monétaire, avec la préposition ἐπί, des Asiarques suivants :

Aurelius, sous Marc-Aurèle, à Cyzique (1), ville où l'éponyme était stratége ;

L. Ælius Pigrès, sous Caracalla, à Laodicée de Phrygie (2), ville où l'éponyme était le stratége ;

(1) Mionnet, *Suppl.*, t. V, p. 328, n° 281.
(2) Mionnet, t. IV, p. 328, n°s 767 et 768.

M. Aurelius Tertius, sous Gordien III, à Smyrne (1), où l'éponyme était le stratége (2).

Les observations qui précèdent ont trait uniquement aux mentions de personnages sacerdotaux dans les dates des monnaies des villes où nous savons positivement que l'éponyme était un magistrat civil; dans d'autres cités, au contraire, l'éponyme appartenait à l'ordre sacerdotal, et par suite, c'est le nom d'un prêtre qui sert à exprimer les dates des monnaies. A Euménia de Phrygie, l'éponyme était le grand-prêtre, ἀρχιερεύς, dont le nom se trouve inscrit, sur les monnaies, tantôt au nominatif, tantôt avec la formule ἐπί (3); il en était de même à Cios de Bithynie, si toutefois on peut ajouter créance à l'unique monnaie, quelque peu douteuse, qui dans la numismatique impériale de cette ville, présenterait une date par éponyme lo-

---

(1) Mionnet, t. III, p. 214, n° 1184; p. 250, n°s 1410 et 1411; *Suppl.*, t. VI, p. 323, n° 1591.

(2) Je ne m'occupe ici que des mentions d'Asiarques dans des légendes éponymiques, me réservant de parler plus loin des exemples de personnages revêtus de cette fonction sacrée, qui figurent sur des monnaies comme ayant présidé à leur fabrication ou en ayant fait les frais.

(3) Le grand-prêtre éponyme d'Euménia est nommé sur une monnaie ΑΡΧΙΕΡΕΥΣ ΑΣΙΑΣ (Mionnet, *Suppl.*, t. VII, p. 564, n° 355). Il est pourtant difficile d'admettre que ce soit le pontife suprême du culte augustal pour toute la province en personne. C'est plutôt un des délégués que ce pontife avait dans chacune des villes où la communauté de la province avait élevé un temple augustal. Les inscriptions nous en font connaître de ce genre à Pergame, Smyrne, Éphèse, Cyzique et Sardes. Leur titre y est ἀρχιερεὺς Ἀσίας ναοῦ ἐν Περγάμῳ, Σμύρνῃ ou toute autre ville, et même, dans une inscription d'Acmonia de Phrygie, ἀρχιερεὺς Ἀσίας ναοῦ τοῦ ἐν Ἐφέσῳ κοινοῦ τῆς Ἀσίας : voy. le Commentaire, par M. Waddington, de l'inscription n° 885 de l'Asie Mineure, dans la continuation du *Voyage Archéologique* de Le Bas, et l'article *Asiarcha* de M. G. Perrot, dans le *Dictionnaire des Antiquités* de MM. Daremberg et Saglio.

cal (1). A Cidyessos de Phrygie, nous ne connaissons que deux dates éponymiques: l'une, sous Domitien, avec le nom d'un grand-prêtre, ΕΠΙ ΦΛΑΟΥΪΟΥ ΠΕΙΝΑΡΙΟΥ ΑΡΧΙΕΡΕΩΣ (2); l'autre, sous Philippe, ΕΠΙ ΑΥΡηλίου ΜΑΡΚΟΥ ΑΡΧοντος ΠΡΩτου ΤΟ Β(δεύτερον) (3). A Æzani de Phrygie, la seule qui se remarque au temps des premiers empereurs est ΕΠΙ ΝΑΝΝΑ ΣΤΕΦΑΝΗΦΟΡΟΥ, sous Caligula (4); il faut ensuite descendre pour en retrouver jusqu'au règne de Commode, à dater duquel ces dates deviennent d'un emploi constant et ont l'archonte pour éponyme. Avec un hiatus dans le temps entre la mention du personnage sacerdotal et celles des magistrats civils que dans ces deux exemples, il y aurait témérité à prétendre appliquer les règles que nous avons posées plus haut, à considérer le grand-prêtre de la monnaie de Cidyessos et le stéphanéphore de celle d'Æzani comme y étant nommés en qualité d'archontes; car un changement a parfaitement pu se produire dans la constitution de l'une ou de l'autre de ces cités et dans la nature de son éponyme, d'abord sacerdotal, puis civil, entre le règne de Domitien et celui de Philippe ou entre le règne de Caligula et celui de Commode.

Signalons encore un exemple unique que nous offre la série des monnaies de Smyrne, au temps de Trajan, la mention d'un prêtre en exercice complétant l'indication de la date que fournit le nom du stratége éponyme, ΣΤΕφανη-

---

(1) Cette pièce appartiendrait au règne de Domitien : Mionet. t. II, p. 493, n° 450.

(2) Mionnet, t. IV, p. 266, n°˙ 416 et 417.

(3) Mionnet, *Suppl.*, t.

(4) Mionnet, t. IV, p. 208, n° 79; *Suppl.*, t. VII, p. 491, n° 47.

LA LOI DANS LES MONNAIES ANTIQUES 113

φόρου Κλαυδίου ΠΡΟΚΛΟΥ ΣΤΡΑτηγοῦ Κλαυδίου ΒΙΩΝΟΣ (1). C'est le pendant de la date par le nom d'une prêtresse associé à celui de l'archonte, que nous avons constatée à Byzance et à Acmonia de Phrygie. On remarque aussi quelquefois, par exemple à Smyrne, la mention simultanée du proconsul romain et du magistat éponyme local.

10. Les légendes contenant des mentions de magistrats locaux comme dates éponymiques, sur les monnaies des villes de la province d'Asie et de quelques autres localités, en petit nombre, à l'époque de l'Empire, ont une grande importance pour la reconstruction des annales et de la constitution intérieure des cités, de même que les mentions des proconsuls et des légats impériaux en exercice sur les monnaies d'un certain nombre de contrées à la même époque sont une des principales sources où l'on peut puiser les éléments du rétablissement des Fastes provinciaux de l'Empire romain (nous y reviendrons dans le chapitre II du livre IV). En outre, ces mentions de magistrats locaux ont un autre genre d'intérêt; nous y rencontrons les noms de plusieurs personnages qui jouent un rôle de quelque importance dans l'histoire littéraire et dans l'histoire générale, et nous pouvons, grâce aux monuments numismatiques, ajouter quelques détails d'un certain prix à leur biographie. Mais cette classe de légendes ne nous apprend absolument rien sur le sujet qui nous occupe spécialement dans le présent chapitre, sur la nature des magistrats que les villes chargeaient alors de diriger et de surveiller, sous leur responsabilité personnelle, les opé-

(1) Mionnet, t. III, p. 227, n° 1270 ; *Suppl.*, t. VI, p. 339. n°s 1683-1686.

rations du monnayage qu'elles étaient autorisées à émettre pour les besoins locaux.

Ce que nous venons de dire des légendes contenant des dates éponymiques était donc ici une digression, presque un hors-d'œuvre, et nous avons peut-être eu tort de nous y arrêter aussi longuement. Pourtant il y avait, je crois, quelque utilité à les envisager sous le point de vue auquel nous venons de les étudier, point de vue différent de celui où s'est placé Eckhel dans les chapitres si remarquables de sa *Doctrine* où il a traité des diverses espèces de magistrats nommés sur les monnaies. Eckhel s'est préoccupé de la nature des fonctions, civiles ou sacerdotales, de ces magistrats, et en a dressé, comme l'a fait encore Mionnet après lui et sur son modèle (mais sans critique et avec d'étranges inadvertances), des tables d'après les titres qui leur sont donnés. Il n'a pas cherché, comme nous l'avons fait, à se rendre compte de la qualité et de la nature de fonctions qui avaient conduit à enregistrer les noms de tous ces personnages divers dans les légendes monétaires avec la forme des dates éponymiques, à examiner par exemple si c'était bien en vertu de son sacerdoce qu'un individu qualifié d'Asiarque, de grand-prêtre, de prêtre, de stéphanéphore, avait été mentionné sur les monnaies de la ville, ou en vertu d'une magistrature civile qu'il joignait pour une année à son sacerdoce et qui le rendait éponyme, magistrature dont il n'y avait pas besoin d'énoncer formellement le titre puisqu'elle ressortait nécessairement de l'emploi du nom à dater l'année. Cet ordre de recherches, où j'espère être parvenu à établir quelques principes qui pourront être acceptés des numismatistes, avait été jusqu'ici laissée absolument de côté. C'est là mon excuse pour m'être laissé aller à m'étendre avec tant de développement à son sujet dans un chapitre où il ne pouvait intervenir qu'incidemment. Car il était assez nécessaire de préciser nettement le caractère et le mécanisme des dates éponymiques inscrites sur les monnaies, les diverses catégories de personnages qui peuvent y figurer, pour en distinguer les légendes, qui, dans la numismatique de la province d'Asie sous les empereurs, en mentionnant des magistrats locaux, ont véritablement trait à ceux qui ont présidé à la fabrication des monnaies. Celles-ci sont de beaucoup les moins nombreuses ; mais elles fournissent quelques renseignements qu'il est bon de recueillir. C'est à elles que nous en venons maintenant.

La formule d'emploi de la préposition ἐπὶ implique toujours de son essence la notion d'une date ; la monnaie qui la porte a été frappée « sous la magistrature de tel personnage ». Aussi n'est-elle guère employée dans les mentions d'éponymes qui fixent l'année de l'émission des espèces. On ne peut attribuer avec quelque chance de certitude un caractère différent à une légende monétaire offrant un nom de magistrat avec la préposition ἐπί, que dans deux cas :

1° Lorsque le titre de ce magistrat est exprimé et que c'est un officier spécial de finances, distinct de l'éponyme connu de la ville, occupant une fonction qui, d'après les principes de séparation des pouvoirs, ne pouvait pas être réunie sur la même tête que la magistrature suprême à laquelle était attachée l'éponymie, fonction dans la sphère d'attributions de laquelle rentrait naturellement la surveillance et la direction du monnayage ;

2° Lorsque le titre également exprimé est un de ceux qui dénotent la charge de présider et de diriger les grands jeux publics à l'occasion desquels a eu lieu spécialement l'émission monétaire, ou doit, en effet, d'après toutes les vraisemblances, supposer dans ce cas que le fonctionnaire en question a eu pouvoir sur la fabrication de la monnaie nécessitée par les besoins des jeux comme tout ce qui se rattachait à cette cérémonie, et peut-être a dû en faire personnellement les frais, comme ceux des jeux eux-mêmes.

Parlons d'abord du premier cas.

Il est clair, ainsi que nous l'avons remarqué déjà plus haut, que lorsqu'on inscrit sur une monnaie qu'elle a été frappée « sous la magistrature » d'un fonctionnaire purement financier, qui n'était pas éponyme, c'est qu'il y avait connexion entre la fabrication de la monnaie et les attributions de finances du personnage. La formule avec l'emploi de la préposition ἐπί, équivaut dans ces données, mais seulement avec elles, à une signature de fonctionnaire responsable; car, en indiquant que c'est pendant l'exercice d'une certaine magistrature qu'a eu lieu la fabrication de la pièce, elle établit nécessairement pour l'esprit entre l'une et l'autre l'idée d'une relation de cause à effet. Nous avons déjà remarqué plus haut (dans ce §, sect. 3) que, sur celles des grosses pièces de cuivre de Rhodes frappées sous l'Empire qui ont la forme pleinement autonome, sans effigies impériales, on trouve toujours la mention du trésorier public ou questeur, ταμίας, sous qui elles ont été émises. ΕΠΙ ΑΝΤΙΠΑΤΡΟΥ ΤΑΜΙΑ ou ΤΑΜΙΑ ΤΕΙΜΟΣ-ΤΡΑΤΟΥ ; que, sur les mêmes pièces, quand le titre du magistrat n'est pas exprimé, c'est encore celui du trésorier qu'il faut suppléer, ainsi que le prouvent les variantes ΕΠΙ ΑΝΤΙΠΑΤΡΟΥ ΤΑΜΙΑ et seulement ΕΠΙ ΑΝΤΙΠΑΤΡΟΥ pour l'indication du même personnage; enfin, que le ταμίας paraît avoir été déjà le magistrat spécial monétaire de Rhodes sur les espèces d'argent de l'époque antérieure, depuis Alexandre le Grand jusqu'à Auguste. Nous trouvons encore des mentions isolées du trésorier public de la cité sur des monnaies de Smyrne dont la date précise n'est pas possible à déterminer, parce qu'elles portent la tête du Sénat romain personnifié au lieu d'une effigie impériale, ΓΑίου ΚΛαυδίου ΒΙΩΝΟC ΤΑΜΙΟΥ (1); et sur d'autres de Pergame au temps d'Antonin le Pieux, ΕΠΙ ΤΑΜίου ΑΙΛίου ΘΕΟΦΙΛΙΑΝΟΥ (2). A Cidyessos de Phrygie, sous Philippe, c'est l'agent de comptabilité, λογιστής, dont on mentionne la présence en fonctions au moment de l'émission de la pièce, ΕΠΙ ΑΥΡηλίου ΟΥΑΡΟΥ ΛΟΓΙCΤΟΥ (3). Tous les individus nommés dans ces conditions doivent être tenus pour ayant été chargés de diriger la fabrication des espèces monétaires où on lit leurs noms, soit en vertu des attributions ordinaires de leur office de finances, ce qui paraît avoir été le cas des trésoriers publics de Rhodes, soit en vertu d'une commission spéciale et temporaire du Sénat ou du peuple, ce qui semble devoir être plutôt admis pour les exemples isolés et sporadiques de mentions de trésoriers ou de comptables que nous a offerts le monnayage d'autres villes.

En effet, nous avons quelques exemples numismatiques de commissaires spéciaux délégués temporairement pour une émission de monnaies (4), qui ne rentrait pas dans les attributions ordinaires des magistrats de la cité :
ΕΠΙΜΕΛΗCΑΝΤΟC ΚΛαυδίου ΑΓΛΑΟΥ ΦΡΟΝΤΩΝΟC, à Antioche de Carie sous Domitien (5) ;

(1) Mionnet, t. III, p. 215, n° 1193.
(2) Mionnet, Suppl., t. V, p. 441, n° 1007.
(3) Mionnet, t. IV, p. 267, n° 418.
(4) Eckhel, DN, t. IV, p. 220.
(5) Mionnet, t. III, p. 317, n°s 79 et 80; Suppl. t. VI, p. 431, n°s 86 et 87.

ΕΠΙΜΕΛΗσαντος ΤΙβερίου ΚΛαυδίου ΑΡΙΣΤΕΑ, à Stratonicée de Carie sous Septime-Sévère (1);

ΑΓΕΟΥ (?) ΕΠΙΜΕΛΗΤΗΣ, à Mastaura de Lydie, sous Tibère (2);

ΕΠΙΜΕλητοῦ ΚΛαυδίου ΙΠΠΙου ΔΑΜΙΑΝΟΥ, à Mastaura de Lydie, sous Maximin (3).

L'exemple le plus intéressant de ce genre est celui que nous offre la numismatique de Mylasa de Carie à l'époque des guerres civiles qui suivirent la mort de César. Nous y avons alors des pièces qui portent ΕΠΙΜΕΛΗΘΕΝΤος ΥΒΡΕΟΥ (4) et d'autres ΥΒΡΕΟΥ ΓΡΑΜματέως (5), d'où résulte clairement que le personnage en question avait reçu la commission de faire frapper les monnaies quand il remplissait les fonctions de secrétaire public ou γραμματεύς, la magistrature suprême et éponyme à Mylasa. Mais ce personnage n'est autre que le fameux orateur Hybréas, la gloire de Mylasa, qui, premier magistrat de sa ville comme Zénon à Laodicée, la détermina à opposer une résistance énergique à l'armée des Parthes, amenée en Asie par Labienus (6). Il est même assez probable que c'est pour subvenir aux dépenses de cette prise d'armes que fut faite l'émission extraordinaire de monnaies qu'Hybreas a signées de son nom.

Au reste, comme la fabrication monétaire municipale

---

(1) Mionnet, *Suppl.* t. VI, p. 537, n° 489.

(2) Mionnet, t. IV, p. 84, n° 457; *Suppl.* t. VII, p. 390, n° 339.

(3) Mionnet, t. IV, p. 86, n° 467; *Suppl.* t. VII, p. 391, n° 343.

(4) Mionnet, *Suppl.* t. VI, p. 509, n° 360.

(5) Mionnet, *Suppl.* t. VI, p. 509, n° 359.

(6) Strab. XIII, p. 659 et s.; cf. Plat, *Anton.* 24; Westermann. *Gesch. d. Griech. Beredtsamkeit*, § 86, 20.

sous les Empereurs paraît n'avoir été constante et continue que dans un très-petit nombre de villes de premier ordre, comme en général les émissions n'avaient lieu qu'à intervalles, au fur et à mesure des besoins de la circulation, et surtout à l'occasion des solennités agonistiques, il est probable que le système de les confier à un commissaire spécial et temporaire, plutôt que d'en faire l'attribution d'une magistrature permanente et normale, devait être le plus généralement répandu.

Une formule dont la rédaction ne peut laisser de doute sur l'intention d'indiquer que la monnaie a été frappée « par les soins » du personnage qui y est nommé, est celle que l'on rencontre dans la numismatique de plusieurs villes de Phrygie et qui emploie, devant le nom, la préposition διά. Nous en avons des exemples assez multipliés à Attuda, ΔΙΑ ΜΕΝΙΠΠΟΥ, etc. (1), un à Cidramos, ΔΙΑ CΕΛΕΥΚου ΠΟΛΕΜΩνος (2), et un à Laodicée, ΔΙΑ ΚΟΡγηλίου ΔΙΟCΚΟΥΡΙΔΟυ (3); nous la retrouvons aussi à Trapézopolis de Carie (4). En général, le nom propre n'y est suivi d'aucun titre de fonctions, ce qui est de nature à faire penser qu'il s'agit de personnages investis de commissions spéciales plutôt que de magistrats réguliers. Une seule fois, à Attuda, l'individu ainsi nommé reçoit la qualification honorifique de « fils de la cité », ΔΙΑ ΚΛΑΥΔΙΑΝΟΥ ΥΙΟΥ ΠΟΛΕΩC (5). Mais, ce qui est plus singulier, c'est de trouver dans la même ville une monnaie désignée

---

(1) Eckhel, *DN*, t. III, p. 142.
(2) Mionnet, t. IV, p. 265, n° 413.
(3) Eckhel, *DN*, t. III, p. 163; Mionnet, t. IV, p. 321, n°ˢ 731 et 732.
(4) Mionnet, t. III, p. 387, et s., n°ˢ 492 et 493.
(5) Mionnet, *Suppl.* t. VII, p. 520, n° 196.

comme ayant été frappée « par une prêtresse », ΔΙΑ ΚΛαυδίας ΦΛΑΒΙΑC ΑΡΡΙας ΙΕΡΕΙΑC (1) ; ici, il est bien probable qu'elle en a fait les frais en faveur de la ville, plutôt qu'elle n'a été chargée officiellement d'en diriger la fabrication. Nous reviendrons tout à l'heure sur les faits nombreux qui montrent des particuliers dédiant et offrant la monnaie à la cité, c'est-à-dire se chargeant libéralement de toutes les dépenses que nécessitait l'émission. Une indication pareille à celle que révèle l'emploi de la préposition διά résulte de celui de παρά, placé devant le nom propre. Nous n'en avons que peu d'exemples, tous dans la numismatique d'Apamée de Phrygie, ΠΑΡΑ CΤΡΑΤΟΝΙΚΙΑΝΟΥ (2), ΠΑΡα ΒΑΚΧΙΟΥ (3). Cette préposition, bien plus que διά, implique l'idée que le personnage dont elle précède le nom a fait les frais de la monnaie.

Quelques-unes des monnaies d'Apamée qui présentent cette formule, précisent à quel titre les personnages qui y sont nommés ont été conduits à se charger de la fabrication des espèces monétaires. C'était à titre de présidents d'une grande cérémonie religieuse périodique, πανηγυρία, accompagnée de jeux solennels, car on lit sur des pièces de cette ville : ΠΑΡα ΒΑΚΧΙΟΥ ΠΑΝΗγυριάρχου, sous Gordien III (4) ; il s'agit du Bacchios dont nous venons de citer une légende sans titre ;

ΠΑΡα CΤΡΑΤΟΝΙΚΙΑΝΟΥ ΠΑΝΗΓΥΡιάρχου, sous Trajan Dèce (5) ; ce personnage est entièrement distinct de son ho-

---

(1) Mionnet, t. IV, p. 243, n° 293 ; *Suppl.* t. VII, p. 520, n° 197.
(2) Mionnet, t. IV, p. 234, n° 250.
(3) Mionnet, *Suppl.* t. VII, p. 514, n°s 167 et 168.
(4) Mionnet, t. IV, p. 236, n° 259.
(5) Mionnet, t. IV, p. 238, n° 267.

monyme antérieur, dont nous citons une légende sans titre ;

ΠΑΡΑ ΑΥΡηλίου ΕΡΜΟΥ ΠΑΝΗΓΥΡΙΑΡΧΟΥ, sous Valérien (1).

Le nom du Stratonicianus contemporain de Trajan Dèce se trouve aussi inscrit sur d'autres monnaies avec la formule ἐπί, ΕΠΙ CΤΡΑΤΟΝΙΚΙΑΝΟΥ (2). Il faut donc considérer comme ayant son nom inscrit sur la monnaie au même titre et dans les mêmes conditions, le personnage qui, dans les légendes de pièces aux effigies de Septime Sévère et de son fils Caracalla, est qualifié d'agonothète pour la troisième fois, dans une formule commençant par la préposition ἐπί, ΕΠΙ ΑΓΩΝΟΘΕΤΟΥ ΑΡΤΕΜΑ Γ(τὸ τρίτον) (3). Les titres d'agonothète et de panégyriarque ont une grande analogie ; les inscriptions nous les montrent, pour la même cérémonie, tantôt donnés à des personnages différents, tantôt réunis sur la même tête ; l'agonothète avait spécialement l'intendance de ce qui touchait aux jeux ; le panégyriarque, celle de ce qui regardait la cérémonie proprement religieuse, les sacrifices et les processions. Une des monnaies où Artémas a mis son nom (4) présente la légende ΕΠΙ ΑΡΤΕΜΑ Γ (τὸ τρίτον). ΑΠΑΜΕΙC. ΚΟΙΝΟΝ ΦΡΥΓΙΑC ; elle nous indique de quels jeux il était agonothète ; c'étaient ceux que célébrait à Apamée, à époques périodiques, le Κοινὸν Φρυγίας, institué, comme toutes les Communautés du même genre sous l'Empire, pour le ser-

---

(1) Mionnet, t. IV, p. 239, n° 270.
(2) Mionnet, t. IV, p. 238, n° 268.
(3) Mionnet, t, IV, p. 234 et s., n°s 251 et 252 ; *Suppl.* t. VII, p. 513, n°s 163 et 164.
(4) Mionnet. t. IV, p. 235, n° 253.

vice du culte augustal. Ces jeux, auxquels se rattachait la πανηγυρία, constituaient la grande solennité de la ville. Les monnaies de cuivre d'Apamée, dès avant le IIIᵉ siècle, portent fréquemment la mention du **KOINON ΦPYΓIAΣ**, et elles paraissent n'avoir été frappées que dans les occasions de ces jeux. En effet, ainsi que je l'ai déjà remarqué (dans ce livre, chap. 1, § 4,) et comme j'y reviendrai plus en détail dans le chapitre 4 du livre IV, à propos des types et des légendes qui s'y rapportent, une large portion du monnayage municipal des villes grecques, sous les empereurs, a été créée à l'occasion des grands jeux qui tenaient à cette époque une place si capitale dans la vie de ces cités. C'est alors qu'elles ressentaient le plus le besoin de nouvelles émissions de monnaie, soit pour fournir les prix qui se donnaient en numéraire (1), soit pour subvenir aux dépenses très-considérables qu'entraînaient toujours ces solennités, soit enfin pour faciliter, en assurant en même temps à la ville un bénéfice de monnayage qui la faisait en partie rentrer dans ses frais, les transactions des foires qui accompagnaient de semblables fêtes ; c'est aussi pour ces occasions que les gouverneurs romains donnaient le plus facilement les permissions de fabrication monétaire.

Cette origine de tout le monnayage d'Apamée, sous l'Empire, explique comment, sous Philippe, ce n'est plus un panégyriarque ou un agonothète spécial, mais un grand-prêtre qui y est nommé, **ΕΠΙ Μ ΑΥΡ**ηλίου **ΑΛΕΞΑΝΔΡΟΥ Β** (τὸ δεύτερον) **ΑΡΧΙ**ερέως (2); il est probable qu'il avait joint à sa fonction de grand-prêtre, dans une année où

---

(1) E. Curtius, dans les *Monatsberichte* de l'Académie de Berlin, 1869, p. 468 ; H. de Longpérier, *Rev. num.* 1869-1870, p. 31 et s.

(2) Mionnet, t. IV, p. 237, nᵒˢ 261-264.

tombaient les jeux, l'office de l'agonothésie ou de la panégyriarchie, mais qu'il n'a mentionné que le titre de son souverain sacerdoce, comme le plus élevé de ceux dont il était revêtu. Dans la série des monnaies d'Apamée, nous ne rencontrons qu'une seule mention de magistrat civil, celle d'un secrétaire public sous Elagabale, ЄΠΙ Λ ΜΑ... CЄΥήρου ΓΡΑΜματέως ΤΟ Β(δεύτερον) (1), il est évident que ce n'est pas en vertu de son titre civil et comme éponyme que son nom y a été enregistré, c'est parce qu'à sa magistrature il avait uni la charge sacrée de présider aux jeux ou à la fête.

Remarquons en passant une conséquence précieuse pour l'histoire du syncrétisme religieux du III° siècle, qui ressort nécessairement de la façon dont nous avons été amené à considérer le monnayage d'Apamée de Phrygie, sa destination, son origine et la nature des personnages qui en dirigeaient la fabrication. C'est sur le revers des plus grosses pièces signées de l'agonothète Artémas, du panégyriarque Bacchios et du grand-prêtre Alexandre, que nous voyons figurer le type singulier et inattendu où l'on voit l'arche, κιϐωτός, qui valait son surnom à la ville, mais avec sur le devant l'inscription ΝΩЄ ; dans cette arche, figurée comme un coffre, sont le patriarche sauvé du Déluge, avec sa femme, et les deux oiseaux envoyés pour constater le retrait des eaux volent vers eux, la colombe tenant un rameau entre ses pattes. A côté de cette scène, le graveur en a retracé une autre, qui fait la suite de l'histoire ; ce sont Noé et sa femme sortis de l'arche et adressant leurs actions de grâces au ciel (2). La

---

(1) Mionnet, t. IV, p. 236, n° 257 ; *Suppl.* t. VII, p. 514, n° 166.
(2) Eckhel, *DN*, t. III, p. 134-139 ; Madden, *Num. Chron.* 1866, p. 173-219.

conformité de cette représentation avec le récit biblique est telle, ainsi que sa ressemblance avec certaines peintures des Catacombes, que l'on a cherché à voir ici un sujet emprunté à la religion nouvelle, qu'un monnoyer chrétien aurait subrepticement introduit sur les espèces qu'il était chargé de fabriquer (1). Quelque ingénieuse que soit cette hypothèse, avec quelque autorité et quelque science qu'elle ait été soutenue, elle tombe devant le fait que les pièces d'Apamée constituaient une monnaie sacrée, aussi caractérisée que possible, frappée seulement à l'occasion de grandes fêtes religieuses du paganisme et des jeux qui les accompagnaient, et fabriquée sous la surveillance des présidents de ces fêtes, investis d'un caractère sacerdotal. S'il était possible d'admettre quelque part, ce qui est bien douteux, le fait d'un monnoyer chrétien se hasardant à placer, à ses risques et périls et en profitant d'un défaut de surveillance, des symboles de sa religion proscrite sur les pièces qui sortent de ses mains, répétant cette imprudence inutile pendant plusieurs règnes de suite sans trouver d'obstacle de la part des autorités municipales ou du gouverneur romain de la province, ce ne serait certainement pas dans de semblables conditions. Il faut donc admettre que c'est le sacerdoce payen d'Apamé lui-même qui, au milieu de la confusion syncrétique devenue si grande au III° siècle et sous l'influence de la diffusion des traditions juives, avait admis l'assimilation du récit biblique, avec tous ses détails, à l'antique légende diluvienne de la ville, et la substitution du nom de Noé à celui de Nannacos qui jouait le même rôle dans cette légende lo-

(1) Ch. Lenormant, *Des signes de christianisme qu'on trouve sur quelques monuments numismatiques du* III° *siècle*, dans le t. III des *Mélanges d'archéologie* des PP. Martin et Cahier, p. 199 et s.

cale (1). C'est précisément vers le milieu du IIIᵉ siècle (2), à l'époque où étaient frappées les monnaies en question, qu'un chrétien a composé le premier livre des *Oracles sibyllins* et, profitant du nouveau récit syncrétique qui s'était impatronisé en Phrygie, a fait de la montagne dominant Apamée l'Ararat de Noé (3).

A Perpérène de Mysie, nous rencontrons une autre mention numismatique d'un agonothète qui était en même temps prêtre à vie du culte augustal, ΕΠΙ ΑΓΩΝΟΘΈτου ΚΕ (*sic*) ΙΕΡΕΟC (*sic*) ΔΙΑ ΒΙΟΥ ΤΩν CΕΒαστων ΓΛΥΚΩΝΟC Β (δεύτερον) (4) ; mais c'est sur un grand médaillon de bronze non monétaire, qu'il a fait frapper en commémoration des jeux présidés par lui. Ce sont également des médaillons non monétaires, aux têtes d'Antonin le Pieux et de Marc-Aurèle, où nous lisons qu'ils ont été fabriqués en vertu d'un privilége par un personnage à la fois revêtu des deux charges d'Asiarque et de grand-prêtre provincial d'Asie, ΠΡΟΝΟΜία ΚΛαυδίου ΦΡΟΝΤΩΝΟC ΑCΙΑΡΧΟΥ ΚΑΙ ΑΡΧΙΕΡΕΩC ΙΓ ΠΟΛΕΩΝ (5). Ces médaillons sont des monuments destinés à conserver le souvenir des jeux Κοινὰ Ἀσίας, présidés par lui à la fois sous ce double titre, ce qui ne dut arriver qu'à bien peu d'hommes. Le privilége, προνομία, dont il se vante, n'était attaché à aucune de ses deux charges, puisque nous n'avons de médaillons analogues ni de monnaies frappées par un autre Asiarque ou par un autre grand-prêtre en vertu de ses dignités sacerdotales,

---

(1) Suid. v. Ναννακός.

(2) Alexandre, *Oracula Sibyllina*, t. II, p. 389.

(3) *Orac. Sibyl.* I, v. 261 et s.; voy. Ewald, *Gesch. d. Volk. Israël*, t. I, p. 356 et 376; *Jahrb. d. bibl. Wissensch.* 1854, p. 1 et 19.

(4) Mionnet, *Suppl.* t. V, p. 483, nᵒˢ 1207 et 1208.

(5) Mionnet, t. III, p. 61 et s., nᵒˢ 1-5; *Suppl.* t. VI, p. 79, nᵒˢ 1-7.

c'est une faveur personnelle qu'il avait reçue du proconsul ou directement de l'empereur.

Il faut encore considérer comme une véritable signature d'auteur et de directeur de l'émission de monétaire, faite à l'occasion de jeux, le nom d'un personnage à la fois prêtre et gymnasiarque, qui se lit sur un groupe assez nombreux de monnaies de cuivre de Pergame frappées au temps d'Auguste, les unes d'apparence tout autonome, les autres avec l'effigie impériale, ΦΟΥΡΙΟΣ ΙΕΡΕΥΣ ΚΑΙ ΓΥΜΝΑΣΙΑΡΧΩΝ (1), ΙΕΡΕΥΣ ΓΥΜΝΑΣΙΑΡΧΗΣΑΣ (2), ou bien, plus simplement, sans le titre de prêtre, ΓΥΜΝΑΣΙΑΡΧΩΝ (3), ΓΥΜΝΑΣΙΑΡΧΗΣΑΣ (4) ou ΓΥΜΝΑΣΙΑΡΧΗΣ (5). La différence de γυμνασιαρχῶν et de γυμνασιαρχήσας me paraît indiquer que ces pièces ont été frappées dans deux années différentes, pendant un premier et un second exercice des fonctions de gymnasiarque, par A. Furius ; c'est ainsi que, dans quelques très-rares légendes monétaires, au lieu de ΑΡΧΩΝ ΤΟ Β, on trouve ΑΡΞΑC (6) pour désigner un personnage qui occupe une seconde fois la première magistrature de la cité après l'avoir occupée une première fois dans le passé.

Par son origine, par les circonstances où elle a été fabriquée, par le caractère sacerdotal de ceux qui y ont présidé au nom des villes, une part importante du monnayage des cités grecques de la province d'Asie, sous les

---

(1) Mionnet, t. IV, p. 593, n° 537.
(2) Eckhel, *DN*, t. II, p. 471.
(3) Mionnet, t. IV, p. 594, n° 538; *Suppl.* t. VII, p. 427, n° 921.
(4) Mionnet, *Suppl.* t. VII, p. 427, n° 923.
(5) Mionnet, *Suppl.* t. VII, p. 427, n° 922.
(6) Friedlander, *Zeitschr. f. Num.* t. II, p. 111.

empereurs romains, rentre dans la classe des monnaies sacrées dont nous avons déjà parlé plus haut (dans ce livre, I, § 2, 4) et dont nous avons constaté le développement dès les siècles de la pleine autonomie hellénique. Nous avons vu alors que les temples célèbres du monde grec avaient possédé et exercé un droit de monnayage, qu'il en avait été de même de certains grands corps sacrés; que, de plus, un certain nombre de villes, comme Pessinonte, Hiérapolis de Syrie, Alexandria, Troas, Ilion, Thasos après Alexandre et Odessos avaient inscrit sur leurs espèces d'argent ou de bronze des légendes les qualifiant comme la monnaie de la divinité protectrice, au lieu de celle du peuple, ce qui semble impliquer que les autorités sacerdotales, à la place des autorités politiques, y donnaient la garantie légale, possédant la direction, la surveillance et la responsabilité de la fabrication.

Il me paraît qu'à Éphèse, bien que la monnaie fût frappée au nom du peuple, elle émanait du temple, et que c'est à l'autorité sacerdotale que la fabrication en était confiée. Sur les monnaies de cuivre de cette ville, du temps du Triumvirat et des premiers empereurs, il y a deux personnages qui sont alternativement nommés, l'un et l'autre tantôt au nominatif et tantôt au génitif, le secrétaire public, ΓΡΑΜΜΑΤΕΥΣ, et le grand-prêtre, ΑΡΧΙΕΡΕΥΣ. Ce dernier, dont la charge était de courte durée, peut-être annuelle, mais pouvait être renouvelée un nombre considérable de fois au même individu, ΑΡΧιερεὺς ΚΟΥΣΙΝΙΟΣ ΤΟ Δ (τέταρτον) (1), est le pontife de la grande Artémis

---

(1) Mionnet, *Suppl.* t. VI, p. 127, n° 327; cf. p. 126, n° 319.
La comparaison des pièces où on lit tout au long ΑΡΧΙΕΡΕΥΣ ΚΟΥΣΙΝΙΟΣ et de celles où son titre est abrégé, comme ici, prouve que, dans la numismatique d'Éphèse, l'abréviation ΑΡΧ doit être complé-

éphésienne ; aussi une monnaie du temps de Domitien, au lieu d'employer le titre d'ἀρχιερεὺς, désigne celui qui était en fonctions quand elle fut frappée comme ΙΕΡΕΥΣ ΑΥΡήλιος ΜΟΥϹΩΝΙΟϹ ΑϹΥΛΟΥ ΑΡΤΕΜΙΔΟϹ ΕΦΕϹΙΩΝ (1). Quelquefois la même pièce mentionne simultanément le secrétaire public et le grand-prêtre, tous les deux au nominatif (2). Le premier des deux, le γραμματεὺς nous l'avons vu tout à l'heure, était à Éphèse l'éponyme civil de la cité ; l'inscription de son nom date les monnaies et n'y a pas d'autre objet. En serait-il de même de l'inscription du nom du grand-prêtre qui aurait pu fournir également une date comme éponyme religieux? C'est là une opinion vraisemblable et qui pourrait parfaitement se soutenir. Pourtant quelques indices d'une certaine valeur me paraissent de nature à faire attribuer un caractère différent et plus d'importance à l'inscription du nom du grand-prêtre. Ce nom est moins souvent mis au génitif que celui du secrétaire public ; dans la grande majorité des cas, il reste au nominatif, et surtout, ce qui me semble avoir quelque signification, il n'est jamais précédé de la préposition ἐπί. Il importe d'observer, en outre, que si nous avons vu dans quelques rares exemples ajouter au nom de l'éponyme ordinaire celui d'un personnage de l'ordre sacerdotal exerçant sa charge en même temps que lui, comme une manière de préciser encore plus l'année, la numismatique

---

tée en ἀρχιερεὺς (ce qui n'est pas sans exemple dans les légendes monétaires), et non en ἄρχων. Il n'est jamais question d'archonte sur les monnaies d'Éphèse. Celui que l'on trouve nommé sur des pièces de concorde, ὁμόνοια, entre Éphèse et Cyzique (Mionnet, *Suppl.* t. VI, p. 143, n° 419; p. 144, n° 422), est le magistrat de la seconde de ces villes.

(1) Mionnet, *Suppl.* t. VI, p. 132, n° 356.

(2) Mionnet, t. III, p. 92, n° 241; *Suppl.* t. VI, p. 123, n° 305.

d'aucune ville ne nous a offert l'emploi indifférent et alternatif de deux éponymes divers, l'un civil et l'autre religieux; et ceci est tout naturel, car d'un semblable usage serait provenu nécessairement une grande confusion. Une pièce du règne de Claude, dont les légendes sont malheureusement incomplètes et ont été fort mal rapportées par Mionnet, mentionne d'abord le grand-prêtre au nominatif (et c'est un grand-prêtre connu par d'autres monuments numismatiques, Cusinios), puis le secrétaire public avec la formule ἐπί (1). Ici, il paraît clair que ce dernier seul est éponyme et que le nom du grand-prêtre a le caractère d'une véritable signature de celui qui a dirigé la fabrication de la monnaie.

Cusinios fut grand-prêtre pour la quatrième fois sous Claude (2). Lors de son premier pontificat, il avait inscrit son nom sur des monnaies sans effigie impériale, du type de celles qui terminent la série autonome d'Éphèse. Sa signature y est simplement ΚΟΥΣΙΝΙΟΣ, sans titre (3); de même que, sur une des pièces du temps de son quatrième sacerdoce, il n'a écrit que ΚΟΥΣΙΝΙΟΣ ΤΟ Δ (4), sans ajouter ἀρχιερεύς. Ceci induit à penser que, malgré l'absence de titre, les individus qui ont inscrit également leur nom au nominatif sur d'autres pièces du même groupe étaient aussi des grands-prêtres. Il y a moins de certitude, mais pourtant encore une certaine pro-

---

(1) Mionnet, *Suppl.* t. VI, p. 127, n° 329.

(2) Les monnaies à son nom et avec la mention de son quatrième sacerdoce, qui portent les têtes de Néron Drusus et d'Antonia, ont des effigies commémoratives, puisqu'il en est d'autres qui présentent incontestablement celles de Claude et d'Agrippine.

(3) Mionnet, *Suppl.* t. VI, p. 123, n° 304.

(4) Mionnet, t. III, p. 93, n° 252.

babilité, à remonter ensuite de proche en proche jusqu'au début de l'inscription d'un nom propre d'homme au nominatif sur les monnaies d'Éphèse, dans le ve siècle avant notre ère, et à considérer tous les noms dont on peut y relever la liste comme ceux de prêtres d'Artémis, qui auraient été ainsi les magistrats monétaires de la cité, celle-ci ne possédant qu'une monnaie sacrée. Il est certain, du moins, que ce ne sont pas les noms des premiers magistrats politiques de la cité, puisque nous n'y rencontrons ceux d'aucun des personnages que l'histoire nous fait connaître comme ayant exercé la tyrannie dans Éphèse à divers moments de la durée de temps qu'embrasse ce monnayage. Et, d'un autre côté, il n'y avait qu'un personnage sacré d'un caractère aussi auguste que le grand-prêtre de l'Artémis éphésienne, qui pût disputer à un tyran le droit de mettre son nom sur la monnaie. Au reste, il faut remarquer que les noms historiques font presque complétement défaut dans la numismatique autonome d'Éphèse. On n'en relève qu'un seul, celui d'Échéanax (1), le père des trois jeunes gens qui, du temps d'Alexandre le Grand, assassinèrent le tyran Hégésias (2). Encore ce personnage n'est-il connu que par ses fils; nous ne savons rien de lui personnellement, s'il était prêtre ou simple citoyen.

Le nom d'un prêtre au nominatif, avec son titre, signant la monnaie comme auteur de sa fabrication et de la garantie qui y est donnée, n'est pas un fait sans exemple dans la numismatique grecque avant la période impériale. Il existe des monnaies de cuivre de fabrique incontestablement épirote, aux mêmes types que celles qui portent la légende

---

(1) Burgon, *Cat. Th. Thomas*, p. 297; Brandis, p. 325 et 456.
(2) Polyæn. VI, 49.

du peuple de cette contrée, ΑΠΕΙΡΩΤΑΝ ; mais elles ont en légende d'un côté ΑΡΓΕΑΔΗΣ, de l'autre ΜΕΝΕΔΗΜΟΣ ΙΕΡΕΥΣ (1), deux noms propres d'hommes, dont l'un avec la qualification de prêtre. Les types, relatifs au culte de Zeus, reportent à Dodone, celui des sanctuaires de l'Épire que son importance exceptionnelle et sa richesse désignent le plus naturellement pour avoir été le siége d'un monnayagé sacré et sacerdotal (2). L'emploi de la κοινὴ διά-λεκτος, au lieu du dialecte dorique, seul usité dans les légendes des monnaies épirotes aux temps de la pleine indépendance, s'accorde avec le style d'art pour faire considérer ces pièces comme frappées dans les premiers temps de la domination de la Rome républicaine, aussitôt après la cessation du monnayage fédéral au nom des Épirotes.

Il existe des monnaies de bronze de même module et aux mêmes types : d'un côté la tête d'Artémis, de l'autre Apollon assis, le coude appuyé sur sa lyre, les unes frappées à Smyrne (3), les autres à Philadelphie de Lydie (4), monnaies contemporaines plutôt du dernier siècle de la République romaine que du commencement de l'Empire. Dans l'une et l'autre ville, elles portent le nom du même personnage avec la même qualification de grand-prêtre, ΕΡΜΙΠΠΟΣ ΕΡΜΟΓΕΝΟΥΣ ΑΡΧΙΕΡΕΥΣ. Il n'y a pas moyen de douter que ce personnage n'en ait dirigé la fabrication et même n'en ait fait les dépenses en faveur des deux villes, dont l'une devait être sa patrie et l'autre le lieu où il exerçait son sacerdoce (5). Nous n'hésitons pas non plus à envi-

---

(1) Mionnet, t. II, p. 49, nos 20 et 21.
(2) Leicester Warren, *Greek federal coinage*, p. 19.
(3) Mionnet, t. III, p. 207, n° 1123.
(4) Mionnet, t. IV, p. 98, nos 534-536.
(5) Il y a de grandes chances pour que Smyrne ait été la ville natale

sager au même point de vue la mention du ΓΛΥΚΩΝ ΙΕΡΕΥC, qui, sous Néron, a signé de son nom des monnaies de cuivre d'Héraclée d'Ionie (1), de même que d'autres, de la même ville, sont signées d'un certain ΣΤ ΑΤΤΑΛΟΣ ΑΡΧΙΑΤΡΟΣ (2). La qualité d'archiâtre ne constituait pas une fonction publique qui pût conférer le droit d'inscrire son nom sur la monnaie; un personnage qui se pare de ce titre en signant une pièce destinée à la circulation, ne peut avoir été qu'un particulier, dont la libéralité envers sa ville se sera traduite en assumant sur ses ressources personnelles les dépenses d'une émission monétaire. Enfin, quand à Magnésie du Sipyle, en Lydie, nous rencontrons des pièces qui ont d'un côté les têtes d'Auguste et de Livie désignées par la légende ΣΕΒΑΣΤΟΙ, de l'autre celles de Caïus et Lucius Césars, qualifiées de ΥΙΟΙ ΣΕΒΑΣΤΟΙ, avec la signature ΔΙΟΝΥΣΙΟΣ ΙΕΡΕΥΣ (3); il est clair que c'est le prêtre, nouvellement institué, du culte augustal, qui a fait frapper lui-même, et à ses dépens, ces pièces, qui, en même temps qu'elles servaient de monnaie circulante, étaient un hommage aux princes dont il desservait les autels.

11. — La revue que je viens de passer des mentions de personnages investis de dignités civiles ou sacerdotales, qui se rencontrent sur les monnaies des cités de la pro-

---

de ce personnage, car c'est probablement son père qui y figure comme magistrat sur la pièce frappée au moment de l'occupation par Mithridate (Mionnet, t. III, p. 217, n° 1210.)

(1) Mionnet, t. III, p. 139, n° 579 (rapportée à tort au règne d'Auguste); *Suppl.* t. VI, p. 226, n° 977.

(2) Mionnet, t. III, p. 138, n° 577.

(3) Mionnet, t. IV, p. 72, n° 388; cf. n°s 386 et 387.

vince d'Asie, m'a conduit forcément, par la nature des faits constatés, à admettre que, dans un grand nombre de cas, lorsque la mention de ce genre ne constitue pas simplement une date éponymique, elle doit être rapportée à un personnage généreux qui, offrant une somme de numéraire à sa ville, la donnait sous forme de monnaies spécialement frappées à cette occasion et dont il avait fait les frais de fabrication, plutôt qu'à un magistrat dirigeant et surveillant le monnayage municipal en vertu de ses fonctions, ou spécialement délégué pour cet objet. On sait, en effet, à quel degré l'esprit de patriotisme municipal, que le gouvernement de l'Empire encourageait et tendait à développer autant qu'il pouvait, au lieu de chercher à l'entraver, et qui avait trouvé chez les Grecs un sol particulièrement propre à sa floraison, se traduisait par d'immenses libéralités des particuliers envers les villes, qui les payaient à leur tour avec les honneurs dont elles disposaient. La règle était même que la plupart des honneurs municipaux et provinciaux dont on aimait à se parer, qui donnaient une importance toute locale et que la vanité recherchait avidement, à défaut du pouvoir réel auquel il avait fallu renoncer avec la perte de la liberté et de l'indépendance, que la plupart des honneurs mettaient à la charge de ceux à qui on les décernait une large part des dépenses des villes. En particulier, à cette époque, tous ceux de ces honneurs, et c'étaient ceux qui étaient classés le plus haut à cause du caractère sacré qu'ils imprimaient aux hommes qui en étaient revêtus, tous ceux de ces honneurs qui se rattachent à la présidence des jeux solennels ou des grandes cérémonies religieuses, imposaient à ceux qui les avaient brigués, et à qui on les décernait, l'obligation de pourvoir sur leur fortune personnelle aux dépenses très-considérables des jeux et des fêtes, absolument de la même façon que les édiles romains.

Nous verrons, dans le paragraphe suivant, qu'à Rome, dans les derniers siècles de la République, le Sénat accordait assez fréquemment aux édiles la permission de faire monnayer extraordinairement et à leurs frais, sous forme de deniers portant leur nom, en vue des dépenses des jeux qu'ils donnaient au peuple, des lingots d'argent qu'ils fournissaient pour cet objet à l'hôtel des monnaies (1). Il en était de même, sauf que le monnayage était de cuivre, puisqu'on n'avait pas le droit de l'étendre à un autre métal, il en était de même dans les villes grecques. Celui qui fournissait à la dépense des jeux ou des autres solennités, ou bien qui faisait un présent d'argent à sa cité en dehors d'une occasion de ce genre, recevait des autorités locales, avec l'approbation suprême du gouverneur romain de la province, le droit d'éterniser numismatiquement le souvenir de sa libéralité, en donnant à la somme qu'il dépensait la forme d'une monnaie créée spécialement à cette occasion, dans les limites où la cité elle-même pouvait exercer le droit de monnayage, et portant l'inscription de son nom.

Nous en avons la preuve absolument positive, et notre justification pour les cas où nous avons admis déjà des faits semblables, dans une classe particulière de légendes monétaires qu'Eckhel a élucidée avec sa supériorité habituelle (2) et qui se rencontre principalement dans la numismatique de la province d'Asie, quoiqu'on en ait aussi quelques exemples d'autres provinces. Ce sont celles qui

---

(1) Mommsen, *MR*, t. II, p. 54.
(2) *DN*, t. IV, p. 368-374.

nous offrent un nom propre d'homme au nominatif, suivi ou non d'un titre de dignité, mais accompagné du verbe de dédicace ἀνέθηκε. Le nom du peuple vient ensuite, soit au génitif pour indiquer que, bien qu'offerte par un particulier, la pièce a le caractère de monnaie publique de la cité, soit au datif pour dire que l'auteur de la libéralité a dédié la monnaie aux habitants de telle ville. Il arrive même, quand le nom du peuple est mis au datif après le nom d'homme au nominatif, que le verbe ἀνέθηκε se trouve sous-entendu ; mais son omission ne cause pas d'amphibologie, car on n'en saurait suppléer un autre. Cette forme de légendes n'est pas susceptible de deux interprétations ; elle porte en elle-même sa signification et énonce clairement l'origine de la monnaie, due à un acte de générosité privée au lieu d'être faite aux frais du public. On peut d'ailleurs y comparer les termes d'une inscription lapidaire (1) qui, parlant d'une libéralité faite par testament en faveur de la corporation d'artistes dionysiaques qui se parait du titre d'Attalistes, dit du testateur qu'il « dédie et consacre à la corporation 10,500 drachmes d'argent au poids (et peut-être au type) d'Alexandre », ἀνατίθησιν δὲ καὶ καθιεροῖ τῇ συνόδῳ καὶ ἀργυρίου Ἀλεξανδρείου δραχμὰς μυρίας καὶ πεντακοσίας.

La formule de dédicace ne se lit pas seulement sur des monnaies proprement dites, destinées à la circulation. Nous la trouvons aussi, et peut-être même plus fréquemment, sur des pièces dont la nature se rapproche de nos médailles, qui, de même, n'ont pas dû avoir un caractère monétaire. C'est ainsi qu'on la trouve particulièrement multipliée sur les pièces à la tête divinisée d'Antinoüs,

---

(1) *Corp. inscr. graec.*, n° 3069.

qui, je l'ai déjà dit plus haut (livre I, chap. i, § 1, 8), me paraissent avoir été des médailles commémoratives de l'établissement du culte du nouveau dieu, créé par une honteuse fantaisie d'Hadrien, bien plutôt que des espèces circulantes. Nous donnons le relevé des exemples qu'en offrent ces pièces, exemples qui comprennent presque tous ceux de la formule de dédicace étrangers à la province d'Asie. Une seule fois le personnage auteur de la dédicace a son titre mentionné, et c'est le prêtre d'Antinoüs pour la province d'Achaïe ; mais on est en droit de croire que la plupart de ceux qui ont fait faire de semblables médailles en l'honneur du dieu ou du héros Antinoüs étaient attachés à ses autels. A Smyrne, deux individus se sont avilis par cet hommage à la passion de l'empereur; des deux, il paraît que c'est celui qui s'appelle Hiéronyme qui était le prêtre d'Antinoüs (1) ; l'autre, en effet, n'est autre que le fameux sophiste Polémon, à qui Smyrne avait décerné la dignité de stratége à vie, comme nous l'apprennent d'autres pièces portant la formule de dédicace (2), sur lesquelles nous reviendrons dans quelques instants.

ΟCΤΙΛΙΟC ΜΑΡΚΕΛΛΟC Ο ΙΕΡΕΥC ΤΟΥ ΑΝΤΙΝΟΟΥ — ΤΟΙC ΑΧΑΙΟΙC ΑΝΕΘΗΚΕΝ (3) ; ΟCΤΙΛΙΟC ΜΑΡΚΕΛΛΟC Ο ΙΕΡΕΥC ΤΟΥ ΑΝΤΙΝΟΟΥ — ΚΟΡΙΝΘΙΩΝ ΑΝΕΘΗΚΕΝ (4) ; ΒΕΤΟΥΡΙΟC — ΤΟΙC ΑΡΚΑCΙ (5) ;

---

(1) Ce personnage a des chances pour être identique à celui, de même nom, qui a dédié aussi une médaille d'Antinoüs à Cymé d'Éolide.

(2) Mionnet, t. III, p. 227, n° 1272; *Suppl.* t. VI, p. 340 et suiv., n°ˢ 1688 et 1689.

(3) Mionnet, t. II, p. 160, n°ˢ 97 et 98.

(4) Mionnet, t. II, p. 180, n° 239.

(5) Mionnet, t. II, p. 243, n°ˢ 19-22.

ΕΓΕΣΙΟΣ ΑΝΕΘΗκεν. ΑΔΡΑΜΥΤΗΝΩΝ (1) ;
ΙΠΠΩΝ ΚΑΛΧΑΔΟΝΙΟΙΣ (2) ;
ΙΕΡΩΝΥΜΟΣ ΑΝΕΘΗΚΕ ΚΥΜΑΙοις (3) ;
ΠΟΛΕΜΩΝ ΑΝΕΘΗΚΕ ΣΜΥΡΝΑΙΟΙΣ (4) ;
ΣΜΥΡΝΑΙΩΝ. ΙΕΡΩΝΥΜΟΣ ΑΝΕΘΗΚΕ (5) ;
ΙΟΥΛιος ΣΑΤΟΡΝΕΙΝος ΑΝΚΥΡΑΝΟΙΣ (6).

Quand il ne s'agit pas de ces pièces d'un caractère tout spécial, la distinction entre les médailles et les monnaies proprement dites, dans la numismatique de la province d'Asie, est extrêmement délicate et souvent presque impossible à faire, bien que l'existence parallèle des deux classes de monuments soit certaine. En enregistrant les exemples principaux qui éclaircissent le mieux l'emploi de la formule de dédicace par un particulier dans l'épigraphie monétaire, nous n'essaierons pas ici de faire le départ des médailles et des monnaies. Nous nous bornerons seulement à noter d'un astérisque les légendes empruntées à des pièces que leurs dimensions extraordinaires semblent devoir faire ranger plutôt dans la première catégorie.

Dans la numismatique des villes où la formule qui nous occupe ne se présente que de loin en loin d'une manière exceptionnelle, l'auteur de la dédicace et de la libéralité est souvent un des premiers personnages de la cité. A Laodicée de Phrygie, nous rencontrons un personnage qui, sous Hadrien, a offert ainsi des émissions de médaillons du

(1) Mionnet, *Suppl.* t. V, p. 278, n° 15.
(2) Mionnet, t. II, p. 422, n° 78.
(3) Mionnet, t. III, p. 11, n° 67.
(4) Mionnet, t. III, p. 229, nos 1279-1286.
(5) Mionnet, t. III, p. 229, n° 1287.
(6) Mionnet, t. IV, p. 221, n° 160.

plus grand module à deux reprises différentes, d'abord quand il était sécrétaire public, * ΑΓΡΙΠΠΕΙΝΟC ΓΡΑΜΜΑΤεὺς ΑΝΕΘΗΚΕ. ΛΑΟΔΙΚΕΩΝ (1), puis quand il était stratége, * ΑΓΡΙΠΠΕΙΝΟC CΤΡΑΤΗΓΩΝ ΑΝΕΘΗΚΕ. ΛΑΟΔΙΚΕΩΝ (2); on suit ainsi les étapes de son *cursus honorum* aux libéralités numismatiques qui les marquent.

Nous avons un certain nombre de pièces dédiées par des stratéges au peuple de la ville où ils exerçaient leur magistrature :

* ΠΟΛΕΜΩΝ CΤΡΑΤΗΓΩΝ ΑΝΕΘΗΚΕ CΜΥΡναίοις (3) ;
ΠΟΛΕΜΩΝ CΤΡΑτηγὸς ΔΙΑ ΒΙΟΥ ΑΝΕΘΗΚΕ CΜΥΡναίοις (4), à Smyrne sous Hadrien ; le personnage ainsi nommé est le fameux Polémon le sophiste, descendant de la branche des Zénonides restée à Laodicée de Phrygie ;

ΘΕΥΔΙΑΝΟC CΤΡΑΤηγὸς ΑΝΕΘΗΚΕ CΜΥΡΝΑΙΟΙC (5), à Smyrne sous Marc-Aurèle ;

* ΑΠΟΛΛΩΝΙΔΗC CΤΡΑτηγὸς ΑΝΕΘηκεν ΑΥΡΗΛΙΟΠΟΛΙΤΑΙC (6), à Auréliopolis de Lydie sous Commode ;

ΖΗΝΩΝ ΒΙΑΝΤΙΝΟΥ Τὸ Β(δεύτερον) Α[ΝΕΘ]ηκεν ΑΥΡΗΛΙΟΠολίταις (7), à Auréliopolis de Lydie sous Caracalla.

---

(1) Mionnet, t. IV, p. 322, n°˙ 736 et 740.
(2) Mionnet, t. IV, p. 323, n°˙ 741 et 742.
(3) Mionnet, t. III, p. 227, n° 1272; *Suppl.* t. VI, p. 340, n° 1688.
(4) Mionnet, *Suppl.* t. VI, p. 341, n° 1689.
(5) Mionnet, t. III, p. 231 et s., n°˙ 1296, 1297, 1309 et 1310; p. 205, n°˙ 1109 et 1110; *Suppl.* t. VI, p. 317, n°˙ 1548-1550.
La légende ΛΟΥΚΙΑΝΟC CΤΡΑΤηγὸς ΑΝΕΘΗΚΕ ΤΟΙC CΜΥΡΝΑΙΟΙC (Mionnet, *Suppl.* t. VI, p. 343, n° 1707) n'est peut-être qu'une légende de Theudianos mal lue.
(6) Mionnet, t. IV, p. 15, n°˙ 75 et 76; *Suppl.* t. VII, p. 323, n°˙ 49-51.
(7) Mionnet, *Suppl.* t. VII, p. 324, n° 52.

La numismatique de Byzance nous offre une dédicace monétaire de ce genre, faite par un hiéromnémon, ΙΕΡΟΜ-ΝΑμων ΑΙΛΙος ϹΕΥΗΡΟϹ ΒΥΖΑΝΤΙΟΙϹ (1), la numismatique de Cymé d'Éolide une autre, faite par un prytane, ΑΙΛιος ΕΡΜΕΙΑϹ ΠΡΥΤανις ΚΥΜΑΙΟΙϹ (2).

Voici maintenant un Asiarque qui dédie à Otrus de Phrygie, sans doute sa ville natale, des pièces des modules du *médaillon* et du *grand-bronze*, aux effigies de Julia Domna, de Caracalla et de Géta, ΑΛΕΞΑΝΔΡΟϹ ΑϹΙΑΡΧΗϹ ΑΝΕΘΗΚΕΝ. ΟΤΡΟΗΝΩΝ (3). A Aphrodisias de Carie, une monnaie est dédiée par un grand-prêtre, revêtu en même temps du titre d'archinéocore, dans une légende dont la formule serait fort insolite, si elle a été bien lue (ce dont on doit douter), car on ne pourrait la compléter qu'en ΕΠΙ ΖΗΝΩΝος ΑΡΧΙΕρέως ΑΡΧΙΝΕΩΚόρου ΑΝΕτέθη — ΑΦΡΟΔΕΙ-ϹΙΕΩΝ (4). Le même individu reparaît, associé à un autre personnage et sans titre exprimé, sur une autre monnaie d'Aphrodisias, présentant, comme la précédente, la tête de Julia Domna, monnaie dont la lecture, cette fois, est bien certaine, ΜΕΝΙΠΠΟϹ ΚΑΙ ΖΗΝΩΝ ΑΝΕΘΕϹαν ΑΦΡΟ-ΔΙϹΙΕΩΝ (5).

Quelquefois, le nom du donateur n'est accompagné

---

(1) Mionnet, *Suppl.* t. II, p. 251, n° 282.
(2) Mionnet, t. II, p. 9, n° 57.
(3) Mionnet, t. IV, p. 347, n°s 874-877. La leçon Λ ΑΙΛ ΠΙΓΡΗϹ ΑΝΕΘΗΚΕΝ sur une monnaie de Laodicée de Phrygie au temps de Caracalla (Eckhel, *DN*, t. III, p. 165), est douteuse. Sur les pièces positivement connues de Laodicée, à l'effigie de Caracalla, on rencontre bien la mention de l'Asiarque L. Ælius Pigrès (Mionnet, t. IV, p. 328, n°s 767 et 768); mais c'est dans une date éponymique, car il paraît avoir été stratège de cette ville.
(4) Mionnet, *Suppl.* t. VI, p. 462, n° 139.
(5) Mionnet, t. III, p. 327, n° 143.

d'aucune qualification de fonctions civiles ou sacerdotales dans la formule de dédicace :

ΔΙΟΔΩΡΟC ΑΝΕθηκεν ΑΔΡΙΑΝῶν Πρὸς ΟΛΥΜΠον (1), à Hadriani de Bithynie sous Commode ;

ΑΠΕΛΛΑC ΑΝΕΘΗΚΕ (2) sur une monnaie d'Hydrela de Carie, sans effigie impériale ;

ΘΑΛΑΣΤΟΣ ΑΝΕΘΗΚΕΝ (3), à Mylasa de Carie sous Auguste ;

ΜΑΡΚος ΡΟΥΦΙΝΟC ΒΡΟΥΖΗΝΩΝ (sous-entendu νόμισμα) ΑΝΕΘΗΚΕΝ (4), à Bruzos de Phrygie sous Septime Sévère.

Une fois même, à Attuda de Phrygie, sur une pièce à la tête de Géta, c'est une femme qui offre la monnaie à sa cité : ΙΟΥλία Κλαυδίου ΚΛΑΥΔΙΑΝΗ ΑΝΕΘΗκεν. ΑΤΤΟΥΔΕΩΝ (5).

Il faut faire un groupe à part des pièces, appartenant les unes au module que l'on désigne par le nom du *grand-bronze*, les autres à la classe des plus larges médaillons, que P. Claudius Attalus, fils du sophiste Polémon et sophiste célèbre lui-même, possesseur d'une immense fortune, soit par héritage de ses ancêtres Zénonides, soit par les gains de son père, soit par ses propres gains, fit frapper à ses frais sous le règne de Marc-Aurèle, en les dédiant à diverses cités de l'Asie-Mineure. Ce fut une forme fastueuse de libéralité qu'il affectionna tout particulièrement, et à laquelle il ne semble pas que personne ait jamais donné

---

(1) Mionnet, t. II, p. 429, n° 113.
(2) Mionnet, t. III, p. 352, n° 279.
(3) Mionnet, *Suppl.* t. VI, p. 510, n°˙ 362-364.
(4) Mionnet, t. IV, p. 246, n° 306.
(5) Mionnet, *Suppl.* t. VII, p. 522, n° 206.

autant de développement que lui. Il a fait fabriquer, en s'y parant de son titre de sophiste, des pièces de concorde destinées simultanément « à ses deux patries, Smyrne et Laodicée de Phrygie », ΑΤΤΑΛΟC CΟΦΙCΤΗC ΤΑΙC ΠΑ-ΤΡΙCΙ CΜΥΡΝη ΛΑΟδικεία (1), à la ville où son père avait fixé sa résidence et à celle d'où sortaient ses ancêtres, où pendant plusieurs générations ils avaient occupé tous les premiers honneurs (2). D'autres ont été dédiées par lui à la seule Laodicée :

(1) Mionnet, t. IV, p. 232 et s., nos 1299-1304 et 1308; *Suppl.* t. VII, p. 344, n° 1713.

(2) La branche des Zénonides restée à Laodicée après que la faveur de Marc-Antoine, puis d'Auguste, eut valu la couronne du Pont et celle du Bosphore Cimmérien à Marc-Antoine Polémon, fils aîné du rhéteur Zénon qui avait défendu sa ville natale contre Labienus et les Parthes, la branche des Zénonides restée à Laodicée paraît avoir été héréditairement en possession du sacerdoce de Zeus, le grand dieu de la cité, dignité sacrée à laquelle ses membres joignaient les premières magistratures civiles et politiques. Ils sont tous nommés dans la numismatique de Laodicée, à l'aide de laquelle on peut rétablir leur généalogie sans lacunes jusqu'au temps de Marc-Aurèle (voy. Waddington, *Rev. num.* 1866, p. 438-441.)

1. *Polémon Philopatris* a son nom inscrit au nominatif sur les monnaies (Mionnet, t. IV, p. 318, nos 710, 711 et 716; Waddington, l. c. nos 1 et 2); une inscription de Cymé (*Corp. inscr. gr.* n° 3524) le mentionne comme Polémon, fils de Zénon, prêtre de Rome et d'Auguste c'était un frère cadet ou un neveu du Marc-Antoine Polémon élevé à la royauté.

2. *Marc-Antoine Zénon*, fils du précédent. Les légendes monétaires qui le mentionnent, au temps de Claude et de Néron, offrent des inversions singulières et en dehors des habitudes normales de cette épigraphie; j'emploie donc en les transcrivant, pour les faire comprendre telles qu'elles doivent l'être, des signes d'interponction nécessaires à la clarté, mais qui manquent, comme de raison, sur les monnaies originales :

ΠΟΛΕΜΩΝΟΣ ΥΙΟΥ, ΖΗΝΩΝΟΣ, pièces aux effigies de Claude (Mionnet, t. IV, p. 319, n° 718; Waddington, n° 3) et de Néron (Waddington, n° 4);

ΕΠΙ ΙΕρέως Μ ΑΝΤΩΝΙΟΥ, ΠΟλέμωνος ΥΙΟΥ, ΖΗΝΩΝΟΣ,

Π Κλαύδιος ΑΤΤΑΛΟC ΑΝΕΘΗΚΕΝ. ΛΑΟΔΙΚΕΩΝ (1) ;
Π Κλαύδιος ΑΤΤΑΛΟC ΕΠΙΝΙΚΙΟΝ ΑΝΕΘΗΚΕΝ. ΛΑΟΔΙΚΕΩΝ (2).

Enfin, sans que nous sachions quels étaient ses liens particuliers avec cette ville, sur le territoire de laquelle il

pièce du temps de Néron présentant au droit les têtes du peuple de Smyrne et de celui de Laodicée personnifiés, ainsi que l'indique la légende de cette face (Waddington, n° 5);
ΕΠΙ ΙΕρέως ΖΗΝΩΝΟC, ΠΟλέμωνος ΥΙΟΥ (Mionnet, t. IV, p. 319, n° 721; Waddington, n° 6).

3. *Zénon, fils de Zénon*, suivant toutes les probabilités fils du précédent, nommé sur une monnaie de concorde de Laodicée et de Smyrne, à la tête de Néron (Mionnet, t. IV, p. 320, n°s 723 et 724; Waddington, n° 7).

4. *Antoine Polémon*, le fameux sophiste, fils ou petit-fils de celui que nous venons de nommer le dernier. Il n'est mentionné sur les monnaies et dans les inscriptions (*Corp. inscr. graec.* n° 3148) qu'à Smyrne, où il s'était établi et où, comme nous l'avons vu tout à l'heure, il fut stratège à vie. Les monuments numismatiques que nous venons de passer en revue nous ont montré, d'ailleurs, que des relations étroites existaient déjà depuis plusieurs générations entre les Zénonides de Laodicée et la ville de Smyrne. Philostrate (*Vit. sophist.* I, 25) a écrit la biographie de cet Antoine Polémon.

5. *P. Claudius Attalus*, fils d'Antoine Polémon (Philostrat. *Vit. sophist.* II, 25), et celui qui nous a amené à cette digression.

Deux femmes de la même famille sont aussi mentionnées pendant la même période dans la numismatique de Laodicée :

Claudia Zénonis, sur des pièces du temps de Domitien (Mionnet, t. IV, p. 320, n° 728; *Suppl.* t. VII, p. 581, n°s 428 et 429; Waddington, n° 8); c'était une fille ou une sœur de Zénon, fils de Zénon;

Julia Zénonis, sur des pièces de date indéterminée, sans effigie impériale (Waddington, n° 10).

Les noms de ces deux femmes sont écrits sur les monnaies au nominatif, sans être accompagnés d'aucun titre. Il est assez probable qu'ils y ont trouvé place à la suite d'une libéralité monétaire.

(1) Mionnet, t. IV, p. 324, n°s 746 et 747; *Suppl.* t. VII, p. 582, n° 434; Waddington, *Rev. num.* 1866, p. 440, n° 9.

(2) Mionnet, t. IV, p. 324, n° 748; *Suppl.* t. VII, p. 582, n° 435.

avait sans doute de grandes propriétés, il dédia un médaillon aux habitants de Julia de Phrygie, ΑΤΤΑΛΟΣ ΙΟΥΛΙΕΥΣΙΝ ΑΝΕΘΗΚΕ (1). Une de ses pièces de Laodicée a été frappée par lui en commémoration d'une victoire agonistique, ἐπινίκιον ; nous trouvons la même formule employée par un autre personnage, un prêtre, dans une légende de dédicace, sur un médaillon non monétaire d'Aphrodisias de Carie à l'effigie de Marc-Aurèle, * Τ Κλαύδιος ΖΗΛΙΟΣ ΙΕΡΕΥΣ ΕΠΙΝΙΚΙΟΝ ΑΝΕθηκε. ΑΦΡΟΔΕΙΣΙΕΩΝ (2).

Tous les exemples que je viens de citer sont empruntés à la numismatique de villes où les actes particuliers de libéralité attestés par ces légendes de dédicace ont un caractère exceptionnel, où les pièces en question ne tiennent qu'une petite place sur l'ensemble du monnayage. Il est d'autres cités, au contraire, où le fait est ordinaire, presque constant, où il semble donc que la règle ait été que les dépenses de la fabrication monétaire, quand le besoin s'en faisait sentir, incombaient, sur sa fortune personnelle, à l'un des magistrats, qui dédiait alors la monnaie au peuple de la ville. Tel était le cas à Téménothyræ de Lydie, dont les espèces monnayées sous les empereurs ont toujours dans leurs légendes la formule de dédicace (3). Celui qui fait celle-ci a presque constamment son nom

---

(1) Mionnet, t. IV, p. 311, n° 664.

(2) Mionnet, *Suppl.* t. VI, p. 461, n° 135.

(3) Eckhel, t. III, p. 120; Mionnet, t. IV, p. 146 et s.; *Suppl.* t. VII, p. 43 et s. — Les monnaies que l'on a quelquefois décrites sous la rubrique de cette ville avec le nom du peuple au génitif, au lieu du datif, étaient mal lues; au lieu de ΘΗΜΕΝΟΘΥΡΕΩΝ, il faut rétablir la légende en ΤΡΙΜΕΝΟΘΥΡΕΩΝ et restituer les pièces à Triménothyræ (Waddington, *Rev. num.* 1852, p. 33).

suivi d'un titre, le plus souvent celui d'archonte ou de premier archonte, ΑΡΧΩΝ Α, quelquefois aussi celui de grand-prêtre, ἀρχιερεύς. Mais, conformément à une règle que nous avons posée plus haut, on peut affirmer que ce n'est pas en vertu de leur dignité sacerdotale, c'est comme exerçant en même temps l'archontat, que ces personnages dédient la monnaie et y inscrivent leur nom ; s'ils se dispensent de joindre à la mention de leur sacerdoce celle de leur magistrature d'archonte, c'est qu'elle ressort suffisamment de leur rôle monétaire ; mais ils l'enregistrent, à la suite de leur titre de grand-prêtre, quand il devient nécessaire de dire que c'est en l'occupant pour la seconde fois qu'ils ont monnayé. Nous en avons la preuve par les monnaies que dédia un certain Nicomaque, qui était grand-prêtre et qui fut deux fois archonte : la première, il écrit son nom simplement ΝΕΙΚΟΜΑΧΟΣ ΑΡΧΙΕρεύς ; la seconde, ΝΕΙΚΟΜΑΧΟΣ ΑΡΧΙΕΡεὺς ΑΡΧων Α ΤΟ Β. Ceux qui n'ont pas en même temps de dignité sacerdotale se gardent d'omettre leur qualification de premier archonte, ΚΛΕΟΒΟΥΛΟΣ ΑΡΧΩΝ Α, ΙΟΥλιος ΒΛΟΝΓΑΣ ΑΡΧων Α, etc., et aussi la mention du nombre de fois où cette magistrature leur est renouvelée, ΛΟΛλιος ΖΕΝΟΦΙΛΟΣ ΑΡΧων Α ΤΟ Β.

A Colosses de Phrygie également, la formule de dédicace est prédominante (1). Les monnaies de cette ville ont d'ailleurs une physionomie assez particulière ; bien que frappées sous les empereurs, elles n'offrent que très-rarement leur effigie. Sur la plupart, le droit est occupé par la tête du peuple de la ville personnifié, ΔΗΜΟΣ ΚΟΛΟΣΣΗΝΩΝ, ou par celle de Zeus-Sérapis, accompagnée

(1) Eckhel, *DN*, t. III, p. 147; Mionnet, t. IV, p. 267 et s.; *Suppl.* t. VII, p. 540 et s.

de l'inscription ΚΟΛΟϹϹΗΝѠΝ. Au revers, la légende la plus habituelle (sauf dans le cas où il y a sur la face principale une tête d'empereur) offre un nom propre d'homme au nominatif, sans titre, suivi du verbe ἀνέθηκε. Une seule fois le nom est accompagné du titre d'archonte, et alors le verbe est omis.

Sur cinq variétés principales de monnaies d'Aninéson de Lydie, jusqu'ici publiées (1), trois appartiennent sûrement à l'ère impériale, quoique ne portant pas d'effigies d'empereurs. Toutes les trois ont leurs légendes avec la forme de dédicace de particuliers. Sur l'une, on voit d'un côté la tête du peuple local, ΑΝΙΝΗϹΙΩΝ ΔΗΜΟϹ, tandis que le revers fait lire ΑΝΘΕϹΤΙΟϹ ΑΝΕΘΗΚΕ. Sur une autre, l'inscription, où le verbe est sous-entendu, se trouve répartie entre les deux faces, ΚΤΙΜΕΝΟϹ — ΑΝΙΝΗϹΙΟΙϹ.

§ 2. — LES MAGISTRATS MONÉTAIRES CHEZ LES ROMAINS.

1. En passant maintenant de la Grèce à Rome, au lieu d'être réduits à de simples conjectures ou à quelques faits épars, glanés péniblement au milieu d'obscurités de tout genre, nous nous trouvons en présence de données abondantes et positives sur les magistrats préposés au monnayage. La question, d'ailleurs, a été déjà traitée de main de maître par M. Mommsen (2) et nous n'aurons ici qu'à suivre ses traces, en empruntant même plus d'une fois sa rédaction.

---

(1) Mionnet, t. IV, p. 5; *Suppl.* t. VII, p. 316.
(2) *MR*, t. II, p. 44-55.

Nous avons établi plus haut (dans ce livre, chap. I, § 6, 5) la distinction de la monnaie urbaine ordinaire, fabriquée régulièrement dans l'atelier central de Rome, et de la monnaie militaire extraordinaire, frappée pour des besoins exceptionnels dans les provinces et dans les camps des armées en campagne, en vertu de l'*imperium* des généraux. Comme nous avons consacré déjà de longs développements à l'étude des monnaies militaires, des conditions dans lesquelles elles étaient émises, de ceux qui avaient le droit d'en ordonner et d'en diriger la fabrication (dans ce livre, chap. I, § 7), nous ne parlerons ici que de ce qui touche aux fonctionnaires à qui était remis le soin de la monnaie urbaine.

Ainsi que nous l'avons dit, d'accord avec l'opinion de M. Mommsen (1), l'autorité sur le monnayage semble avoir appartenu dans le début aux consuls, qui exerçaient cette part importante de l'administration publique par le moyen d'employés à eux et sous leur propre responsabilité. Mais ce système paraît avoir été abandonné vers le temps de la deuxième guerre punique, lorsqu'on supprima les ateliers succursales établis dans un certain nombre de villes de la circonscription consulaire (voyez dans ce livre, chap. I, § 6, 2), pour en revenir à la concentration du monnayage normal de l'État dans l'atelier de Rome. Dans le développement de leur liberté, les Romains cherchèrent constamment à limiter, et même à supprimer, autant que possible, dans l'intérieur de Rome, l'autorité des premiers magistrats de la République, surtout pour ce qui touchait aux finances et aux caisses de l'État. L'exercice de la part de souveraineté qui consiste dans la fabrication et l'émission

---

(1) *MR*, t. II, p. 42.

des monnaies, la surveillance et la responsabilité de ces opérations, ne furent plus confiés aux consuls, mais à des magistrats de création spéciale, exerçant leur charge sous la direction supérieure et le haut contrôle du Sénat.

Ces magistrats étaient ceux que l'on désignait par le titre officiel de *tresviri auro argento aere flando feriundo* (1), abrégé sur les monnaies et dans les inscriptions en IIIVIR. A. A. A. F. F. (voy. livre II, chap. I, § 1, 1), et dans le langage familier de *tresviri monetales* (2), d'après le temple de Junon Moneta, où était le siége de leur administration (voy. livre I, chap. II, 5; et plus loin, dans ce livre, chap. IV, § 2), plutôt que d'après l'application du terme de *moneta* aux espèces qu'ils faisaient fabriquer (3). Nous avons déjà dit que l'emploi du verbe *flare*, à côté de celui de *ferire*, dans ce titre, se rapporte à la préparation par la fonte de la lentille métallique de poids exact destinée à être soumise

---

(1) Il y a quelque doute sur l'ordre dans lequel doivent être énumérés les trois métaux, sur la question de savoir s'il faut dire *auro argento aere* ou *aere argento auro* (Mommsen, *MR*, t. II, p. 45; *Stadtrechte*, t. II, p. 563; Hirschfeld, *Untersuch. auf d. Gebiete d. Rom. Verwaltungsgeschichte*, t. I. p. 94). On lit une fois chez Cicéron (*Ep. ad fam.* VII, 18) : *Tresviros vites censeo, audio capitales esse; mallem auro, aere, argento essent*. Une autre fois (*De leg.* III, 3, 7) : *Aes, argentum aurumve publice signanto*. Le jurisconsulte Pomponius (*Digest.* I, 2, 2, 30) emploie l'expression *tresviri monetales, aeris; argenti, auri flatores*. En revanche, les documents épigraphiques suivent plutôt l'ordre *auro, argento, aere* (Orelli, nos 6502 et 6915); on trouve même une fois (*Corp. inscr. lat.* t. III, n° 87; cf. add. p. 968) IIIVIR AVRo ARGento FLANDO, avec une omission du cuivre qui ne peut tenir qu'à une faute du lapicide.

(2) Cic. *Ep. ad Attic.*, X, 11. — On trouve aussi dans les inscriptions IIIVIR MONETALIS (Orelli, nos 6503 et 6512) et plus souvent IIIVIR MONETALIS A A A F F (Orelli, nos 2242, 2379, 3134, 5003, 5450, 5477, 6007, 6498 et 6981).

(3) C'est ce que prouve la variante IIIVIR AD MONETAM donnée par une inscription (Muratori, 714, 5).

à la frappe métallique (voy. livre II, chap. III, § 1, 1), et c'est ainsi surtout qu'il faut le prendre dans la qualification dont se pare le questeur urbain Cn. Cornelius Lentulus Marcellinus, chargé par le Sénat, en 74 av. J.-C., d'une émission extraordinaire de deniers d'argent, CVR*ator* ✳ (denariis) FL*andis* (1). Mais, en même temps qu'ils dirigeaient la frappe de monnaies d'argent, ils devaient aussi veiller à la fonte des lingots d'or que l'État, pour ses paiements, mettait en circulation sous une forme non monétaire, c'est-à-dire comme une marchandise dont on vérifiait le poids à la balance et dont on discutait librement le cours, mais dont l'autorité publique garantissait la pureté métallique absolue (2), de telle façon que l'altération du titre de ces lingots d'or était assimilée par la loi pénale à celle des espèces monnayées d'argent (3). C'est ainsi que l'autorité sur l'or était mentionnée dans le titre des triumvirs monétaires bien avant la dictature de César, à une époque où l'or ne circulait qu'en lingots dans le commerce de Rome et où l'on ne frappait d'espèces de ce métal que comme monnaies militaires extraordinaires, en dehors de l'atelier urbain (voy. dans ce livre, chap. I, § 7). Les magistrats dont nous parlons n'étaient pas seulement tenus de livrer aux deux questeurs urbains, qui étaient les trésoriers généraux de la République, tout l'argent monnayé dont ils avaient besoin, ils devaient aussi en fournir aux particuliers, en échange des lingots qui leur étaient remis. Nous avons, en effet, eu déjà l'occasion de montrer, d'après

---

(1) Cohen, *MC*, pl. XIV, *Cornelia*, n°s 10 et 11 ; Mommsen, *MR*, t. II, p. 475, n° 259, *b*.

(2) Mommsen, *MR*, t. II, p. 110.

(3) *Digest*. XLVIII, 10, 9, pr.

les trouvailles de dépôts monétaires du temps de la République, qu'à cette époque c'était encore sous forme de lingots que les particuliers conservaient une large part des valeurs métalliques qu'ils possédaient. Lorsqu'on avait besoin de les convertir en espèces monnayées, le témoignage de Cicéron est là pour nous apprendre que l'on s'adressait à l'administration des monnaies aussi bien qu'aux banquiers : *Ad Philotimum scripsi de viatico, sive a moneta — nemo enim solvit — sive ab oppiis* (1).

2. Les triumvirs étaient les magistrats normaux et réguliers préposés à la fabrication des monnaies ; mais ils n'étaient pas les seuls à qui ce soin pût être confié (2). C'est ici qu'il importe de distinguer, comme nous l'avons déjà fait plus haut (dans ce livre, chap. I, § 6, 5), le monnayage ordinaire, qui se poursuivait régulièrement, et les émissions extraordinaires, motivées par des circonstances exceptionnelles et ordonnées par des décisions spéciales du Sénat (3) ou même par vote populaire (4).

(1) *Ep. ad Attic.* VIII, 7, 3.
(2) Eckhel, *DN*, t. V, p. 65; Mommsen, *MR*, t. II, p. 53 et s.
(3) En ce cas, qui était le plus habituel, les magistrats ainsi chargés exceptionnellement du monnayage, inscrivaient, pour indiquer l'origine de leurs pouvoirs spéciaux, sur les espèces qu'ils faisaient frapper, les formules Senatus Consulto, EX Senatus Consulto, PublicE Senatus Consulto ou De Senatus Sententia, dont nous avons groupé et étudié plus haut les exemples : dans ce livre, chap. I, § 6, 5.
(4) C'est à cette dernière origine que paraît se rapporter la formule *publice*, plus ou moins abrégée, qui se lit sur quelques deniers des environs de 89 av. J.-C.:
PV*blice* — M.LVCILI*us*. RVF*us* : Cohen, *MC*, pl. xxv, *Lucilia*; Mommsen, n° 209.

Le premier était toujours administré par les triumvirs monétaires ; les secondes pouvaient aussi leur être confiées, mais plus souvent la décision qui ordonnait l'émission extraordinaire d'espèces désignait un magistrat d'un ordre plus élevé pour y présider sous sa responsabilité. C'est en vertu d'un décret de ce genre qu'en 672 de Rome (82 av. J.-C.) le préteur urbain Q. Antonius Balbus reçut du Sénat, qui tenait pour le parti de Marius, la mission de rassembler tous les trésors des temples pour les fondre et en faire de la monnaie (1). C'est la seule fois que l'on voit, du temps de la République et avant la dictature de César, un des *magistratus majores* chargé de faire fabriquer la monnaie urbaine. Mais, comme nous l'avons remarqué plus haut (dans ce livre, chap. I, § 7), les circonstances où se produisit cette émission faisaient que, bien que sortant de l'atelier de Rome, et dirigée par un magistrat urbain, elle avait dans la réalité le caractère d'une émission militaire, parant aux difficultés pressantes de la guerre. On ne s'était pas inquiété d'y observer les formes ordinaires. Mais nous avons un certain nombre d'exemplaires de pièces de monnayages extraordinaires signées de questeurs urbains (2) ou d'édiles cu-

Publice. RVLLI — P. SERVILI. M. F*ilii* : Cohen, *MC*, pl. xxxviii. *Servilia,* n° 6 ; Mommsen, n° 211.

(1) Val. Max. VII, 6, 4 ; voy. Cavedoni, *Saggio di osservazioni*, p. 32. Les deniers de cette émission présentent les légendes S*enatus* C*onsulto* — Q. ANTO*nius.* BALB*us.* PR*aetor* : Cohen, *MC*, pl. iii, *Antonia*, n° 1 ; Mommsen, n° 236.

(2) Aux exemples rassemblés dans notre t. II, p. 250, note 2, dans lesquels la mention du questeur ou des questeurs est suivie de celle du sénatus-consulte qui les avait chargés du monnayage, il faut ajouter :
PISO. CAEPIO. Q*uæstores* — AD. FRV*mentum.* EMV*ndum.* EX.

rules (1) avec la mention de leur titre. Ainsi que l'a reconnu M. Mommsen (2), les monnaies signées des édiles curules ont été fabriquées pour le compte particulier et aux frais de ces magistrats. Ils devaient fournir sur leur fortune personnelle aux dépenses des grands jeux publics, et pour y satisfaire il arrivait qu'ils demandaient et obtenaient du Sénat l'autorisation de faire faire une émission spéciale de monnaies portant leur nom, dont ils fournissaient le métal et payaient les frais de main d'œuvre. C'est de la même façon que nous avons constaté tout à l'heure qu'une grande partie des monnaies de cuivre, frappées dans les villes grecques sous la domination impériale, l'avaient été à l'occasion des jeux et pour le compte de personnages de différent ordre qui faisaient la dépense de ces jeux, et signaient les espèces fabriquées dans de telles conditions. Ce qui prouve bien le caractère et l'origine que nous attribuons aux monnaies signées par les édiles curules, c'est ce fait que, lorsque, dans les environs de 81 av. J.-C., deux édiles plébéiens, M. FAN*nius*. L. CRIT*onius*. AED*iles*. PL*ebei* (3), furent chargés de faire une émission extraordinaire de monnaies pour le compte du trésor public et en

---

Senatus Consulto : Cohen, MC, pl. x, *Calpurnia*, n° 24; Mommsen, n° 192 (entre 103 et 100 av. J.-C.);

AP. CL*audius*. T. MAL*lius*. Q*uaestores*. VR*bani* : Cohen, MC, pl. xl, *Urbinia*, n°s 1 et 2; Mommsen, n° 194 (vers 99 av. J.-C).

(1) Aux exemples du t. II, p. 250, note 3, avec mention du sénatus-consulte, on doit joindre :

P. FOVRIVS. CRASSIPES (ou sur quelques exemplaires CRAS-VPES). AED*ilis*. CVR*ulis* : Cohen, MC, pl. xix, *Furia*, n° 4; Mommsen, n° 242.

(2) *MR*, t. II, p. 54.

(3) Cohen, MC, pl. xvi, *Critonia*; Mommsen, n° 235.

vue d'une opération d'annoné qui leur était confiée (1), ils inscrivirent sur leurs deniers la formule *Publico Argento*.

Cette formule *ex argento publico* ou *argento publico* se lit, du reste, sur un certain nombre de deniers frappés entre 90 et 80 av. J.-C. (2) ; il n'est pas sûr qu'elle y désigne des produits d'émissions extraordinaires, quoique ce soit assez probable, mais du moins sa fréquence montre qu'à cette époque les émissions faites pour le compte particulier de certains magistrats étaient assez fréquentes pour que l'on crût nécessaire de distinguer celles qui étaient faites aux frais du trésor public et avec des lingots tirés de l'*ærarium*. Quelquefois, cette formule est exclusive de l'inscription des magistrats.

Il existe des deniers anonymes aux types propres aux monétaires M. FONTE*ius*. C. F*ilius* (3) et L. IVL*ius*. BVRSIO (4), l'un et l'autre ayant exercé en 84 av. J.-C. la charge financière qui les conduisit à signer des mon-

---

(1) C'est ce que prouve le type du revers, où l'on voit un épi de blé dans le champ, auprès des figures des deux magistrats assis sur leur *subsellium*. On sait que la *cura annonae* était comprise dans les attributions ordinaires des édiles.

(2) EX. A*rgento*. PV*blico* — C. FAB*ius*. C. F*ilius* : Cohen, *MC*, pl. xvii, *Fabia*, n° 7 ; Mommsen, n° 208 (un peu avant 89 av. J.-C.).

ARG*ento*. PV*blico* — L. SENT*ius*. C. F*ilius* : Cohen, *MC*, pl. xxxvii, *Sentia* ; Mommsen, n° 210 (un peu avant 89).

A*rgento*. PV*blico*. SABINVS — L. TITVR*ius* : Cohen, *MC*, pl. xxxix, *Tituria*, n°s 4 et 6 ; Mommsen, n° 215 *a* et *b* (un peu après 89 av. J.-C.)

(3) Monnaies nominales : Cohen, *MC*, pl. xviii, *Fonteia*, n°s 4-6 ; Mommsen, n° 233 *a*.

Monnaie anonyme avec la formule EX. A. P : Cohen, *MC*, pl. xviii, *Fonteia*, n°s 7 et 8 ; Mommsen, n° 233 *b* et *c*.

(4) Monnaies nominales : Cohen, *MC*, pl. xx, *Julia*, n° 5 ; Mommsen, n° 234 *a*.

naies (1) ; ces deniers ont été évidemment fabriqués par leurs soins, mais, au lieu de leurs noms, portent la formule **EX. Ar***gento.* **P***ublico*, laquelle ne se rencontre jamais en même temps que l'un ou l'autre nom. De même, les premières pièces de cuivre, as, semis, triens et quadrans frappées sur le pied sémoncial, en vertu de la loi Plautia-Papiria (voy. plus loin, livre VII, chap. III, § 5), sont sans nom de monétaire, présentent seulement la légende **L***ege.* **P***apiria.* **D***e.* **A***ere.* **P***ublico* (2). On peut comparer ici, comme dernier exemple de ce genre de mentions, faites par les monnaies, de l'origine des ressources métalliques qui avaient servi à la fabriquer, le fait que nous présente

---

Monnaies anonymes avec la formule **EX. A. P** : Cohen, *MC*, pl. xx, *Julia*, n° 6; Mommsen, 234 *b*.

Quinaire anonyme sans cette formule : Cohen, *MC*, pl. xx, *Julia*, n° 7; Mommsen, n° 234 *c*.

(1) Il paraît bien positif que Manius Fonteius frappa ses monnaies comme questeur urbain, office qu'il remplit vers 670 de Rome, 84 av. J.-C. (Mommsen, *MR*, t. II, p. 445). D'après l'étroite analogie des pièces de l'un et de l'autre, C. Julius Bursio doit avoir été son collègue dans la questure.

(2) Cohen, *MC*, pl. lxx, *Incertaines*, n° 9 ; Mommsen, n° 219.

Nous suivons, pour la formule abrégée dans la légende de cette pièce, l'explication de M. Mommsen (*MR*, t. II, p. 420), qui nous paraît certaine et bien préférable à celle de Borghesi (*Oss. num.* déc. VIII, 3 ; *Œuvres*, t. I, p. 379), L. **P***lautius.* **D***ecimus.* **A***edilis.* **P***lebeius*, et à celle de Cavedoni (*Bullet. de l'Inst. Arch.* 1844, p. 187), **L***ege.* **P***apiria.* **D***iminutum.* **A***ssis.* **P***ondus*. La seconde partie de la formule, telle que nous la lisons, est justifiée par les légendes analogues avec lesquelles nous la groupons ; la première l'est par les sesterces des monétaires L. Piso Frugi (Cohen, *MC*, pl. ix, *Calpurnia*, n°s 6 et 7; Mommsen, n° 212) et D. Silanus (Cohen, *MC*, pl. xxiii, *Junia*, n° 3; Mommsen, n° 213), les premières pièces de cette valeur frappées sous le régime de la loi Plautia-Papiria, qui en rétablit l'usage (Borghesi, *Ann. de l'Inst. Arch.* 1849, p. 12), sesterces sur lesquels a été inscrit **E.** **L***ege.* **P***apiria*.

un des deniers signés par le monétaire **M. VOLTEI**us. **M. F**ilius (1) dans les années qui précédèrent immédiatement 74 av. J.-C. Les types de ces deniers prouvent qu'ils ont été frappés successivement à l'occasion des cinq grandes fêtes agonistiques de l'année romaine, les Jeux Romains, les Jeux Plébéiens, ceux de Cérès et d'Apollon et les Jeux Mégalésiens (2) ; or, celui dont les types ont trait aux Jeux d'Apollon porte la légende *Senatus. Consulto. De. Thesauro*, que n'ont pas les autres, et les frais de ces jeux, d'après les prescriptions de l'oracle qui en avait amené la fondation en 212 av. J.-C., se faisaient sur un trésor particulier, entretenu par des collectes publiques à cet objet (3).

Les noms de magistrats, autres que les triumvirs monétaires réguliers, qui ont été inscrits sur des monnaies urbaines, ne se rencontrent jamais que sur des pièces d'argent, non sur le cuivre. On ne trouve non plus que deux fois la formule mentionnant un sénatus-consulte, indicative d'émissions extraordinaires, sur des pièces de ce métal ; une fois **EX**. *Senatus. Consulto* sur un as sémoncial anonyme (4), que nous avons cru pouvoir rapporter au moment de la rentrée de Sylla à Rome (dans ce livre, chap. I, § 7), et une autre *De. Senatus. Sententia* sur un as au nom des monétaires **C. CASSIVS. L. SALINA**tor (5), frappé un peu avant 81 av. J.-C., probablement pendant la domination du parti de Marius à Rome, car L. Julius Salinator

---

(1) Cohen, *MC*, pl. XLII, *Volteia*, nos 1-5 ; Mommsen, n° 257.

(2) Mommsen, *MR*, t. II, p. 468 et s. ; Cavedoni, *Nuovi studii sopra le monete consolari*, p. 27 et s.

(3) Varr. *De ling. lat.* V, 181 ; T. Liv. XXV, 12.

(4) Cohen, *MC*, pl. LVI, *Julia*, n° 1 ; Mommsen, n° 247.

(5) Cohen, *MC*, pl. LII, *Cassia*, n° 1 ; Mommsen, n° 243.

se retrouve ensuite comme officier dans l'armée de Sertorius (1). « On peut donc, conclut avec raison M. Mommsen (2), regarder, sauf de bien rares exceptions, comme exclusivement frappées par les magistrats monétaires ordinaires, toutes les pièces de cuivre fabriquées depuis que ces pièces étaient devenues une pure monnaie d'appoint. »

3. La date de la première institution des triumvirs monétaires, et en général tous les débuts de l'histoire de cette magistrature, sont encore enveloppés de profondes obscurités. Eckhel (3) avait cru pouvoir conclure d'un passage de Pomponius, inséré au Digeste (4), que les triumvirs avaient été établis en 465 de Rome (289 av. J.-C.); mais M. A. de Barthélemy (5) paraît avoir mieux entendu le même passage en pensant qu'il plaçait l'institution vers le milieu du vi^e siècle de la ville. Seulement, comme Eckhel l'a entrevu le premier (6) et comme M. Mommsen (7) l'a définitivement démontré, ce ne fut pas d'abord, et pendant assez longtemps, une magistrature régulière et permanente, mais une commission temporaire qui n'avait pas d'existence fixe.

« Elle n'est pas mentionnée, remarque le savant Prussien, dans le catalogue des magistratures ordinaires, con-

---

(1) Plut. *Sertor.* 7.
(2) *MR*, t. II, p. 54.
(3) *DN*, t. I, p. 61 et s.
(4) I, 2, 2, 30.
(5) *Rev. num.* 1847, p. 354.
(6) *DN*, t. I, p. 87.
(7) *MR.* t. II, p. 47 et s.

tenu dans la loi *Repetundarum*, qui fut promulguée par le plus jeunes des Gracques, ni dans l'inscription découverte à Bautia, et qui est du même temps. Le premier document qui en parle est l'éloge de C. Claudius Pulcher, consul en 662, 92 av. J.-C. (1) : il y est dit qu'il avait occupé le triumvirat monétaire en sortant de la questure, ce qui est contraire à l'usage établi dans la suite, et prouve en même temps qu'à cette époque cette magistrature n'était encore qu'une commission extraordinaire (2). Un peu plus tard, en 669 ou 670 (85 ou 84 av. J.-C.), Manius Fonteius fut questeur, après avoir été triumvir monétaire (3); et Cicéron, dans son Traité sur les lois, en 702 (52 av. J. C.), parle de cette magistrature comme régulièrement constituée (4). Nous placerons donc entre les années 650 et 665 (104 et 89 av. J.-C.) l'établissement définitif de cette charge, confiée dès lors à trois magistrats. Il est probable qu'avant cette époque, lorsque le besoin s'en faisait sentir, on nommait une commission temporaire pour surveiller la fabrication des monnaies, de même qu'on chargeait des triumvirs ou des quinquévirs de conduire les colonies ou de diviser les champs ; quelquefois aussi on se contentait de confier cette surveillance, avec des pouvoirs spéciaux, à des magistrats déjà chargés d'une autre partie de l'administration, particulièrement à des questeurs.

(1) Orelli, n° 569; *Corp. inscr. lat.* t. I, p. 279.

(2) « Un fait analogue eut également lieu du temps de César; P. Paquius Scæva reçut *ex senatus-consulto* (par conséquent hors rang) après la questure, d'abord le décemvirat *stilitibus judicandis*, et ensuite la charge de *quatuorvir capitalis* (Mommsen, *Inscr. regn. Neap.* n° 5244 ; Henzen, n° 6450). »

(3) Cic. *Pro Font.* I, 1 ; III, 6.

(4) Cic. *De leg.* III, 3, 6.

« Cette hypothèse se trouve pleinement confirmée par l'étude des monnaies antérieures à Sylla. En effet, si ces magistrats eussent été régulièrement élus tous les ans depuis l'époque à laquelle on commence à trouver leurs noms sur les monnaies, un siècle environ avant la Guerre Sociale, nous aurions un bien plus grand nombre de noms de monétaires.

« De plus, certains noms ne se trouvent que sur les pièces de cuivre, d'autres sur l'argent seulement, quelques-uns sur des victoriats, d'autres sur des quinaires, et même sur le bes et le dodrans seulement (1) ; tous ces faits semblent bien indiquer que la fabrication des monnaies n'était pas régulière et qu'il n'y avait d'émission générale ou partielle que de temps à autre, suivant les besoins de la caisse publique ou ceux du commerce. Nous ne savons pas si, dès l'origine, ces magistrats furent toujours au nombre de trois. On n'en voit, il est vrai, qu'un seul mentionné sur la plupart des monnaies, mais on ne saurait douter qu'il n'y en eût plusieurs, par analogie avec les autres fonctions du même genre que l'on voit toujours confiées à un collége composé de plusieurs membres. Il y a même de fortes raisons pour croire que dès leur institution ils ont été au nombre de trois. »

Claudius Pulcher, dans son *elogium*, prend le titre de III. VIR. A.A.A. F.F, attestant ainsi qu'il avait deux collègues, et c'est toujours isolément qu'il signe des monnaies de son nom, C. PVLCHER (2). C'est là, du reste, la règle la plus habituelle, l'inscription du nom de chacun des mo-

---

(1) Ce dernier est celui de C. Cassius Longinus, monétaire un peu après 113 av. J.-C. : Cohen, *MC*, pl. LII, *Cassia*, nos 2 et 3 ; Mommsen, n° 157.

(2) Cohen, *MC*, pl. XII, *Claudia*, n° 2 ; Mommsen, n° 176.

nétaires séparément sur des espèces différentes ; nous l'avons déjà signalée plus haut (dans ce livre, chap. i, § 6, 3), en y reconnaissant l'application de ce principe du droit public des Romains que, lorsqu'il y avait simultanément plusieurs magistrats pour une même fonction, chacun d'eux agissait indépendamment de ses collègues, avec la plénitude de l'autorité et de la responsabilité. Mais on lit aussi quelquefois les noms des trois monétaires en fonctions en même temps, écrits ensemble sur des monnaies antérieures à Sylla. Les colléges de triumvirs dont on connaît ainsi la composition complète sont les suivants, pour lesquels il y a des pièces présentant tantôt les trois noms ensemble, tantôt deux, tantôt enfin un seul :

Q. MAR*cius* (ou simplement Q. M.) — C. F*abius* (?) — L. R*ustius* (?) (1).— Entre 640 et 650 de Rome (114 et 104 av. J.-C.).

M. CALI*Dius* — Q. METEL*lus* — CN. FOLV*ius* (2). — Même période historique.

CN. DOMI*tius* — M. SILA*nus* — Q. CVRT*ius* (3). — même période historique.

(1) On n'a de ce collége que des pièces réunissant les trois noms : Cohen, *MC*, pl. xxvi, *Marcia*, n° 2 ; Mommsen, n° 165.

(2) On n'a non plus de ce collége que des pièces où se lisent à la fois les trois noms : Cohen, *MC*, pl. vii, *Calidia*, et pl. xviii, *Fulvia* ; Mommsen, n° 166.

(3) Pièces de cuivre aux trois noms réunis : Cohen, *MC*, pl. liv, *Curtia*, n°s 1-4, Mommsen, n° 167 *d-h* ;

Denier de M. Silanus et Q. Curtius : Cohen, *MC*, pl. xvi, *Curtia* ; Mommsen, n° 167 *b*.

Denier de Q. Curtius et Cn. Domitius : Riccio, *Monete delle famiglie d Roma*, *Prim. supplem.* p. 8 ; Cavedoni, *Bullett. arch. Napol.* nouv. sér. t. V, p. 126 ; Mommsen, n° 167 *c*.

Denier de Cn. Domitius seul : Cohen, *MC*, pl. xvi, *Domitia*, n° 3 ; Mommsen, n° 167 *a*.

L. METEL*lus* — A. ALB*inus*. Sp*urii*. F*ilius* — C. MAL-Leolus (1). — Entre 650 et 660 de Rome (104 et 94 av. J.-C.) (2).

La fixation du nombre des magistrats monétaires à trois, à partir du moment où ils furent compris dans le cadre des fonctions permanentes et régulières, ainsi que la ressemblance de ces commissions avec les commissions agraires, achève de rendre presque certain que les commissions monétaires constituaient déjà un triumvirat quand elles n'étaient encore que temporaires et établies seulement à intervalles irréguliers pour des nécessités déterminées.

(1) Denier aux trois noms : Cohen, *MC*, pl. viii, *Cæcilia*, n° 4; Mommsen, n° 191, *a*.
Deniers de C. Malleolus seul : Cohen, *MC*, pl. xxxiii, *Publicia*, n°s 2-6; Mommsen, n° 167, *b* et *c*.
Deniers de A. Albinus seul : Cohen, *MC*, pl. xxxv, *Postumia*, n°s 2 4; Mommsen, n° 167, *d* et *e*.

(2) Vers le temps de Sylla, nous connaissons encore deux commissions de triumvirs dont les noms se trouvent réunis sur certaines pièces.
L. CENSORIN*us* — P. CREPVSI*us* — C. LIMETA*nus* — Un peu avant 671 de Rome (83 av. J.-C.) :
Deniers aux trois noms ; Cohen, *MC*, pl. xxvi, *Marcia*, n°s 10 et 11 ; Mommsen, n°s 227, *a* et *b*.
Denier de L. Censorinus seul : Cohen, pl. xxvi, *Marcia*, n° 9; Mommsen, n° 227, *c*.
Denier de P. Crepusius seul : Cohen, pl. xvi, *Crepusia*, n° 9 ; Mommsen, n° 227, *d*.
Denier de C. Mamilius Limetanus seul : Cohen, pl. xxv, *Mamilia*; Mommsen, n° 227, *e*.
GAR... — OCVL .. — VER.... — Un peu avant 673 de Rome (81 av. J.-C.) :
Deniers aux trois noms : Cohen, *MC*, pl. xi, *Carvilia*, n°s 1-3; pl. xxx, *Ogulnia*, n°s 1 et 2 ; pl. xl, *Vergilia*; Mommsen, n° 239.
Cuivres aux trois noms : Cohen, *MC*, pl. li, *Carvilia*, n°s 1 et 2; pl. lx, *Ogulnia*; pl. lxix, *Vergilia* ; Mommsen, n° 239.

Pourtant, quelquefois les commissions étaient plus nombreuses. « On connaît, dit encore M. Mommsen, cinq monétaires dont les noms se voient sur les monnaies avec ceux de L. Licinius Crassus et de Cn. Domitius (1). Il y eut probablement à cette époque une émission importante de monnaies pour laquelle on nomma extraordinairement une commission de sept membres, composée de ces deux personnages (ceux-là mêmes qui furent encore collègues pour la censure en 662), et de cinq autres personnages plus jeunes et moins importants. La magistrature de L. Licinius et de Cn. Domitius n'est pas indiquée sur les monnaies; ainsi rien ne nous oblige à placer l'émission de leurs pièces pendant leur censure, et diverses considérations ne permettent pas de les classer après celles de Claudius Pulcher; or, nous le savons, ce dernier exerça la charge de monétaire avant celle d'édile, qu'il obtint en 655 (99 av. J.-C.). Ainsi à l'époque de l'émission de ces monnaies, qui eut lieu en 645 ou 650 (de 109 à 104 av. J.-C.), le collège des monétaires était choisi, comme toutes les commissions extraordinaires, parmi les plus jeunes sénateurs, et leur élection n'était pas encore annuelle (2). »

« Ce ne fut, continue le même savant, qu'après la Guerre Sociale que le triumvirat monétaire devint une magistra-

---

(1) Toutes les pièces de ce groupe (Mommsen, n° 170) ont au revers les deux noms L. LICinius. CN. DOMitius; au droit est un seul nom, au génitif, qui varie :

M. AVRELI.SCAVRI : Cohen, MC, pl. VII, Aurelia, n° 5.
L. COSCOni. M. Filii : Cohen, pl. XV, Cosconia, n° 1.
C. MALLEoli. C. Filii : Cohen, pl. XXXIII, Poblicia, n° 1.
L. POMPONI. CN. Filii : Cohen, pl. XXXIV, Pomponia, n° 1.
L. PORCI. LICIni : Cohen, pl. XXXIV, Porcia, n° 1.

(2) Voy. Mommsen, Ann. de l'Inst. arch. 1863, p. 56; MR, t. II, p. 362 et s.

ture ordinaire, à laquelle on ne pouvait régulièrement aspirer qu'à l'âge de vingt-sept ans (1). Nous voudrions pouvoir établir qu'elle était exercée pendant une année, comme toutes les autres ; mais, d'après les monnaies, on ne retrouve qu'environ soixante monétaires ordinaires entre la Guerre Sociale et la Guerre Civile, et il devrait y en avoir plus du double si le renouvellement avait été annuel. Il y a donc dans l'organisation de cette magistrature quelque chose que nous ne connaissons pas encore exactement ; peut-être sa durée était-elle de deux années, ou bien n'était-elle conférée que tous les deux ans. » Il serait possible aussi que la magistrature ait été annuelle, mais qu'il n'y ait pas eu tous les ans d'émission monétaire, ce qui

---

(1) « Suivant toute apparence, dit encore M. Mommsen, il n'existait pas, à proprement parler, d'âge légal pour exercer les fonctions de monétaire pas plus que pour les autres magistratures non curules ; mais cet âge peut être déterminé par les circonstances accessoires et les règlements généraux. Ainsi, nous savons d'abord qu'il était interdit d'exercer aucune magistrature civile avant d'avoir servi dix ans dans l'armée (voy. Becker, *Handbuch*, II, 2, p. 21 ; Borghesi, cité par Cavedoni, *Ripostigli*, p. 21), puis il y avait un règlement pour l'ordre dans lequel les magistratures pouvaient être conférées ; ainsi l'on ne pouvait obtenir la questure qu'après le vigintivirat depuis que ces fonctions avaient été formellement élevées au rang de magistrature (Tacit. *Ann.* III, 29) ; enfin on pourrait citer la défense d'exercer deux magistratures sans intervalle. Les Gracques ont parfaitement pu être questeurs à l'âge de vingt-sept ans, parce que de leur temps le vingintivirat n'était pas encore organisé comme il l'a été depuis ; mais, par la suite, l'âge auquel on pouvait l'obtenir a été retardé de trois ou quatre années. Sous les empereurs, on arrivait à la questure à l'âge de vingt-cinq ans (Dio Cass. LII, 20 ; Marquardt, *Handbuch*, II, 3, p. 218) et au vigintivirat à vingt ans, mais pas avant, comme Eckhel (*DN*, t. V, p. 63) l'a très-bien établi d'après les *Annales* de Tacite (III, 29). L'inscription funéraire d'un triumvir, mort à l'âge de dix-huit ans (*Inscr. regn. Neap.*, n° 456) ne nous paraît pas d'une authenticité inattaquable. Cf. Plin. *Epist. ad Trajan.* 79, et nos *Stadtrechte*, p. 418. »

ferait qu'un certain nombre de colléges de triumvirs, tout en ayant été régulièrement constitués, n'auraient pas eu l'occasion de signer des espèces, ou bien que, sur tel ou tel collége de trois, un seul magistrat aurait eu dans certaines années à présider à une émission. Ce qui serait de nature à faire admettre cette dernière hypothèse, c'est que, dans un passage des lettres de Cicéron (1) dont nous allons nous occuper, nous trouvons un personnage désigné formellement comme triumvir monétaire en 703 ou 704 de Rome, et que sa signature ne se lit cependant sur aucune monnaie.

Quoi qu'il en soit, le triumvirat monétaire, une fois constitué d'une manière permanente et régulière, fit partie des magistratures mineures qui formaient sous la République le collége des *viginti sex viri* et sous l'Empire celui des *viginti viri* (2). Au printemps de 704 de Rome (50 av. J.-C.), Cicéron, revenant de son gouvernement de Cilicie, eut une discussion d'affaires avec Vectenus, qui était triumvir monétaire en charge ou sortait de l'être. Il avait acheté à ce personnage une petite maison et fut choqué de ce qu'au lieu d'avoir la déférence de le consulter sur l'époque où il lui conviendrait le mieux de payer, il avait fixé une date de sa propre autorité; il l'avait été peut-être encore plus de ce que, dans la suscription de sa lettre, Vectenus ne lui avait donné que le titre de proconsul, au lieu de cette qualification d'*imperator* à laquelle tenait tant sa vanité. Cicéron répondit donc avec une mauvaise humeur, qu'il avoue lui-même, et, tout en prenant

---

(1) *Ep. ad Attic.* X, 11.
(2) De là l'expression de *XXvir monetalis* dans une inscription de Tibur, de la seconde moitié du IIe siècle de notre ère : Orelli, n° 2761.

le ton de la plaisanterie, chercha à rendre celle-ci le plus mordante qu'il put : *Rescripsi ei stomachosius, cum joco tamen familiari;* et dans une autre lettre : *Cum eo, quod* ἀποτόμως *ad me scripserat de nummis curandis,* θυμικώτερον *eram jocatus.* La principale malice du grand orateur fut de qualifier Vectenus de *monetalis* dans la suscription de sa réponse : MONETALI *autem adscripsi, quod ille ad me,* PROCONSULI. C'était le traiter de jeune homme encore sans conséquence ; l'omission du titre de triumvir faisait que la qualification eût pu s'appliquer à un simple ouvrier monnoyer aussi bien qu'à un magistrat monétaire ; enfin, comme l'ont remarqué les commentateurs, il y avait là une allusion transparente à l'âpreté montrée dans une question d'argent. Vectenus prit mal la plaisanterie et se fâcha tout à fait. Il fallut que Cicéron exprimât quelque regret de s'être montré si mordant et chargeât Atticus d'arranger la querelle (1).

J'ai déjà exposé plus haut (dans ce livre, chap. I, § 6, 3 et 4) comment la signature des magistrats monétaires, absente des plus anciennes monnaies de Rome, y avait fait sa première apparition, par quels progrès graduels elle y avait toujours pris plus de développements, jusqu'à en venir à bannir l'antique légende **ROMA**, et aussi comment, dans la décadence de l'esprit public et des institutions républicaines, on avait laissé les mêmes magistrats substituer sur les espèces monnayées des types à eux personnels, se rapportant aux cultes particuliers de leurs familles ou à leurs souvenirs historiques, aux types d'État, qui avaient d'abord été invariables. A dater de 650 de Rome (104 av. J.-C.), quoique le triumvirat monétaire ne fût

---

(1) Cic. *Ep. ad Attic.* X, 5 et 11.

pas encore institué d'une manière permanente comme magistrature régulière, les émissions étaient dès lors assez fréquentes et assez habituellement confiées à des commissions des triumvirs pour que l'on jugeât nécessaire de distinguer la monnaie ordinaire, frappée dans ces conditions, de la monnaie extraordinaire, émise par d'autres magistrats pour subvenir, en dehors des émissions normales, à un besoin exceptionnel et temporaire de numéraire. Ainsi que nous l'avons montré (dans ce livre, chap. i, § 6, 5), on ne manqua plus dès lors de faire suivre de leur titre, ou tout au moins de la mention du sénatus-consulte qui leur avait confié cette commission extraordinaire, les noms des magistrats, tels que questeurs ou édiles, qui étaient chargés, en dehors des conditions normales, de diriger une fabrication de monnaies. Aussi, comme l'a très-justement remarqué M. Mommsen (1), « il faut ranger au nombre des monétaires ordinaires les magistrats dont les noms se trouvent à dater de cette époque sur les monnaies frappées à Rome, sans que leurs fonctions y soient indiquées. On trouvait cette dernière mention inutile, puisque, régulièrement, les triumvirs seuls émettaient des monnaies marquées à leur nom. » Jusqu'en 704 de Rome (50 av. J.-C.) inclusivement, nous ne trouvons dans la série romaine que huit personnages qui prennent en termes formels le titre de triumvir, et aucun d'entre eux n'a exercé cette magistrature avant l'année 680 ou peut-être même 700 de Rome (2) :

M. ACILIVS. IIIVIR (3). — Vers l'an 700.

---

(1) *MR*, t. II, p. 53.
(2) Mommsen, *MR*, t. II, p. 175.
(3) Cohen, *MC*, pl. i, *Acilia*, n° 3 ; Mommsen, n° 279.

M. AQVILlius. M. Filius. M. Nepos. IIIVIR (1). — Entre 700 et 704.

LONGINus. IIIVir (2). — Entre 700 et 704.

CALDVS. IIIVIR (3). — Probablement un peu avant 700.

P. FONTEIVS. P. Filius. CAPITO. IIIVIR (4). — Entre 700 et 704.

L. FVRI. CN. Filii. BROCCHI. IIIVIRi (5). — Entre 700 et 704.

C. HOSIDIus. C. Filius. GETA. IIIVIR (6). — Entre 700 et 704.

L. TORQVATus. IIIVIR (7). — Vers l'an 693.

La numismatique de l'époque de la Guerre Civile, jusqu'à l'élévation de César à la dictature perpétuelle, nous montre la plupart des triumvirs faisant suivre leur nom de leur titre :

Q. SICINIVS. IIIVIR (8).
T. CARISIVS. IIIVIR (9).
M. CORDIVS. RVFVS. IIIVIR (10).
A. LICINIVS. NERVA. IIIVIR (11).

---

(1) Cohen, pl. vi, *Aquilia*, n° 2; Mommsen, n° 282.
(2) Cohen, pl. xi, *Cassia*, nos 4 et 5; Mommsen, n° 283.
(3) Cohen, pl. xiii, *Cœlia*, nos 4-10; Mommsen, n° 286.
(4) Cohen, pl. xviii, *Fonteia*, nos 8 et 10; Mommsen, n° 290.
(5) Cohen, pl. xix, *Furia*, n° 5; Mommsen, n° 291.
(6) Cohen, pl. xix, *Hosidia*, nos 1 et 2; Mommsen, n° 292.
(7) Cohen, pl. xxvi, *Manlia*, nos 6 et 7; Mommsen, n° 294.
(8) Deniers qu'il signe seul : Cohen, pl. xxxviii, *Sicinia*.
Deniers qu'il signe conjointement avec le proquesteur C. Coponius Cohen, pl. xiv, *Coponia*, nos 1 et 2.
(9) Cohen, pl. x, *Carisia*, nos 8 et 9.
(10) Cohen, pl. xiv, *Cordia*, nos 1-6.
(11) Cohen, pl. xxiv, *Licinia*, nos 3-7.

L. PAPIVS. CELSVS. IIIVIR (1).

Comme nous l'avons montré plus haut (dans ce livre, chap. 1, § 7, 5) ces triumvirs sont presque tous de ceux du parti de Pompée, qui, retirés en Orient avec le Sénat et tous les magistrats urbains réguliers et légaux, monnayaient dans différentes villes de ces contrées. Dans de semblables conditions, l'inscription de leur titre à la suite de leur nom était nécessaire pour indiquer en vertu de quelle autorité ils frappaient des espèces hors de l'atelier de Rome et pour distinguer ces espèces des monnaies militaires que les chefs d'armées émettaient en même temps en abondance. Pourtant, quelques-uns des triumvirs monétaires pompéiens réfugiés en Orient, comme C. Considius Pætus (2) et C. Antius Restio (3), ne prirent pas leur titre sur les espèces dont ils dirigèrent la fabrication; ils y inscrivirent seulement leur nom. Quant aux triumvirs qui, après la réorganisation d'un gouvernement régulier par César, monnayèrent à Rome dans les années 46 et 45 avant notre ère, il paraît probable que nous connaissons leurs six noms, bien que nous ne sachions pas de quelle manière on doit les répartir entre les deux colléges de ces années (voy. plus haut, t. II, p. 311); et, sur ces six personnages, un seul, L. Papius Celsus, ajoute son titre à son nom.

4. César, en complétant l'organisation de son pouvoir, voulut avoir, selon le procédé habituel des despotes, plus

---

(1) Cohen, pl. xxx, *Papia*, nos 2-3.
(2) Cohen, pl. xiii, *Considia*, nos 4-10.
(3) Cohen, pl. iii, *Antia*, nos 1-4.

de places à distribuer afin de se faire des créatures. Il augmenta donc le nombre des magistratures mineures (1), le portant de vingt à vingt-huit. Les monétaires urbains furent désormais quatre au lieu de trois, devenant de triumvirs des quatuorvirs, de même que des *quatuorviri capitales* (2) remplacèrent les anciens *tresviri*. Cette réforme fut décrétée dans les derniers mois de 45 av. J.-C., et les nouveaux magistrats entrèrent en fonction avec l'année 44. J'ai esquissé plus haut (t. II, p. 313) l'histoire du premier collége de quatuorvirs monétaires, telle qu'on la déduit avec certitude des monuments numismatiques eux-mêmes et que M. Von Sallet (3) l'a établie d'une manière définitive, en complétant les études de Cavedoni et de M. Mommsen. Ce collége se composait de L. Flaminius Chilo, L. Æmilius Buca, M. Mettius et L. Sepullius Macer, dont les deux premiers seuls font suivre, sur quelques monnaies, leur nom de leur titre de quatuorvirs, mais dont le groupement ensemble et la date de fonctions résultent nécessairement de ce que c'est sur les pièces signées d'eux que le portrait de Jules César fait son apparition dans la numismatique. Dès le début de l'année, ils commencèrent à faire fabriquer des deniers d'argent, que l'absence de l'effigie du dictateur révèle comme antérieurs au sénatus-consulte, rendu dans le courant du mois de janvier, par lequel il fut ordonné de placer cette effigie sur la monnaie urbaine (4). Le denier de Flaminius Chilo porte la légende L· FLAMINIVS·CHILO·

---

(1) Sueton. *Caes.* 41 ; voy. Mommsen, *MR*, t. II, p. 53.
(2) Orelli, n° 6430.
(3) *Zeitschr. f. Numism.* t. IV, p. 127-134.
(4) Dio Cass. XLIV, 4 ; Zonar. x, 12.

IIIVIR· PRImus. FLAvit (1), établissant qu'entre ses collègues il avait eu le premier tour de fabrication (2). Dans le peu de jours qui séparèrent le sénatus-consulte en question de la proclamation de César comme dictateur et père de la patrie, les quatre monétaires émirent et signèrent les pièces où l'on voit déjà le portrait du maître, mais avec les seuls titres de DICTator. QVARTum ou d'IMPERator. Enfin, vers le milieu de février, l'institution de la dictature perpétuelle fut saluée par l'émission extraordinairement abondante des monnaies d'argent à la tête de César DICTator PERPETVO. Ceux-ci nous offrent les signatures de L. Flaminius Chilo, L. Æmilius Buca et P. Sepullius Macer, mais on n'en a pas avec celle de M. Mettius. A la place, on trouve des deniers tout à fait analogues et évidemment du même moment, portant le nom d'un C. Cossutius Maridianus, étranger au collége dans les débuts de son existence. Il n'y a pas ici d'autre explication possible que celle qu'ont adoptée M. Mommsen (3) et M. Von Sallet (4), c'est-à-dire que M. Mettius était mort ou s'était retiré du nombre des quatuorvirs pour une raison quelconque, vers le commencement de février, et que C. Cossutius Maridianus lui avait été immédiatement substitué, pour ne pas laisser le collége incomplet (5). L'émission fut alors assez considérable

(1) Eckhel, *DN*, t. V, p. 212; Cohen, *MC*, pl. xviii, *Flaminia*, n° 2.

(2) C'est aussi sur les pièces qu'il frappa à ce moment, que L. Æmilius Buca prend le titre de IIIIVIR.

(3) *MR*, t. II, p. 546.

(4) *Zeitschr. f. Num.* t. IV, p. 131.

(5) Sur certaines de ses monnaies, C. Cossutius Maridianus exprime d'une manière très-originale son titre de quatuorvir monétaire. Ses noms occupent tout le revers, disposés de manière à former une croix, can-

pour dispenser, en se joignant à celles qui avaient eu lieu dans le mois précédent, de presque aucune autre fabrication d'espèces d'argent urbaines. En effet, on ne connaît de pièces postérieures au meurtre de César qu'avec les signatures de Cossutius Maridianus (1) et de Sepullius Macer (2), celles de ce dernier étant les plus nombreuses, et les types qu'ils ont adoptés montrent qu'ils s'étaient déclarés ouvertement pour le parti d'Antoine et des amis de César. En effet tous deux placent au droit de leurs monnaies la tête du dictateur mort, mais non encore déifié, avec l'épithète de **PARENS. PATRIAE**; sur d'autres, Sepullius Macer met à la même place l'image du temple élevé à la Clémence de César ou même la tête d'Antoine (3) (voy. plus haut, dans ce livre, chap. I, § 7, 7).

La monnaie d'or, dont César avait le premier implanté la fabrication à Rome même, tandis qu'avant lui on n'en fabriquait que dans les provinces, pour le service des armées, avait gardé sous son gouvernement le caractère impératorial et n'avait pas été placée dans les attributions des monétaires urbains réguliers. Encore, à la fin de l'année 44, quand le Sénat, qui avait ressaisi le pouvoir, fit procéder à une émission d'espèces de ce métal, la fabrication en fut remise par une commission extraordinaire, et en vertu d'un sénatus-consulte spécial, aux deux pré-

---

tonnée entre ses quatre branches des lettres A.A.A. F.F. Cohen, *MC*, pl. XVI, *Cossutia*, n° 2.

(1) Cohen, *MC*, pl. XVI, *Cossutia*, n° 2.

(2) Cohen, pl. XXXVII, *Sepullia*, n°s 9-11.

(3) Voy. aussi l'ingénieuse explication proposée par M. Von Sallet (*Zeitschr. f. Num.* t. IV, p. 132) pour le type du revers de ces monnaies de P. Sepullius Macer.

teurs C. Norbanus et L. Cestius (1). C'est seulement, comme nous l'avons déjà montré (dans ce livre, chap. I, § 7, 8), une loi rendue en janvier 43 (2), qui fit entrer la monnaie d'or dans le cadre de la monnaie urbaine normale et la mit du ressort des quatuorvirs monétaires, dont l'office et le nombre étaient maintenus. De cette modification de leurs attributions résulte une modification temporaire de leur titre; du moins, ceux d'entre eux qui joignent une qualification à leur nom sur les aurei, s'intitulent IIIIVIR. Auro. Publice. Feriundo.

Le dépôt de Vigatto, enfoui pendant la guerre de Modène, a définitivement établi quels étaient les quatuorvirs qui entrèrent en fonctions au commencement de l'année 43 av. J.-C. (3); c'étaient P. Accoleius Lariscolus (4) et Petillius Capitolinus (5), que Cavedoni (6) avait déjà reconnus antérieurement comme devant appartenir à cette année, puis L. Livineius Regulus (7) et L. Mussidius Longus (8). De ces quatre magistrats, les deux derniers se sont maintenus en charge jusqu'à la fin de l'année, après la constitution du triumvirat; car on a des pièces aux effigies de tous les triumvirs, qui portent les signatures de

---

(1) Cohen, *MC*, pl. xii, *Cestia*; pl. xxix, *Norbana*, n° 1.

(2) Cic. *VII Philipp.* 1, 1; voy. Mommsen, *MR*, t. III, p. 4.

(3) Mommsen, *Zeitschr. f. Num.* t. II, p. 66 et s.

(4) Cohen, *MC*, pl. i, *Accoleia*, n°s 1 et 2.

(5) Cohen, pl. xxx, *Petillia*, n°s 1 et 2.

(6) *Appendice C al Saggio di osserv.*, p. 187; *Ragguaglio dei ripostigli*, p. 35.

(7) La pièce de ce monétaire trouvée à Vigatto est le denier de Cohen, pl. xxiv, *Livineia*, n° 3.

(8) Denier trouvé à Vigatto : Cohen, pl. xxix, *Mussidia*, n° 5.

Livineius Regulus (1) et de Mussidius Longus (2). Il n'y en a, au contraire, aucune, pas plus que de monnaies d'or, avec les noms d'Accoleius Lariscolus et de Petillius Capitolinus. D'un autre côté, comme on l'a depuis longtemps reconnu, il est impossible de séparer des pièces d'or de Livineius Regulus et de Mussidius Longus, à la tête des triumvirs, celles de même métal et d'argent qui, portant les effigies d'Antoine (3) et d'Octave (4), sont signées du nom du quatuorvir P. CLODIVS. C. *Filius*. Ces trois personnages, les seuls qui prennent le titre de *quatuorvir auro publice feriundo*, ont été certainement collègues au moment de l'émission des monnaies en question, et M. Von Sallet (5) a établi d'une manière définitive que ç'avait été dans l'année 43 (711 de Rome). De ces faits, il résulte d'une manière bien positive que, sur les quatuorvirs monétaires entrés en charge en janvier 43, deux, Accoleius Lariscolus et Petillius Capitolinus, furent chassés de leurs fonctions, soit dans le mois d'août par Octave, au moment où il s'empara du consulat, soit dans le mois de novembre par les triumvirs, à l'installation de leur pouvoir, et que peut-être même ils furent compris dans les proscriptions du triumvirat. Des deux nouveaux quatuorvirs monétaires qui leur furent alors substitués, en tant que collègues

---

(1) Tête de Lépide : Cohen, pl. xxv, *Livineia*, n° 7. — Tête d'Antoine : Cohen, pl. xxv; *Livineia*, n° 8. — Tête d'Octave, Cohen, pl. xxv, *Livineia*, n°s 9 et 10.

(2) Tête de Lépide : Cohen, pl. xxix, *Mussidia*, n°s 8 et 9. — Tête d'Antoine : Cohen, pl. xxix, *Mussidia*, n°s 10 et 11. — Cohen, pl. xxix, *Mussidia*, n°s 12 et 13.

(3) Cohen, pl. xii, *Claudia*, n°s 9 et 10.

(4) Cohen, pl. xii, *Claudia*, n°s 12-14.

(5) *Zeitschr. f. Num.* t. IV, p. 135 et s.

de Livineius Regulus et de Mussidius Longus demeurés en charge comme amis et partisans des triumvirs, l'un fut sûrement P. Clodius. Quant à l'autre, son nom est douteux. Peut-être était-ce C. Vibius Varus, dont on a des deniers d'argent au portrait d'Antoine (1) et à celui d'Octave (2), ainsi qu'un aureus sans effigie d'homme vivant (3). Cependant la chose est encore douteuse, car Vibius Varus ne prend pas, comme les trois qui viennent d'être nommés, le titre de IIIIVIR. A. P. F., et les monnaies ne se groupent pas aussi étroitement avec les leurs.

Il se pourrait donc que Vibius Varus, contemporain des premiers temps du triumvirat, n'ait été monétaire que dans l'année 42 (712 de Rome), auquel cas, la barbe longue qui est donnée sur les monnaies à Antoine serait l'indice du deuil de son frère C. Antonius, car les pièces de P. Claudius et de Mussidius Longus, où l'on voit Antoine imberbe (tandis qu'il est barbu sur celles de Livineius Regulus), montrent qu'à la fin de 43, après l'établissement du triumvirat, il avait rasé la barbe qu'il laissait croître depuis sa défaite de Modène (4). Si cette manière de voir devait être préférée, nous admettrions volontiers comme collègue de Vibius Varus, dans le quatuorvirat monétaire pour l'année 42, C. Numonius Vaala, dont l'aureus (5) porte au droit une tête de Victoire, dans laquelle je crois reconnaître les traits de Fulvie, telle qu'elle est représentée sur les quinaires frappés à Lugdunum (6) et sur une pièce

(1) Cohen. pl. XLII, *Vibia*, n° 22.
(2) Cohen, pl. XLII, *Vibia*, n° 23.
(3) Cohen, pl. XLII, *Vibia*, n° 21.
(4) Plutarch. *Anton*. 18.
(5) Cohen, pl. XXX, *Numonia*, n° 1.
(6) De Witte, *Gazette archéologique*, 1875, p. 121-124.

de bronze d'Eumenia-Fulvia de Phrygie (1) (voy. plus haut, t. II, p. 173).

On groupe d'ordinaire l'aureus de Numonius Vaala avec ceux de M. Arrius Secundus (2), C. Claudius, C. filius (3), et L. Servius Rufus (4), qui appartiennent, en effet, sûrement à la même époque historique. S'appuyant sur ce fait que les types en sont entièrement empruntés aux traditions et aux cultes particuliers des familles des monétaires, et ne se rapportent en rien aux triumvirs, M. Mommsen (5) a considéré ces aurei comme antérieurs au triumvirat et a fait de leurs trois auteurs, joints à Numonius Vaala, les quatuorvirs nommés par le Sénat pour l'an 43, conjecture aujourd'hui démentie par le dépôt de Vigatto. J'ai peine à croire que C. Clodius ait jamais pu être monétaire urbain, car il n'était sûrement pas un de ceux de l'année 44, et Borghesi ayant établi, avec la sûreté ordinaire de sa critique, la place de ce personnage dans l'histoire (6), nous le trouvons de très-bonne heure en 43 comme lieutenant de Brutus dans la Macédoine, où c'est lui qui fit prisonnier C. Antonius; il est donc probable que, malgré l'absence d'inscription d'un titre militaire, son aureus est à ranger parmi les monnaies du parti des tyrannicides frappées à l'occasion de la guerre civile (nous avons parlé de celles-ci dans ce livre, chap. 1, § 7, 9). Si notre conjecture au sujet de la tête de Victoire représentée sur l'aureus de Numonius

---

(1) Waddington, *Rev. num.* 1853, p. 248, pl. x, n° 5.
(2) Cohen, *MC*, pl. vii, *Arria*, n° 1.
(3) Cohen, pl. xii, *Claudia*, n° 5.
(4) Cohen, pl. xxxviii, *Sulpicia*, n° 4.
(5) *MR*, t. II, p. 459; t. III, p. 4.
(6) *Osserv. numism.* décad. XIV, 10; *Œuvres complètes*, t. II, p. 178 et s.

Vaala est exacte, sa magistrature monétaire n'aura pu avoir lieu que sous le triumvirat, après 43 et avant 40, date de la mort de Fulvie, probablement même avant la guerre de Pérouse. Quant aux pièces d'or d'Arrius Secundus et de Servius Rufus, le caractère particulier de leurs types ne me paraît pas une circonstance aussi décisive qu'à M. Mommsen. Si les deniers d'argent de Vibius Varus ont les effigies d'Antoine et d'Octave, les types de son aureus lui sont purement personnels, ne rappellent en rien les triumvirs; il en est de même de ceux d'une partie des aurei de P. Clodius (1), installé, comme nous l'avons vu, dans le quatuorvirat par Octave ou par les triumvirs à la place d'un magistrat expulsé (2). En conséquence, puisqu'il n'est plus désormais possible de placer en 43 l'exercice des fonctions de ces individus, qui n'ont pas pu, non plus, monnayer de pièces d'or urbaines avant cette date, nous ne voyons aucune raison absolument qui empêche de les reporter aux années immédiatement postérieures. Il y a même une grande probabilité, quoique ce ne soit pas encore une certitude, à admettre que Vibius Varus, Numonius Vaala, Arrius Secundus et Servius Rufus, dont les aurei présentent entre eux une si étroite parenté, ont formé le collége des quatuorvirs monétaires de 42 av. J.-C. (712 de Rome).

Avant d'être en possession des données positives fournies par la trouvaille de Vigatto, et d'après une reproduction inexacte (rectifiée depuis par M. Von Sallet) du type

---

(1) Cohen, *MC*, pl. xii, *Claudia*, nos 6 et 7.

(2) Je ne parle pas des aurei de Mussidius Longus, qui sont dans le même cas (Cohen. pl. xxix. *Mussidia*, nos 1 et 2), car ils peuvent avoir été frappés pendant la première partie de sa magistrature, avant le triumvirat.

de revers d'un des aurei de P. Clodius, on plaçait la magistrature de ce personnage avec Livineius Regulus et Mussidius Longus, en 716 de Rome (38 av. J.-C.) (1). On mettait alors en 717 ou 718 (37 ou 36) les pièces signées de Ti. Sempronius Gracchus (2) et de Q. Voconius Vitulus (3), qui prennent le double titre de *quatuorviri quaestores designati* et marquent, sur quelques-unes de leurs espèces, l'origine sénatoriale de leurs pouvoirs par l'inscription des lettres SC. On ne peut pas faire descendre ces pièces plus bas, puisque la tête d'Octave y est barbue, ce qui ne se présente plus jamais après la défaite de Sextus Pompée (4). Mais il n'y a pas de raison précise de ne pas les considérer comme d'une date de quelques années plus élevée. Le seul fait certain, c'est qu'elles sont postérieures à celles de P. Clodius, Livineius Regulus et Mussidius Longus, puisqu'elles faisaient défaut dans le dépôt de Peccioli (5), où les pièces de ces trois personnages étaient à fleur de coin. Ceux-ci ayant dû être remontés dans l'échelle chronologique jusqu'en 43, il est très-probable que la magistrature de Sempronius Gracchus et Voconius Vitulus doit être aussi un peu plus ancienne qu'on ne l'avait cru d'abord et que l'on se rapprochera davantage de la vérité en la plaçant vers les années 41 ou 40. Octave était, dès lors, le seul des triumvirs qui fût demeuré en Italie ; c'est lui qui y exerçait l'autorité, et par suite il

---

(1) Borghesi, *Oss. num.* déc. XII, 7-10 ; *Œuvres complètes*, t. II p. 68-81 ; Mommsen, *MR*, t. III, p. 5.

(2) Cohen, *MC*, pl. xxxvi et xxxvii, *Sempronia*, n°s 3-8.

(3) Cohen, pl. xlii, *Voconia*, n°s 1-4.

(4) Eckhel, *DN*, t. VI, p. 77 ; Borghesi, *Œuvres complètes*, t. I, p. 111.

(5) Cavedoni, *Ann. de l'Inst. Arch.* 1854, p. 61 ; Mommsen, *MR*, t. II, p. 143, et t. III, p. 5.

est tout naturel qu'entre les trois collègues qui se partageaient la puissance il ait été le seul dont les magistrats monétaires urbains aient placé le portrait sur leurs pièces. La barbe, qui garnit son menton sur les monnaies de Sempronius Gracchus et de Voconius Vitulus, me paraît avoir l'apparence d'une barbe légère de jeune homme plutôt que de celle que les hommes complétement faits laissaient pousser en signe de deuil, comme le fit Octave pendant la guerre contre Sextus Pompée. Or, dans les portraits monétaires, quoique quelques graveurs aient omis cette circonstance, le neveu et l'héritier de César peut toujours, jusqu'en 39 av. J.-C. (715 de Rome), être représenté avec le menton garni de sa première barbe, et même les portraits qui l'expriment sont sûrement les plus exacts, puisque Dion Cassius (1) nous apprend que c'est seulement en cette année qu'il rasa sa barbe pour la première fois.

5. Nous avons déjà constaté (dans ce livre, chap. 1er, § 7, 10) qu'au delà de l'année 41 av. J.-C. on ne voit plus, jusqu'en 27 (727 de Rome) qu'Octave reçut le nom d'Auguste avec l'organisation complète de son pouvoir monarchique, de monnaies signées des magistrats monétaires réguliers soumis à la direction du Sénat, quatuorvirs ou triumvirs. Toute la numismatique des triumvirs, de la paix de Brindes à la bataille d'Actium, est purement impératoriale de forme et d'apparence, et il en est de même de celle d'Octave-César, demeuré seul maître du pouvoir, durant les quatre ans qui suivirent la chute de son rival.

---

(1) XLVIII, 34; voy. Eckhel, *DN*, t. VI, p. 76.

Ainsi que je l'ai dit, pour Antoine il est tout naturel qu'il en soit ainsi ; c'est en Orient que s'exerçait son autorité ; il n'avait rien à voir aux émissions de l'atelier urbain. Pour Octave, dont la plupart des monnaies pendant cette période ont été frappées à Rome, la fait est plus singulier. On doit se demander s'il avait supprimé temporairement l'ancien droit du Sénat sur les monnaies et l'institution des quatuorvirs, ou bien si c'étaient ces magistrats qui, continuant à être nommés chaque année, fabriquaient ces monnaies, mais sans plus avoir le droit de les signer de leur nom.

Quoi qu'il en soit, — et ce fait cadrerait assez bien avec une interruption de l'institution de la magistrature monétaire sénatoriale, suivie plus tard d'un rétablissement, — lorsque les mentions des magistrats régulièrement préposés à la monnaie urbaine reparaissent sur les espèces après qu'Octave a été fait Auguste, il n'est plus question des quatuorvirs établis par César ; c'est l'ancienne magistrature des triumvirs qui se montre de nouveau en exercice (1). On ne saurait dire avec certitude à quelle date précise elle fut reconstituée ; mais il y a quelque probabilité que ce fut lors de l'organisation nouvelle des pouvoirs publics, en 727 de Rome. Mais, dans ce cas, les nouveaux triumvirs ne furent pas tout de suite admis à réinscrire leurs noms sur les monnaies. En effet, tous les titulaires de cette magistrature qui ont signé des aurei et des deniers d'argent comme monétaires d'Auguste, paraissent se placer dans un intervalle de cinq ou six ans au plus, de 734 à 738 ou 739 de Rome (de 20 à 16 ou 15 av. J.-C.). Si la place précise de C. Antistius Reginus et de C. Marius Trogus, dans ce

---

(1) Eckhel, *DN*, t. V, p. 62 ; Mommsen, *MR*, t. II, p. 52 ; t. III, p. 6.

court intervalle de temps, est encore douteuse, L. Aquillius Florus, L Caninius Gallus et P. Petronius Turpillianus semblent bien positivement avoir constitué le collége de l'an 734 (20), M. Durmius et Q. Rustius avoir exercé leur magistrature en 755 (19), Cossus Lentulus et C. Sulpicius Platorinus en 736 (18).

Les derniers noms de triumvirs qui se trouvent à la fois sur l'or et sur l'argent sont ceux de C. Antistius Vetus, L. Mescinius Rufus et L. Vinicius, qui ont formé un collége dans la huitième année de puissance tribunicienne d'Auguste (1), laquelle s'étend du 27 juin 738 au 26 juin 739, 16-15 av. J.-C. (2), mais qui étaient entrés en fonctions dans les premiers mois de 738, sous la septième puissance tribunicienne (3). Il n'existe aucune pièce d'or ou d'argent portant un nom de triumvirs dont la fabrication puisse, d'après des raisons solides, être placée après l'année 739 (4). Car l'argument sur lequel s'étaient fondés Eckhel (5) et Cavedoni (6) pour rapporter à 742 (12 av. J.-C.) celles

---

(1) Mention de la huitième puissance tribunicienne, **TR·POT·IIX**, sur les espèces signées de ces monétaires :
   Antistius. — Cohen, *MI*, t. I, p. 73, n°s 286-288.
   Mescinius. — *Ibid.*, p. 82, n° 331.
   Vinicius. — *Ibid.*, p. 87, n° 386.

(2) Eckhel, *DN*, t. VI, p. 103.

(3) Il y a positivement un denier signé de L. Vinicius qui porte au droit la légende **AVGVSTVS. TR. POT. VII** (Cohen, *MI*, t. I, p. 86, n° 383). On en a signalé un autre analogue, avec la signature de L. Mescinius Rufus (Eckhel, *DN*, t. VI, p. 102), mais la lecture en a été contestée (*Wiener Sitzungsberichte*, t. IX, p. 923). Cependant, on voit que l'existence de cette dernière pièce n'aurait rien d'invraisemblable.

(4) Mommsen, *MR*, t. III, p. 7.

(5) *DN*, t. V, p. 251, et t. VI, p. 102.

(6) *Ann. de l'Inst. Arch.*, t. XXII, p. 193,

de C. Marius Trogus, ne saurait emporter la conviction. Le type d'Auguste offrant un sacrifice n'est pas du tout nécessairement en rapport avec l'élévation du prince au souverain pontificat, laquelle n'eut lieu, en effet, qu'en 742 ; ce type peut avoir été employé bien avant.

Deux des triumvirs monétaires d'Auguste, M. Sanquinius et P. Licinius Stolo, n'ont déjà plus frappé d'or à côté de leur argent. Mais avec eux, dans les espèces qu'ils ont signées, reparaît la fabrication des monnaies de cuivre (1), qui avait complétement cessé à Rome même depuis Sylla (dans ce livre, chap. Ier, § 8, 4; livre VII, chap. III, § 5 et 6). On place généralement la magistrature de ces deux personnages en 737 de Rome (17 av. J.-C.), pour M. Sanquinius parce que le type de son denier a trait aux Jeux Séculaires, célébrés en effet dans cette année (2), et pour P. Licinius Stolo parce que l'analogie de son monnayage avec celui du précédent oblige à le classer à la même année (3). Mais les Jeux Séculaires de 737 sont encore mentionnés sur les pièces dont la fabrication fut dirigée par L. Mescinius Rufus, qui exerça le triumvirat en 738, jusque sous la huitième puissance tribunicienne d'Auguste. La raison décisive d'après laquelle on avait cru pouvoir fixer en 737 la date de ces deux magistrats, se trouve ainsi écartée. Il est, au contraire, vraisemblable qu'ils ont dû être en charge un peu plus tard. Car un fait aussi considérable que la reprise de la fabrication des espèces de cuivre à Rome, après soixante

---

(1) Mommsen, *MR*, t. III, p. 8.

(2) Eckhel, *DN*, t. VI, p. 102; Borghesi, *Osserv. num.* décad. IV, 8, *Œuvres complètes*, t. I, p. 243.

(3) Cavedoni, *Ripostigli*, p. 237.

ans d'abandon, dut être le point de départ d'un monnayage nouveau, continué ensuite sans interruption. Ceci conduit à adopter l'opinion de M. Mommsen(1), qui reconnaît dans M. Sanquinius et P. Licinius Stolo deux des triumvirs du collége monétaire de l'an 739 (15 av. J.-C.)

A partir d'eux, qui déjà ne paraissent plus avoir frappé de monnaie d'or, on ne rencontre plus jamais d'inscription de triumvirs monétaires sur les espèces des deux métaux nobles, même lors de la tentative de restauration républicaine qui suivit la mort de Néron, quand le Sénat, pendant quelques mois, remit la main sur la fabrication de toutes les monnaies sans distinction de métaux (plus haut, dans ce livre, chap. 1er, § 8, 1 et 4). En revanche, la mention des triumvirs en charge, comme auteurs du monnayage, se maintient quelque temps encore sur les nouvelles espèces de cuivre. Cet état de choses dure environ dix ans, et non davantage. C'est ce qu'établissent les judicieuses remarques de M. Mommsen (2) au sujet des monétaires d'Auguste dont les noms ne se lisent que sur le bronze. « Deux colléges, composés, l'un de Cn. Piso, L. Nævius Surdinus, C. Plotius Rufus, l'autre de L. Ælius Lamia, Annius, Silius, sont fournis par les réunions de noms que l'on trouve sur quelques pièces. Avec eux, six autres monétaires isolés, C. Asinius Gallus, C. Cassius Celer, C. Gallus Lupercus, T. Quinctius Crispinus Sulpicianus, T. Sempronius Gracchus, n'emploient de tous les titres impériaux que celui de **TRIB. POT.**, sans ajouter le nombre des puissances tribuniciennes, comme l'ont fait également M. Sanquinius et P. Licinius Stolo. Un collége

(1) *MR*, t. III, p. 8.
(2) *MR*, t. III, p. 8.

composé de quatre magistrats (1), Volusus Valerius Messalla, Apronius, Galus, Sisenna, et six autres monétaires isolés, P. Lurius Agrippa, M. Mæcilius Tullus, M. Salvius Otho (ces trois avec le même type), A. Licinius, Nerva Silianus, C. Censorinus, Sex. Nonius Quinctilianus (ces trois encore avec le même type) donnent à l'empereur le titre de *Pontifex maximus*, pris en 742 (12 av. J.-C.). Un collége, Pulcher, Regulus, Taurus, et quatre monétaires isolés, P. Betilienus Bassus, C. Nævius Capella, C. Rubellius Blandus, L. Valerius Catullus, ne font pas mention de l'empereur. De là il résulte le nombre de dix colléges en tout, dont trois ne peuvent être placés avant 742. Les noms qui manquent ou qui sont de trop ont probablement leur cause dans la mort de quelques-uns des monétaires en charge et leur remplacement par d'autres. »

C'est donc jusque vers 749 de Rome (5 av. J.-C.) que s'est continué le monnayage fort abondant de cuivre, repris probablement en 739, monnayage que signaient les triumvirs réguliers, qui déjà n'intervenaient plus dans la fabrication de l'or et de l'argent. Il semble qu'après cela il y ait eu une nouvelle interruption de quelques années dans la frappe du numéraire d'appoint de cuivre, et que ce soit à la suite de cette interruption, quand on reprit la fabrication des as, de leurs multiples et de leurs divisions en cuivre, ou en laiton, que la monnaie d'appoint prit définitivement la forme qu'elle ne cessa plus d'avoir sous l'Empire. Ainsi que je l'ai montré, elle est alors et désormais sénatoriale d'origine, comme le prouve l'inscription constante des lettres **SC**, mais en même temps par ses types et sa forme extérieure exclusivement impériale (plus haut, dans ce livre, chap. 1er, § 8, 1 et 4). L'effigie du souverain

---

(1) Dont un *suffectus* pendant le cours de l'année de charge.

y est de règle générale et constante. On ne rencontre que de très-rares exceptions à cette règle, et, même dans ces cas exceptionnels, si l'on ne voit pas le portrait du prince en buste sur la face principale des pièces, son image figure presque toujours d'une manière quelconque dans le type qui remplace le portrait, ou bien ce type est combiné de manière à contenir un éloge de l'Empereur, à être une manifestation de son pouvoir. En outre, jamais plus un triumvir monétaire ou un magistrat quelconque, investi de la mission de veiller à la fabrication de la monnaie de cuivre sous la direction et le contrôle du Sénat, n'est admis à placer son nom sur les espèces de ce métal.

La plus ancienne pièce de cuivre frappée dans ces conditions nouvelles, dont l'existence soit bien positivement constatée (1), donne à Auguste le titre de IMP. XX. PONTIF. MAXIM. TRIBVN. POT. XXXIIII; elle appartient donc à l'an 764 de Rome, 11 de l'ère chrétienne. On en a également signalé avec les dates des 29°, 30° et 31° puissances tribuniciennes (2), c'est à dire des années 759-761, 6-8 ap. J.-C., mais ces pièces n'ont pas été revues en original depuis Morell; on ne saurait donc les tenir pour certaines, bien qu'elles n'aient en elles-mêmes rien d'invraisemblable.

J'ai déjà noté plus haut (dans ce livre, chap. 1er, § 8, 4, que ce ne fut qu'après plusieurs tâtonnements qu'Auguste arriva, en matière d'organisation des monnaies, à la combinaison définitive qui devint après lui la règle pendant plusieurs siècles, du partage de la fabrication monétaire entre le Prince et le Sénat, le cuivre restant à ce dernier,

---

(1) Eckhel, *DN*, t. VI, p. 118; Cohen, *MI*, t. I, p. 71, n° 271; Mommsen, *MR*, t. III, p. 9.

(2) Cohen, *MI*, t. I, p 70 et s., n°˙ 268-270.

et l'or avec l'argent passant exclusivement entre les mains de l'Empereur, puis à la main-mise de l'autorité impériale sur tout ce qui est de la forme extérieure du numéraire officiel, l'intervention du Sénat dans la frappe du cuivre n'étant plus rappelée que par la sigle, qui indiquait que l'émission en avait lieu en vertu d'un sénatus-consulte. Les faits qui viennent d'être passés en revue permettent, je crois, de serrer de plus près que nous ne l'avons fait, en émettant cette affirmation générale, les dates précises des différentes phases de la période de transition d'où sortit l'organisation définitive du monnayage de l'Empire.

Vers 727 de Rome, 27 av. J.-C., lors de l'organisation du pouvoir impérial en faveur d'Auguste, l'ancienne magistrature des triumvirs monétaires est rétablie, à la place des quatuorvirs de César, qui avaient peut-être cessé d'exister depuis quelques années, mais qui, s'ils existaient encore, n'avaient plus le droit d'inscrire leurs noms sur les espèces. Les nouveaux triumvirs, délégués de l'autorité monétaire du Sénat, comme l'étaient avant eux les quatuorvirs et plus anciennement les triumvirs, de la République libre, ont dans leurs attributions la fabrication de la monnaie urbaine d'or et d'argent, les deux seules espèces de monnaies que l'on frappe alors dans l'atelier de Rome.

Mais c'est seulement vers 734, 20 av. J.-C., qu'ils recommencent à signer de leur nom et de leur titre les pièces des deux métaux, et ils semblent n'en avoir eu le droit de nouveau que pendant cinq ans environ.

En 739 déjà, 15 av. J.-C., la signature des triumvirs ne se trouve plus sur l'or, si elle se maintient encore sur l'argent. Au début de cette même année, suivant toutes les apparences, on reprend à Rome la fabrication de la monnaie de cuivre, qui ne s'y frappait plus du temps de

Sylla. Les triumvirs inscrivent régulièrement leur nom sur les espèces de ce métal.

C'est dans l'année 739, très-peu après la reprise du monnayage du cuivre et comme une sorte de corollaire de cette mesure, que durent être arrêtées les dispositions légales qui établirent le partage de la direction et de la fabrication des monnaies entre l'Empereur et le Sénat. Car on ne trouve pas un seul denier d'argent portant le nom d'un triumvir, dont la fabrication puisse être attribuée avec chance de certitude à une date postérieure à cette année.

Pendant les dix premières années du nouveau régime, les triumvirs monétaires continuèrent à signer les espèces sénatoriales de cuivre, qui se fabriquaient alors en grande quantité ; on n'en frappait pas sans leur nom dans l'atelier de Rome. A l'aide des monuments numismatiques parvenus jusqu'à nous, il est possible de reconstituer le groupement des noms dans les colléges de triumvirs de ces dix années, bien que l'on ne puisse pas encore arriver à déterminer l'année précise de chacun. Il en est seulement trois que l'on reconnaît positivement pour postérieurs à 742, 12 av. J.-C. En 741, Dion Cassius (1) place l'organisation définitive du collége des *viginti viri*, parmi lesquels étaient compris les triumvirs monétaires.

Après 749, 5 av. J.-C., le monnayage de cuivre avec les noms des triumvirs cesse pour ne plus jamais reprendre. Il semble même qu'il y ait eu alors une nouvelle interruption des émissions urbaines du métal dont l'administration était confiée au Sénat. En effet, c'est seulement en 964 de Rome, 11 de notre ère, ou en 759, 6 ap. J.-C., si les

---

(1) LIV, 26,

pièces publiées par Morell sont authentiques, que nous voyons reparaître des monnaies de cuivre à date certaine, empreintes de la marque du Sénat, des lettres SC, mais en même temps ne portant plus aucune mention des triumvirs.

6. Toute mention numismatique des triumvirs monétaires fait donc défaut à partir des environs du début de l'ère chrétienne. C'est par les inscriptions seules que nous apprenons la conservation de cette magistrature dans le cadre de celles qui, sous l'Empire, constituaient le vigintivirat (1). Les monuments épigraphiques nous fournissent des exemples de triumvirs monétaires jusqu'au milieu du IIIe siècle. Il y a, je crois, quelque intérêt à présenter ici le relevé de ces mentions pendant deux siècles et demi (2). Nous le disposons d'après l'ordre alphabétique des noms des personnages, à cause de l'impossibilité de déterminer la date précise de quelques-uns d'entre eux (3).

1. .... adlecto inter patri*cios a divo Pertinace*,

---

(1) Eckhel, *DN*, t. I, p. LXXIX ; A. de Barthélemy, *Revue numism.* 1847, p. 360 et s.; Mommsen, *MR*, t. II, p. 52; O. Hirschfeld, *Untersuchungen auf dem Gebiete der Rœmischen Verwaltungsgeschichte*, t. I, p. 94.

(2) J'écarte comme fausses les deux inscriptions suivantes, qui ont été plusieurs fois citées à propos du triumvirat monétaire sous l'Empire :
L. Antonius. L. f. Pom. || *Vasonius. Prosper.* || *scriba colleg. Arval.* || *pro curator. lu*||*di. matut.* III *vir. mon.* || *Fidei. Concord.* p. Orelli, n° 2436.
Veneri. Sacrum. || *Paullus. l. l. Aegius. Passer.* || IIIvir. a. a. a. f. f. *procurat.* || *patr. imp. Caes. Gordian.* || *August.* || *voto. suscepto. l. m.:* Spon. *Miscellan.* p. 273.

(3) J'écris les parties restituées en romain, le texte qui se lit sur les marbres en italique, et je place entre parenthèses le complément des abréviations.

IIIvir(o) a(uro) a(rgento) a(ere) f(lando) f(eriundo), so*dali hadrianali, flamini commodian(o)* : Henzen, n° 6052.

2. L. Annio L. *f(ilio) Ravo*, co(n)s(uli), praet(ori), *quaestori* candid*ato imp(eratoris) Caes(aris) M.* Aur*elii* Commodi Antonini *Aug(usti) pii* felicis, *pontifici*, salio *palatino, triumviro monetali* a(uro) a(rgento) a(ere) *f(lando) f(eriundo)* : Orelli, n° 50003. L'année de consulat de ce personnage est incertaine.

3. *C. Arrio L. f(ilio) Quirina Calpurnio Frontino Honorato c(larissimo) v(iro), IIIvir(o) monetali a(uro) a(rgento) a(ere) f(lando) f(eriundo), quaestori candidato praetori candid*(ato)*, auguri, co(n)s(uli)* : Henzen, n° 6981. — Année de consulat incertaine.

4. ... Bellicio *P. f(ilio) Stel(latina) Sollerti, fetiali, leg(ato) Aug(usti) propr(aetore) provinc(iarum) Gal(atiae), Pisid(iae), Phryg(iae), Lyc(aoniae), Isaur(iae), Paphlag(oniae), Ponti Gala(tici), Ponti Polemonian(i), Arm(eniae Minoris), leg(ato) leg(ionis) XIII Gem(inae), donat(o) don(is) militarib(us) expedit(ione) Suebic(a) et Sarm(atica)*(1) *cor(ona) mur(ali), cor(ona) vall(ari), cor(ona) aur(ea), hast(is) pur(is) trib(us), vexill(is) trib(us), curat(ori) coloniar(um) et municipior(um), praef(ecto) frum(ento) dand(o) ex s(enatus) c(onsulto), praet(ori), aed(ili) curul(i), q(uaestori) Cret(ae) et Cyr(enes), trib(uno) leg(ionis) XXII Primigen(iae), III vir(o) a(uro) a(rgento) a(ere) f(lando) f(eriundo)*: Henzen, n° 6912. — Ce personnage fut consul

---

(1) Dans l'expédition de Rubrius Gallus contre les Sarmates, en 70 de notre ère : Tacit. *Hist.* I, 2 ; IV, 54 ; Joseph. *Bell. Jud.* VII, 5 ; cf. Eckhel, *DN*, t. VI, p. 372.

suffectus dans une année indéterminée du règne de Trajan (1).

5. *C. Caerellio Fufidio Annio Ravo C. f(ilio) Ouf(entina) Pollittiano, sodali marciano aureliano, commodiano, helviano, severiano, III vir(o) monet(ali) a(uro) a(rgento) a(ere) f(lando) f(eriundo), trib(uno) laticlavio leg(ionis) III Cyr(enaicae), VIvir(o) equit(um) rom(anorum)turmae primae, quaestor(i) candidato imp(eratoris) Caesaris M. Aurelii Antonini pii felicis Aug(usti), trib(uno) pl(ebis) candid(ato), pr(aetori) hastar(io)* : Orelli, nᵒ 2379.

6. T. *Cae*ser*nio Statio Quinctio* Macedoni *Quinctia*no, co(n)s(uli), *sodali aug(ustali),* curat(ori) *viae Appiae,* praef(ecto) alim(entorum), *legato legionis ..... Piae Fidelis,*com(iti) divi Veri *per Orientem,*praet(ori) cand(idato) *inter cives et* peregr(inos), trib(uno *plebis candidato,* legato per *A*frica*m Mauret*aniam, q(uaestori) *candidato,* tri̇buno mil(itum) *legionis* t*rigesimae Ulpiae Vic*t*ricis,* t*riumviro auro argento* aere f(lando) f(eriundo) : Henzen, nᵒ 6502. — Année de consulat incertaine.

7. Ser. *Ca*lpurnio Ser. f(ilio)......... *Dextro c(larissimae) m(emoriae) v(iro),* co(n)s(uli) *ord(inario),XV vir(o)* sac(ris) fac(iundis) leg(ato) prov(inciae) *Asiae,* cur(atori) rei p(ublicae) *Minturnensium .... item Calenorum,* cur(atori) *viae Ae*m(iliae) *et alimentorum, prae*t(ori) *tu*tel(ario),quaestori *candidato, triumviro monetali* : Henzen, nᵒ 6503. — Ce personnage fut consul en 225 de l'ère chrétienne.

(1) G. G. Orti, *Ann. de l'Inst. Arch.* t. II, p. 258 et s.

8. *Q. Camurio ... f(ilio) Lem(onia) Numisio Juniori, IIIvir(o) a(uro) a(rgento) a(ere) f(lando) f(eriundo)*, *tr*(ibuno) mil(itum) *leg(ionis) VIIII H*isp(anicae), *sodali titiali, quaest(ori) urb(ano), aed*(ili) cur(uli), *pr*(o) leg*(ato) Aug(usti) leg(ionis) .... et* leg(ionis) *VI Victr(icis)* : Henzen, n° 6050.

9. *L. Ti(berio) Claud(io) Aurel(io) Quir(ina) Quintiano, triumviro monetali a(uro) a(rgento) a(ere) f(lando) f(eriundo), quaestori candid(ato), praet(ori), co(n)s(uli), pontif(ici)* : Mommsen, *Inscr. regn. Neapol.* n° 3597. — Ce personnage fut consul en l'an 235.

10. *T. Clodio M. f(ilio) .... Pupieno Pulchro Maximo ...... c(larissimo) v(iro), co(n)s(uli), cur(atori) aed(ium) sacr(arum) et oper(um)* publicor(um), *cur(atori) r(ei) p(ublicae) Benevent(anorum), electo jud(ici) sacro* (1) *ad* census *accept(andos)* (2) *per prov(inciam) Belgicam* (3), *cur(atori) r(ei) p(ublicae) Leptim(agnensium et Tripolitanor(um), vice oper(um) publ(icorum), proco(n)s(uli) prov(inciae) Macedoniae, cur(atori) r(ei) p(ublicae) Catinensium, pr(aetori) urb(ano), q(uaestori) k(andidato), XV viro s(acris) f(aciundis), triumviro monetali* : Henzen, n° 6512. — Cet individu est le fils de l'empereur Pupien; il n'a jamais été consul ordinaire, mais seulement *suffectus*. On ignore, du reste, en quelle année.

11. *Ser. Cornelio Ser. f(ilio) P. nep(oti) P. pronep(oti)*

---

(1) C'est-à-dire nommé par l'empereur.
(2) Sur la légation *ad census acceptandos*, voy. Borghesi, *Ann. de l'Inst. Arch.* t. XVIII, p. 316 et s.
(3) Le lapicide a écrit *Velgicam*.

P. abnep(oti) Dolabellae Metiliano Pompeio Marcello, III vir(o) a(uro) a(rgento) a(ere) f(lando) f(eriundo), salio palat(ino), quaestori divi Trajani Parthici, sevir(o) equit(um) rom(anorum) turm(æ) III, pr(aetori), Co(n)s(uli), flam(ini) quirin(ali) : Henzen, n° 5,999. — Consul en 86 de l'ère chrétienne.

12. L. Cosso........ III vir(o) a(uro) a(rgento) a(ere) f(lando) f(eriundo) : Mommsen, Inscr. regn. Neapol. n° 1114.

13. C. Curtio C. f(ilio) Pollia Rufin(o), tribuno laticl(avio) leg(ionis) XIII Gem(inae), III vir(o) a(uro) a(rgento) a(eri) : Orelli, n° 3441.

14. L. Dasumio P. f(ilio) Stel(latina) Tullio, co(n)s(uli), comiti August(i), auguri, sodal(i) hadrianali, sodal(i) antoniniano, curat(ori) operum publicorum, legato pr(o) pr(aetore) provinciar(um) Germaniae Superior(is) et Pannoniae Superior(is), praefecto aer(arii) Saturni, praetori, tribun(o) pleb(is), leg(ato) provinc(iae) Africae (1), quaest(ori) imp(eratoris) Antonini Aug(usti) Pii, trib(uno) milit(um) leg(ionis) IIII Flaviae, triumviro a(uro), a(rgento) a(ere) f(lando) f(eriundo) : Henzen, n° 6051. — Année de consulat incertaine.

15. L. Fulvio C. fil(io) Popin(ia) Alburnio Valenti, pontifici, praef(ecto) Urbi feriarum latinar(um) facto ab imp(eratore) Hadriano Aug(usto) II co(n)s(ule) (2), III

(1) Légat du proconsul d'Afrique.
(2) En 118 ap. J.-C.

viro a(uro) a(rgento) a(ere) f(lando) f(eriundo), quaest(ori) Aug(usti), tribuno plebis designato candidato Aug(usti), eq(uo) publ(ico) : Orelli, n° 3153.

16. *L. Fulvio L. fil(io) Ouf(entina) Gavio Numisio Petronio Aemiliano, praetori tutelario candidato Aug(ustorum)* (1), *quaestori candid(ato) Aug(ustorum)* (4), *pontifici, promagistro salio(rum), collino(rum), praef(ecto) feriar(um) latinar(um), IIIvir(o) monetali a(uro) a(rgento) a(ere) f(lando), VIvir(o) turmae I equit(um) romanor(um)*: Orelli, n° 3134. — Le père de ce personnage fut consul dans une année encore indéterminée, mais postérieure au règne d'Alexandre Sévère (2).

17. *Q. Hed(io) L. f(ilio) Pol(lia) Ruf(o) Lolliano Gentiano, auguri, co(n)s(uli), proco(n)s(uli) prov(inciae) Asiae, censitori provinc(iae) Lugd(unensis) item Lugd(uni), comiti Severi et Antonini Aug(ustorum), censit(ori) p(rovinciae) H(ispaniae) C(iterioris), curator(i) splend(ido) col(oniarum) Puteolanor(um) et Veliternor(um), quaest(ori) cand(idato, tr(ibuno) leg(ionis) XXII Primig(eniae), trib(uno) leg(ionis) sept(imae) G(eminae) P(iae) F(idelis), triumv(iro) a(uro) a(rgento) a(ere) f(lando) f(eriundo)* : Orelli, n° 3652. — Consul en 211 ap. J.-C.

18. *Q. Julio M. f(ilio) Volt(inia) Proculo, co(n)s(uli), XV vir(o) sacris faciundis, fetiali, cur(atori) operum publicorum, leg(ato) Aug(usti) p(ro) p(raetore) region(is) Transpadanae, legato leg(ionis) VI Ferratae, praet(ori), trib(uno)*

---

(1) AVGG.
(2) Henzen, n° 6486.

pl(ebis), *ab actis imp(eratoris) Trajani Aug(usti)*, *tr(ibuno) leg(ionis) IIII Scythic(ae)*, *qu(aestori) Augustor(um)*, *III viro a(uro) a(rgento) a(ere) f(lando) f(eriundo)* : Orelli, n° 2273. — Année de consulat incertaine.

19. .... *leg(ato) Aug)usti) pr(o) pre(faectore) provinc(iae) Syriae, leg(ato) Aug(usti) pr(o) pr(aetore) prov(inciae) Britanniae, leg(ato) Aug(usti) pr(o) pr(aetore) provinc(iae) German(iae) Inferioris, praef(ecto) aerarii Saturni, leg(ato) leg(ionis) XXX Ulpiae, praetor(i), tribuno plebis, quaestori Aug(usti), trib(uno) laticlavio leg(ionis) X Fretensis, triumviro a(uro) a(rgento) a(ere) f(lando) f(eriundo)*: Henzen, n° 5458. — Borghesi (1) a reconnu, dans le personnage dont nous avons le *cursus honorum*, Julius Severus, principal général d'Hadrien dans la guerre contre les Juifs.

20. *Dis manibus C. Laecani C. f(ilii) Sab(atina) Bassi Caecinae Flacci, III vir(i) a(uro) a(rgento a(ere) f(lando) vixit ann(os) XIIX:* Mommsen, *Inscr. regn. Neapol.* n° 465. — Cette inscription n'est pas d'une authenticité absolument certaine.

21. *C. Matio C. f(ilio) Collin(a) Sabino Sullin(o) Vatinian(o) Anicio Maximo Caesulen(o) Martiali Pisibano Lepido, allect(o) inter quaest(ores), salio palatin(o), III vir(o) monet(ali) a(uro) a(rgento) a(ere) f(lando) f(eriundo), seviro equit(um) roman(orum), flam(ini) julian(o), patricio, praetori candidat(o), co(n)s(uli)* : Orelli, n° 2242.— Année de consulat incertaine. C'est à tort qu'Orelli a attribué l'inscription au III° siècle ; elle est plutôt du II°.

(1) *Burbuleio*, p. 57.

22. *L. Minicius L. f(ilius)* Natalis Quadronius Verus *f(ilius), augur, trib(unus) plebis desig(natus), q(uaestor) Aug(usti) et* eodem tempore leg(atus) *pr(o) pr(aetore) patris provinc(iae) Africae, tr(ibunus) mil(itum) leg(ionis) I Adjut(ricis) P(iae) F(elicis), l*eg(ionis) XI Cl(audiae) P(iae) Fi(delis), leg(ionis) XIIII Ma*rt(iae) Vic(tricis)*, III vir mo*netalis a(uro) a(rgento) a(ere) f(lando) f(eriundo)*): Henzen, n° 5450; *Corp. inscr. lat.* t. II, n° 4509.

L. Minicio L. f(ilio) Gal(eria) Natali Quadronio Vero, co(n)s(uli), proco(n)s(uli) prov(inciae) Africae, auguri, leg(ato) Aug(usti) pr(o) pr(aetore) provinciae Moesiae Infer(ioris), curatori operum publicorum et aedium sacrar(um), curat(ori) viae Flamin(iae), praef(ecto) alimentorum, leg(ato) Aug(usti) leg(ionis) VI Victr(icis) in Britannia, praetori, trib(uno) pleb(is) candidato, quaestori candidato divi Hadriani et eodem tempore legato prov(inciae) Afric(ae) dioeceseos Carthaginien(sis) proconsulis patris sui, trib(uno) mil(itum) leg(ionis) I Adjut(ricis) Pi(ae) F(idelis), item leg(ionis) XI Cl(audiae) P(iae) F(idelis), item leg(ionis) XIIII Gemin(ae) Martiae Victric(is), III viro monetali a(uro) a(rgento) a(ere) f(lando) f(eriundo) : Henzen, n° 6498. — Le personnage auquel se rapportent ces deux inscriptions, fut consul vers 127 de l'ère chrétienne.

23. L. Neratio L. f(ilio) Vol(tinia) Marcello, co(n)s(uli) leg(ato) *divi Trajani Aug(usti) prov(inciae) Britanniae* (1), *curat(ori) aquar(um), pr(aetori), trib(uno) mil(itum) leg(ionis) XII Fulminat(ae) salio, palat(ino), quaest(ori) Aug(usti), curat(ori) actorum Senatus* (2), *adlecto inter patri-*

---

(1) En 104 ap. J.-C.; voy. Henzen, n° 5442.
(2) Ce titre est le même que celui, plus ordinaire, de *ab actis Senatus*.

c(ios) ab divo Vespasiano, III Ivir(o) a(uro) a(rgento) a(ere) f(lando) f(eriundo) : Henzen, n° 5447. — Deux fois consul, en 104 et 128 (1).

24. *M. ....ninio* (2) *L. fil(io) Pal(atina) Sexto Florentino, III viro aur(o) arg(ento) flando* (3), *trib(uno) milit(um) leg(ionis) IMinerviae, quaest(ori) prov(inciae) Achaiae, trib(uno) ple(bis), leg(ato) leg(ionis) VIIII Hisp(anicae), proco(n)s(uli) pr(ovinciae) Narb(onensis), leg(ato) Augusti) pr(o) pr(aetore) prov(inciae) Arab(iae)* : Henzen, n° 6915 ; *Corp. inscr. lat.*, t. III, n° 87.

25. *M. Nummio Umbrio Primo M. f(ilio) Pal(atina) Senecioni Albin(o), co(n)s(uli), pr(aetori) candidat(o) leg(ato) prov(inciae) Afric(ae), leg(ato) prov(inciae) Asiae, q(uaestori) candidat(o) Augustor(um), pontif(ici), salio palatino, VI vir(o) eq(uitum) turmae pr(imae), III viro monetali a(uro) a(rgento) a(ere) f(lando) f(eriundo)* : Henzen, n° 6007. — Consul en l'an 206.

26. *M. Orfio M. f(ilio) M. n(epoti) Rufo, III vir(o) a(uro) a(rgento) a(ere) f(lando) f(eriundo)* : Henzen, n° 6462.

27. *P. Plautius Pulcher Triumphalis filius, augur,*

---

(1) Borghesi, *Bullet. de l'Inst. Archéol.* 1851, p. 35.

(2) Le *gentilitium* est encore douteux.

(3) L'inscription est de Pétra d'Arabie ; il faut mettre sur le compte de l'ignorance provinciale l'erreur qui a transformé le titre de *triumvir auro argento aere flando feriundo* en *triumvir auro argento flando*, et cela précisément à une époque où le cuivre était le seul métal sur le monnayage duquel les triumvirs eussent encore une autorité effective.

III vir a(uro) a(rgento) a(ere) f(lando) f(eriundo, q(uaestor) Ti(berii) Caesaris Augusti V consulis (1), *tr(ibunus) pl(ebis), pr(aefectus) ad aerar(ium), comes Drusi fil(ii) Germanici, avunculus Drusi Ti(berii) Claud(ii) Caesaris Augusti filii et ab eo censore inter patricios, curator viarum sternendarum a vicinis lectus ex auctoritate Ti(berii) Claudii Caesaris Augusti Germanici, proco(n)s(ul) provinciae Siciliae* : Orelli, n° 723.

28. *Ti. Plautio M. f(ilio) Anien(si) Silvano Aeliano, pontif(ici), sodal(i) aug(ustali), III vir(o) a(uro) a(rgento) a(ere) f(lando) f(eriundo), q(uaestori) Ti(berii) Caesaris, leg(ato) leg(ionis) V in Germania, pr(aefecto) Urb(i) legat(o) et comiti Claud(ii) Caesaris in Britannia, consuli, proco(n)s(uli) Asiae, legat(o) pro praet(ore) Moesiae; in qua plura quam centum mill(ia) ex numero Transdanubianor(um)* (2) *ad praestanda tributa, cum conjugib(us) ac liberis et principib(us) aut regibus suis, transduxit; motum orientem Sarmatar(um) compressit, quamvis parte(m) magna(m) exercitus ad expeditionem in Armeniam misisset; ignotos ante aut infensos P(opulo) R(omano) reges signa romana adoraturos in ripam quam tuebatur perduxit; regibus Bastarnarum et Rhoxolanorum filios, Dacorum fratres* (3) *captos aut hostibus ereptos remisit; ab aliquis eorum opsides accepit; per quae* (4) *pacem provinciae et confirmavit et protulit; Scytharum quoque regem a Cherronensi, quae est ultra Borusthenem, opsidione summoto,*

(1) En l'an 31 de notre ère.
(2) Le lapicide a écrit TRANSDANVVIANOR.
(3) Le lapicide a écrit ici par erreur FRATRVM.
(4) Par une nouvelle faute, le lapicide a écrit QVEM.

primus ex ea provincia magno tritici modo annonam P(opuli) R(omani) adlevavit; hunc legatum in Hispaniam ad praefectur(am) Urbis remissum Senatus in praefectura triumphalibus ornamentis honoravit, auctore imp(eratore) Caesare Augusto Vespasiano, verbis ex oratione ejus q(uae) i(nfra) s(cripta) s(unt) :

Moesiae ita praefuit ut non debuerit in me differri honor triumphalium ejus ornamentorum, nisi quod latior ei contigit mora titulus praefecto Urbis;

Hunc in eadem praefectura Urbis imp(erator) Caesar Aug(ustus) Vespasianus iterum co(n)s(ulem) fecit : Orelli, n° 750. — Ce personnage fut pour la première fois consul *suffectus* en 47 ap. J.-C.; on ignore la date précise de son second consulat, qui eut le même caractère.

29. *Q. Pompeio Q. f(ilio) Quir(ina) Senecioni Roscio Murenae Coelio Sex(to) Julio Frontino Silio Deciano C(aio) Julio Eurycli Herculaneo L(ucio) Vibullio Pio Augustano Alpino Bellicio Solerti Julio Apro Ducenio Proculo Rutiliano Rufino Sixto Valenti Valerio Nigro Fusco Saxaeurytiano Sosio Prisco, pontifici, sodali hadrianali, sodali antoniniano veriano* (1), *salio collino, quaestori candidato Aug(ustorum)* (2), *legato pr(o) pr(aetore) Asiae, praetori, consuli, proconsuli Asiae, sortito praefecto alimentor(um), XX viro monetali, seviro, praef(ecto) feriarum latinarum* : Orelli, n° 2761. — Ce personnage si singulièrement polyonyme, car il ne porte pas moins de trente-six noms enfilés à la suite les uns des autres, fut consul ordinaire en l'an 169 ap. J.-C.

(1) Le marbre porte, par une erreur du lapicide, ANTONINIANI VERIANI.
(2) AVGG.

30. T. Vitrasio... f(ilio)... Pollioni, co(n)s(uli) II, pr(aefecto) pr(aetorio), A*ugustor(um) comiti* M. Antonini et L. Veri *Aug(ustorum)* (1) *expediti*onis Germanicae Sarmaticae, *bis donis* milit(aribus) donato, *coronis muralibus* II, vallaribus II, aur(eis) II, *has*tis puris VIII, vexillis VIII, proco(n)s(uli) Asiae (2), leg(ato) Aug(usti) pr(o) pr(aetore) provinciae Moesiae Inferioris (3), proco(n)s(uli) provinciae Galliae Narbonensis, leg(ato) Aug(usti) leg(ionis...., pontifici, *sodali antonin*iano, praef(ecto) aliment*orum, praetori*, *q*uaestori, III viro monetal*i a(uro) a(rgento) a(ere) f(lando) f(eriundo), marito A*nniae Faustinae imp(eratoris) *C*aesaris M. Antonini Aug(usti) et divae *Faustinae Piae*, patrueli Commodi *Aug(usti)* : Henzen, n° 6477. — La restitution de cette importante inscription sur un fort petit fragment, est certaine et due en grande partie à Borghesi (4). Le personnage auquel elle se rapporte, gendre de Marc-Aurèle, fut une première fois consul *suffectus* sous le règne d'Antonin le Pieux, dans une année encore incertaine, puis consul ordinaire en 176 ap. J.-C.

7. Si ces inscriptions nous attestent la conservation du titre et des fonctions des triumvirs monétaires sous l'Empire, pendant deux siècles et demi, elles n'apprennent absolument rien sur ce que pouvaient être alors les attributions de ces magistrats. Et ce point important reste encore enveloppé de la plus grande obscurité.

(1) AVGG.
2) Voy. Orelli, n° 3421.
(3) Voy. Henzen, n° 5290.
(4) *Rhein. Jahrb.* 1843, p. 104.

M. O. Hirschfeld (1) a récemment émis l'opinion que jusqu'au règne de Trajan les triumvirs avaient dû intervenir dans la fabrication des monnaies des trois métaux, agissant au nom de l'Empereur pour l'or et l'argent, au nom du Sénat pour le cuivre ; qu'ensuite, à dater des réformes de Trajan dans l'administration des monnaies (plus loin, dans ce livre, chap. IV, § 2 ; livre VII, chap, IV, § 1), leur charge devint purement honorifique, et qu'ils n'eurent plus aucune autorité dans la fabrication monétaire d'aucun métal. La théorie est ingénieuse, mais elle ne repose sur aucune base solide ; elle me paraît, au contraire, en contradiction avec les faits que l'on peut constater le plus sûrement, et pour ma part je ne saurais y souscrire.

Nous verrons tout à l'heure (dans le paragraphe suivant) par des preuves positives, qu'à partir d'Auguste, s'il se produisit à plusieurs reprises, et en particulier sous Trajan, des changements dans l'administration de la monnaie proprement impériale, de la monnaie d'or et d'argent remise sans contrôle entre les mains de l'Empereur, *moneta auraria argentaria Caesaris* (2), cette administration fut toujours rangée parmi les services de la maison impériale, et dépendit du directeur suprême du fisc, *procurator fisci* ou *a rationibus*. Ceci ne laisse aucune place vraisemblable et admissible à l'intervention des magistrats tels que les triumvirs, dont l'autorité émanait de celle du Sénat, bien qu'ils fussent désormais, les inscriptions qui viennent d'être citées nous l'attestent, choisis dans les rangs de l'ordre

---

(1) *Untersuchungen auf dem Gebiete der rœmischen Verwaltungsgeschichte*, p. 94.

(2) *Corp. inscr. lat.* t. VI, n° 43.

équestre (1). Ainsi, malgré la conservation de leur titre traditionnel qui mentionnait l'or et l'argent, métaux sur le monnayage desquels ils avaient eu réellement pouvoir aux temps républicains, on ne saurait croire que le *tresviri auro argento aere flando feriundo* aient eu sous l'Empire aucune part à la fabrication des espèces de ces deux métaux. Mais, d'un autre côté, il fallait une administration spéciale, dérivant ses pouvoirs du Sénat, pour la confection et la comptabilité du numéraire d'appoint, demeuré sénatorial. Nous ne trouvons dans les textes littéraires ou dans les inscriptions aucune trace de personnages à qui cette administration ait pu être remise, autres que les triumvirs, et du moment que l'on continuait à les créer chaque année, c'est à eux qu'elle incombait naturellement; ils en étaient les titulaires, désignés à l'avance par l'institution même de leur charge. Je ne crois donc pas possible d'adopter un autre système que celui auquel je me suis déjà rangé (dans ce livre, chap. 1er, § 8, 4), considérant les triumvirs monétaires comme ayant été, sous les Empereurs, les directeurs et les administrateurs du monnayage sénatorial de cuivre. Ils restaient ainsi ce qu'ils avaient été sous la République, les magistrats monétaires normaux délégués par le Sénat; mais la sphère de leurs attributions s'était trouvée restreinte en même temps que le droit même du Sénat, d'où découlaient leurs pouvoirs.

En l'envisageant comme ainsi restreinte à la monnaie de cuivre, je ne pense pas non plus que leur autorité effective ait souffert aucune atteinte de la nouvelle organisation monétaire de Trajan. Tant qu'il y eut un monnayage sénatorial de cuivre, leur rôle y resta le même. Sans doute,

(1) Mommsen, *Stadtsrechte*, t. I, p. 563; O. Hirschfeld, ouvr. cit. p. 94.

il paraît positif que Trajan, pour faciliter les opérations techniques et sans doute réaliser certaines économies dans la fabrication, réunit l'atelier sénatorial, destiné à la frappe exclusive du cuivre, dans le même hôtel des monnaies que les ateliers impériaux où se frappaient l'or et l'argent (plus loin, dans ce livre, chap. IV, § 2). Mais, pour se trouver désormais dans les mêmes bâtiments que les officines impériales, l'officine ou les officines sénatoriales n'en restèrent pas moins asolument distinctes comme direction et administration. Des dédicaces de l'an 115 de l'ère chrétienne parlent de la *moneta auraria argentaria Caesaris nostri* (1); une inscription d'un affranchi de Trajan, de l'*aurum et argentum monetae Caesaris nostri* (2) ; sans que rien n'indique une confusion, même de personnel, entre cette administration et celle de la monnaie d'appoint. Tout ce que l'on pourrait admettre, c'est qu'à partir de Trajan l'Empereur s'arrogea une certaine autorité de surveillance et de contrôle supérieur sur la fabrication de la monnaie de cuivre du Sénat (3). Il est certain, en effet, qu'en l'an 115, le directeur de la monnaie de Rome, qui est un affranchi de l'Empereur et un employé du fisc impérial, prend le titre d'*optio et exactor auri argenti et aeris* (4). Remarquons cependant que de ceci ne résulte même pas d'une manière absolument nécessaire une intervention de l'administration du fisc dans le monnayage sénatorial. Il peut y avoir là un fait d'une autre nature, et peut-être purement temporaire, résultat naturel de la réunion des

---

(1) *Corp. inscr. lat.*, t. VI, n⁰ˢ 42-44.
(2) Mommsen, *Inscr. regn. Neapol.* n° 609.
(3) Mommsen, *MR*, t. III, p. 11 ; O. Hirschfeld, ouvr. cité, p. 95.
(4) *Corp. inscr. lat.* t. VI, n°ˢ 42-44.

officines impériales et sénatoriales dans le même local : la remise de la direction supérieure des services de vérification et de contrôle des monnaies, pour les deux administrations distinctes, aux mains d'un seul et même personnage, à la fois agent du fisc en ce qui touchait à l'or et à l'argent, agent des triumvirs, et par suite de l'autorité sénatoriale, en ce qui touchait au cuivre. Et, en effet, si le directeur est le même, ce que devait entraîner le groupement des deux fabrications dans le même hôtel des monnaies, au-dessous de lui les officines dépendant de l'Empereur et du Sénat ne se confondent pas ; leur personnel est absolument distinct, parce que les administrations sont différentes et dépendent chacune de l'un des deux pouvoirs entre lesquels la fiction constitutionnelle établie par Auguste a partagé l'Empire.

Ce qui prouve, du reste, la liaison intime existant, sous l'Empire, entre la magistrature des triumvirs monétaires et le monnayage sénatorial de cuivre, ce qui prouve que ce sont eux qui administraient et dirigeaient ce monnayage, c'est que les deux institutions se maintiennent jusqu'à la même époque et cessent en même temps d'exister. Les inscriptions que nous avons passées en revue nous ont fait voir des triumvirs en fonctions jusqu'au milieu du IIIe siècle de notre ère. Les plus récents parmi ceux dont la date peut s'établir avec précision sont Sergius Calpurnius Dexter (inscr. n° 7), qui fut consul en 225 ; Lucius Tiberius Claudius Aurelius Quintianus (inscr. n° 9), consul en 235 ; Titus Clodius Pupienus Pulcher Maximus (inscr. n° 10), fils de l'Empereur assassiné en 238 ; enfin, Lucius Fulvius Gavius Numisius Petronius Æmilianus (inscr. n° 16), s'il est exact, comme le conteste M. Léon Renier (1), mais comme la chose paraît plus vraisemblable et est assez généralement admise, qu'il n'est pas le personnage qui fut consul un peu avant Alexandre Sévère, mais son fils, et qu'ayant été, peu après son triumvirat monétaire, candidat questeur de deux Empereurs régnant en même temps, *quaestor candidatus Augustorum*, il le fut entre 247 et 260. Ce dernier exemple nous amènerait ainsi au seuil du règne de Gallien, peut-être même dans les années où il fut associé à son père Valérien. Après cela, nous ne voyons plus mentionner de triumvir monétaire, non plus qu'il n'y a de fabrication de monnaie de cuivre par l'autorité du Sénat à partir du règne d'Aurélien (dans ce livre, chap. 1er, § 8, 7 ; livre VII, chap. IV, § 2).

Bimard de la Bastie (2) et Eckhel (3) me paraissent donc avoir été dans le vrai quand ils ont conjecturé que la suppression de l'office des triumvirs monétaires, et la direction de tout le monnayage des trois métaux remis aux mêmes officiers du fisc impérial, étaient des faits qui avaient dû se produire en même temps que l'on supprimait le droit du Sénat sur l'émission de la monnaie d'appoint, à l'époque d'Aurélien, et, comme les autres réformes monétaires de ce prince, être la conséquence de la grande révolte des ouvriers monnoyers, que les historiens mentionnent sous son règne, en 274 (4).

---

(1) *Mélanges d'épigraphie*, p. 12 et s.
(2) Dans la 2e édition de la *Science des médailles* du P. Jobert, t. II, p. 66.
(3) *DN*, t. I, p. LXXIX ; cf. F. Lenormant, *Organisation de la monnaie dans l'antiquité*, p. 42.
(4) Vopisc. *Aurelian.* 38 ; Aurel. Vict. *Caesar*, 35, 6 ; Eutrop. IX, 14 ; Suid. v. μονιτάριος.

8. Si j'ai cru devoir combattre le système de M. O. Hirschfeld relativement aux triumvirs monétaires sous l'Empire, je me plais à constater la précieuse lumière que le même savant a su répandre sur la façon dont était organisée la direction et l'administration du monnayage proprement et exclusivement impérial, de celui de l'or et de l'argent (1). En établissant que l'office de *procurator monetae* n'a été institué qu'au II⁰ siècle, M. Hirschfeld a déterminé un point capital dans l'histoire de cette partie de l'administration du fisc impérial et permis d'en suivre les principales vicissitudes.

César avait remis la fabrication de la monnaie impératoriale à des esclaves de sa maison, *monetae peculiares servos praeposuit* (2). Auguste suivit son exemple, et quand il se fut assuré le privilége exclusif de l'émission des espèces des deux métaux nobles, il en fit un des services de la maison impériale (3), de telle façon que dans cette maison les employés et ouvriers des monnaies formèrent une branche à part, sous le nom de *familia monetalis* (4) ou *monetaria* (5). Nous ne possédons que deux inscriptions d'un personnage appartenant à ces services, qui remontent au I⁰ʳ siècle, c'est celle de C. Julius Thallus, *superpositus auri monetai nummulariorum* (6), lequel paraît avoir été un affranchi de Caligula et avoir exercé sa fonction sous

---

(1) *Untersuchungen auf dem Gebiete der rœmischen Verwaltungsgeschichte*, p. 92 et s.

(2) Sueton. *Caes*. 26.

(3) Mommsen, *MR*, t. III, p. 13.

(4) Orelli, n⁰ 1711 ; *Corp. inscr. lat*. t. VI, n⁰ 239.

(5) Orelli, n⁰ 3226 ; *Corp. inscr. lat*. t. VI, n⁰ 298.

(6) Willmanns, n⁰ 227.

Claude (1), et celle de Nobilis, esclave de Tibère, *aeq(uator) monetae* (2). On n'employait, en effet, alors, dans cette administration, que des affranchis et des esclaves impériaux.

Au temps de Domitien encore, Stace (3) place sous l'autorité de l'intendant supérieur du fisc de l'Empereur, qui portait depuis Claude le titre de *a rationibus*, plus tard *rationalis*,

.... *quid Ausoniae scriptum crepet igne monetae.*

L'expression d'*Ausonia moneta* est importante à noter, non qu'elle signifie, comme l'a pensé M. Hirschfeld, que toute la monnaie impériale se fabriquait alors uniquement en Italie, à Rome, mais parce qu'elle indique que seul l'atelier de Rome, le plus important de tous, du reste, dépendait directement de ce haut fonctionnaire. Nous montrerons un peu plus loin (dans ce livre, chap. IV, § 2), qu'il existait dès lors un certain nombre d'ateliers pour la monnaie d'or et d'argent de l'Empereur, placés dans les provinces, comme celui de Lugdunum, dont parle Strabon (4); mais ils étaient probablement soumis à l'autorité du procurateur spécial qui administrait les intérêts du fisc dans la province (5).

C'est au commencement du IIe siècle, et très-probablement lors des réformes que Trajan réalisa dans l'adminis-

---

(1) O. Hirschfeld, ouvr. cit. p. 92.

(2) Boissieu, *Inscriptions de Lyon*, p. 281.

(3) *Silv.* III, 3, 105.

(4) Strab. IV, p. 192; cf. Boissieu, *Inscr. de Lyon*, p, 281.

(5) Dio Cass. LIII, 15; *Cod. Just.* II, 37, 2; VII, 73, 6; voy. O. Hirschfeld, ouvr. cit. p. 30.

tration des monnaies (1) (plus loin, dans ce livre, chap. II, § 2 ; livre VII, chap. IV, § 1), que la direction de tous les services urbains et provinciaux relatifs au monnayage impérial fut centralisée entre les mains d'un fonctionnaire unique et spécial, dont l'office fut alors créé. Son titre fut *procurator monetae*, et il se prit dans l'ordre des chevaliers, car le caractère domestique de l'office n'aurait pas permis d'y appeler un sénateur (2). Les inscriptions ne nous font connaître jusqu'ici qu'un petit nombre de ces fonctionnaires :

1. *P. Besio P. fi(lio) Quir(ina) Betuiniano C(aio) Mario Memmio Sabino .... procuratori imp(eratoris) Caesaris Nervae Trajani Aug(usti) Germ(anici) Dacici monetae:* Orelli, n° 3570.

2. *L. Domitio...... Rogato...... proc(uratori) monetae Aug(usti)* : Wilmanns, n° 1255. — Du temps d'Hadrien.

3. *M Petronio...... Honorato...... proc(uratori) monetae :* Muratori, p. 1088, n° 4 ; Reinesius, p. 459, n° 123. — Du temps de Marc-Aurèle.

4. *L. Mario L. f(ilio) Quir(ina) Perpetuo...... procuratori monetae :* Henzen, n° 6642. — De la fin du IIe siècle.

5. *C. Cludio (?)...... Recto..... proc(uratori) monetae :* Corp. inscr. lat. t. II, n° 4206. — Époque indéterminée.

---

(1) Dio Cass. LXVIII, 15 ; voy. Mommsen, *MR*, t. III, p. 29, 31 et 40 ; O. Hirschfeld, ouvr. cit. p. 93.

(2) Mommsen, *MR*, t. III, p. 14.

6. .... procur(*ator*) *monetae* et *eodem tempore* proc(urator) *Ludi* Magni : Mommsen, *Inscr. regn. Neapol.* n° 6333 ; *Corp. inscr. lat.* t. VI, n° 1647. — Époque indéterminée (1).

Comme employés de bureaux et de comptabilité, le procurateur de la monnaie avait sous ses ordres des *dispensatores*, pris parmi les esclaves et sans doute aussi en partie parmi les affranchis impériaux. Nous en relevons deux mentions dans les inscriptions :

Domitius Aug(*usti*) *n*(*ostri*) *dis*(*pensator*) *rationis monetae* : Orelli, n° 2915.

Demetrius Caes(*aris*) *n*(*ostri*) *ser*(*vus*) *Epaphroditianus disp*(*ensator*) : Orelli, n° 1711 ; *Corp. inscr. lat.* t. VI, n° 329. — Ce dernier personnage, d'après son second nom, paraît avoir été d'abord esclave de l'Épaphrodite que Domitien fut supplicier.

Je renvoie le lecteur au chapitre suivant (§ 2) pour tout ce qui est de la direction spéciale de chacun des hôtels des monnaies, de leur organisation intérieure, du personnel technique de la fabrication et de la vérification des espèces, tous services dépendant du *procurator*.

Dans les inscriptions où nous avons relevé les mentions d'individus ayant été revêtus de la charge de procurateurs de la monnaie impériale, on voit que cet office est toujours un de ceux par lesquels ils ont débuté dans l'administration, de même que le triumvirat monétaire était un des premiers échelons de la carrière sénatoriale. Au reste, la

---

(1) Cette inscription appartient au temps où, comme nous le verrons dans le chapitre suivant (§ 2), l'hôtel des monnaies de Rome était situé dans la troisième région de la ville, à côté du Ludus Magnus (Jordan, *Topographie der Stadt Rom.*, t. II, p. 115).

création de la fonction de *procurator monetae* n'avait pas soustrait le monnayage spécialement impérial à la direction supérieure du *rationalis*. Le procurateur dépendait de lui, et, dans le récit de Vopiscus relatif à la révolte des ouvriers monnoyers sous Aurélien, c'est le *rationalis* Felicissimus qui est représenté comme en ayant été l'instigateur, à titre de chef suprême de ce service et de principal auteur des fraudes que l'empereur avait voulu réprimer dans l'administration et la fabrication des monnaies (1).

En dehors de l'altération du titre des espèces monnayées, où il paraît bien positif que les agents de cette section du fisc excédaient, pour en tirer un bénéfice criminel, les prescriptions des rescrits impériaux (livre VII, chap. IV, § 2), une des principales fraudes des hôtels monétaires impériaux ou de leurs chefs supérieurs, quand ils étaient malhonnêtes, consistait à fabriquer des monnaies pour leur compte propre et personnel à côté de celles qu'ils faisaient pour le compte de l'Empereur, *extrinsecus sibi signant pecuniam forma publica* (2). D'après la loi, cet abus de leur situation pour frauder à la fois le public et le trésor ne constituait pas le crime de fausse monnaie, puisque ceux qui le commettaient étaient investis de la mission de monnayer, et que les espèces qu'ils répandaient indûment dans la circulation sortaient des officines publiques et offraient les caractères des espèces légales, ne pouvaient être décriées sans décrier celle-ci ; c'était un fait de péculat. Peut-être faut-il établir un lien entre ces opérations abusives des monnoyers, qui semblent avoir eu

(1) Vopisc. *Aurelian.* 38 ; cf. Aurel. Vict. *Caesar.* 5, 6 ; Eutrop. IX, 14 ; Suid. *v.* μονιτάριος.

(2) Ulpian. *Digest.* XLVIII, 13, 6, 1.

surtout un grand développement au milieu du désordre du III⁰ siècle, et le fait, dont nous avons déjà parlé plus haut (livre II, chap. III, § 2, 2), de la fabrication irrégulière de pièces coulées, au lieu d'être frappées, qui, au III⁰ siècle, se fit dans les ateliers mêmes de la monnaie impériale. En effet, quand les Empereurs du IV⁰ siècle portent des lois, répétées à plusieurs reprises (1), pour interdire la substitution de la fonte à la frappe dans la fabrication des monnaies, ce sont des pratiques délictueuses des officiers publics chargés du monnayage, qu'ils prétendent réprimer (2).

(1) En 356 : *Cod. Theodos.* IX, 23, 1. — En 371 : *Cod. Theodos.* XI, 21, 1. — En revanche, la loi de Constantin de l'année 326 est dirigée contre les faux monnayeurs privés, qui fabriquaient des pièces coulées, car le but de cet acte est *ut in monetis tantum nostris cudendae pecuniae studium frequentetur* : *Cod. Theodos.* IX, 21, 3; *Cod. Just.* IX, 24, 2.

(2) C'est ici le lieu de revenir sur la question des deniers et des *antoniniani* de billon, coulés au lieu d'être frappés, qui offrent les effigies des empereurs du III⁰ siècle et que l'on trouve en grandes quantités, dont on a même rencontré à plusieurs reprises les moules par dépôts indiquant des centres de fabrication dans certaines contrées, en France, en Angleterre et en Suisse, jamais en Italie. J'en ai déjà parlé plus haut (liv. II, chap. III, § 2, 2; tome I, p. 278), et je n'ai point à modifier ce que j'ai dit alors des raisons qui doivent détourner d'attribuer à un faux-monnayage clandestin la production de la majorité de ces pièces et les groupes de moules que l'on en découvre. Le lieu d'où l'on a exhumé le plus grand nombre de ces moules monétaires, à diverses époques, est à Lyon l'emplacement même où existait l'officine publique du monnayage impérial. Quant à la trouvaille de Damery (Marne), l'une des plus considérables qui aient jamais été faites en ce genre, elle présentait, comme l'a remarqué M. Hiver en la faisant connaître (*Rev. numism.* 1873, p. 171-180), toutes les apparences, non d'un atelier secret qui cherche à se dissimuler, mais d'un établissement d'industrie privée ouvert patemment, installé au vu et au su de tous au beau milieu d'une ville, à côté des thermes publics. Ces faits, joints à d'autres arguments analogues et concordants, paraissent bien établir que la confection des espèces de billon coulées, aux effigies des souverains du III⁰ siècle, a été, sinon un fait directement

9. C'est vers la fin du III° siècle, après les mesures que la révolte des monétaires inspira à Aurélien et qui eurent pour résultat de ne laisser subsister que le monnayage im-

gouvernemental, comme M. Mommsen se montre disposé à l'admettre (*M R*, t. III, p. 15), du moins l'œuvre des employés des hôtels publics des monnaies, profitant de la facilité que leur laissait, dans le fond des provinces, l'éloignement du pouvoir central, pour se livrer à des opérations entreprises pour leur propre compte, opérations que nous venons de voir qualifier comme péculat et non comme faux-monnayage (*Digest.* XLVIII, 16, 6, 1), et dans d'autres cas, comme à Damery (l'ancienne *Bibe* des itinéraires), celle des particuliers qui avaient obtenu des licences régulières de se livrer à la fabrication de monnaies, licences dont les dernières furent révoquées en bloc par un rescrit impérial de 393 (*Cod. Theodos.* IX, 21, 10; *Cod Just.* IX, 24, 3).

Mais, soit par les mains des monnoyers publics agissant plus ou moins frauduleusement, soit par celles de particuliers à ce dûment autorisés moyennant une redevance au fisc, cette fabrication a-t-elle été réellement contemporaine des empereurs dont les pièces ainsi coulées portent les effigies?

Il est à tout le moins certain qu'au milieu du IV° siècle on coulait encore par grandes quantités dans la Gaule des deniers et des antoniniani à bas titre avec la tête des princes du III° siècle. Nous en avons la preuve formelle par la trouvaille de Damery, où 2,000 de ces pièces, absolument neuves, offrant les effigies des divers souverains depuis Caracalla jusqu'à Postume, avec les moules pour les fondre, ont été tirées des décombres de l'officine monétaire en même temps qu'un dépôt de 4,000 petits bronzes de Constance et de Constant, fils de Constantin, frappés en majeure partie dans l'atelier de Trèves et tous à fleur de coin. A cette époque, le détestable billon du III° siècle restait encore tout entier dans la circulation, dont il formait une part considérable, à côté de la nouvelle monnaie de cuivre instituée par les ordonnances réformatrices de Dioclétien et de Constantin. Les deniers et les antoniniani fabriqués de Caracalla à Dioclétien étaient alors considérés comme une sorte monétaire à part, ayant cours légal (c'est ainsi que dans la grande découverte de Famars, enfouissement des premières années du IV° siècle, ils étaient déposés dans des vases spéciaux : *Journal des Débats*, 2 et 3 octobre 1824, 15 et 18 janvier 1825; Marchant, *Lettres*, 2° édit. p. 411 et s.), dont la valeur avait été officiellement tarifée. C'est seulement une loi de 356 qui les démonétisa (*Cod. Theodos.* IX, 23, 1); et encore elle paraît n'avoir eu qu'un effet très imparfait dans certaines provinces. Les trouvailles qui ont lieu

périal, en supprimant celui du Sénat (dans ce livre, chap. 1ᵉʳ, §§ 8, 7; livre VII, chap. IV, § 2), c'est alors que nous commençons à voir apparaître dans les documents épigraphiques, à la place d'un *procurator monetae* unique,

journellement sur le sol de l'ancienne Gaule, établissent que le numéraire du IIIᵉ siècle y demeura en circulation jusqu'au seuil des temps mérovingiens, sinon comme monnaie strictement légale, du moins à l'état de monnaie tolérée par les autorités et acceptée généralement du public. Il y avait donc intérêt et bénéfice pour la spéculation privée, et même pour des gouvernements besogneux et sans scrupules, à fabriquer par le procédé économique de la fonte des imitations de ces mauvaises monnaies pour les introduire subrepticement dans la circulation, surtout jusqu'en 356, c'est-à-dire jusqu'au moment où elles cessèrent d'avoir cours officiel. Les monnoyers publics qui cédaient à la tentation de faire des opérations frauduleuses pour leur propre compte, et les particuliers qui avaient obtenu licence de fabriquer des espèces, devaient être naturellement portés à tourner leur activité vers ce genre d'entreprises, car il était de nature à attirer moins qu'un autre le contrôle et la susceptibilité jalouse de l'autorité supérieure. Si le fait n'avait pas lieu par ordre du gouvernement, ce n'était du moins qu'une fraude et un péculat au détriment du public; il n'y avait pas atteinte à la majesté de l'empereur régnant, abus de son image sacrée. Il était donc plus facile d'obtenir que les yeux fussent fermés à l'égard de ce délit que s'il s'était agi d'une fabrication subreptice et irrégulière de monnaies de l'empereur assis sur le trône.

Ce n'est certainement pas une coïncidence simplement fortuite qui fait que la même loi de 356 interdit aux monnoyers publics et aux particuliers de couler des pièces de cuivre ou de billon, *pecunias conflare*, et simultanément démonétise toutes celles qui étaient antérieures aux réformes de Dioclétien et de Constantin (*Cod. Theodos.* IX, 23, 1). Il faut qu'il y ait eu entre les deux ordonnances une liaison, que notre système est seul à rétablir. Remarquons encore que c'est précisément dans les documents législatifs du IVᵉ siècle que la fabrication de pièces coulées, *conflatio monetae, pecuniae, aeris*, apparaît comme un délit habituel, dont les officiers des hôtels des monnaies impériaux se rendent souvent coupables et qui se distingue complétement du faux-monnayage proprement dit (Hrmic. VI, 31 : *Falsarios faciet aut qui pecunias publicas conflaturarum adulterinis artificiis imitentur*). Un rescrit de 371 porte la même peine pour les deux crimes (*Cod. Theodos.* XI, 21, 1). Les expressions dont il se sert sont dignes d'être relevées; à côté des faux-monnayeurs privés et qualifiés, des *procuratores* spéciaux pour chacun des hôtels des monnaies établis à Rome et dans les provinces. Tels sont, avant Dioclétien, Attius Alcimus Felicianus, qualifié de *proc(urator) sacrae monetae per Gallias tres et prov(inciam) Narbonens(em)* (1), et le personnage qu'une autre inscription qualifie de *proc(urator) sacrae monetae Trivericae* (2).

adulteratores monetae, il condamne les *conflatores figurati aeris*. Ceci ne semble-t-il pas indiquer que les espèces que ces derniers imitaient par la fusion n'étaient pas proprement la *moneta* officielle du moment, mais un autre *aes figuratum* ou *signatum*, qui s'en distinguait, tout en ayant encore place dans la circulation publique? Notons enfin que c'est également aux usages propres du ɪᴠᵉ siècle qu'appartiennent les autorisations, données par le fisc à des particuliers, d'ouvrir à leurs risques et périls, moyennant une redevance, des officines de fabrication monétaire, aux conditions desquelles répondait si bien le curieux atelier fouillé à Damery en 1830. l'étude des particularités très-caractéristiques présentées par cette fouille avait déjà, il y a maintenant quarante ans, conduit M. Hiver à une conclusion fort rapprochée de celle à laquelle je suis amené, aussi bien par l'examen des textes juridiques que par les faits proprement numismatiques.

Car, sans contester que la fabrication des pièces coulées de billon aux effigies des empereurs du ɪɪɪᵉ siècle ait pu commencer sous ces empereurs mêmes et ait pu être alors le résultat d'une fraude gouvernementale, officiellement prescrite aux monnoyers, il me semble découler de ce qui précède que c'est surtout au ɪᴠᵉ siècle, et particulièrement dans la première moitié, que la plus grande masse en a été confectionnée. Elles ont été fondues en partie dans les hôtels monétaires officiels, dont les employés se livraient à ce genre d'opérations pour leur compte privé, abusant ainsi des facilités et des ressources que leur assurait leur charge publique, en partie pour l'industrie particulière, mais dans des officines ouvertes en vertu d'une licence régulière et non dans les ateliers clandestins des faux-monnayeurs.

(1) Wilmanns, n° 1295.
(2) *Corp. inscr. lat.* t. VI, n° 1641. — En l'appelant *Monetae Trivericae praeses*, Eckhel (*DN*, t. I, p. ʟxxɪx) a mal coupé les mots de l'inscription; en réalité, il y est dit que ce personnage fut ensuite *praeses Germaniae Superioris*. — Quant au ɪɪɪᴠɪʀ *monetae Trivericae* de Henri de Valois (*Notit. Gall.* p. 59), la fausseté en est si manifeste qu'elle ne mérite même pas d'être discutée.

Quand Dioclétien eut complétement organisé son système de grands ateliers monétaires établis dans les diverses parties de l'Empire (dans ce livre, chap Ier, § 8, 7 ; chap. IV, § 2; livre VII, chap. IV, § 3), l'institution des procurateurs spéciaux à chacun de ces ateliers fut étendue, affermie et régularisée. C'est ainsi que, sous ce nouveau régime, un texte épigraphique mentionne *Val(erius) Pelagius v(ir) e(gregius) proc(urator) s(acrae) m(onetae) Urbis* (1), et qu'Ammien Marcellin parle également du *procurator monetae* de Rome (2) et de Dracontius, *praepositus monetae* à Alexandrie (3).

Dans une dédicace à Constantin, le *procurator sacrae monetae Urbis* figure encore comme dépendant du *v(ir) p(erfectissimus) rat(ionalis) s(ummae) r(ei)* (4). Un peu après, quand on eut institué la grande charge du *Comes sacrarum largitionum*, les procurateurs des hôtels de monnaies furent mis sous ses ordres. Dans la notice de l'Empire pour l'Occident (5), on enregistre *sub dispositione viri illustris Comitis sacrarum largitionum* les *procuratores monetae* de Siscia, d'Aquilée, de Rome, de Lugdunum, d'Arles et de Trèves. Cassiodore (6) nous a conservé la *Formula comitivae sacrarum largitionum;* on y trouve un passage qui a trait à cette direction supérieure de la fabrication des monnaies : *Verum hanc liberalitatem Nostram alio decoras obsequio, ut figura vultus Nostri metallis usualibus*

---

(1) Orelli, n° 1090; *Corp. inscr. lat.* t. VI, n° 1145.
(2) Ammian. Marcell. XXVIII, 1, 29.
(3) Ammian. Marcell. XXII, 11, 9.
(4) Orelli, n° 1090; *Corp. inscr. lat.* t. VI, n° 1145.
(5) C. 10.
(6) *Variar.* VI, 7.

imprimatur, monetamque facis de Nostris temporibus futura saecula commonere. Le même Cassiodore (1) donne une *Formula qua moneta committitur;* c'était évidemment celle par laquelle on instituait les procurateur des hôtels des monnaies (2). On y voit que leurs fonctions avaient une durée quinquennale.

Dès avant le moment où ils se décidèrent à proclamer leur entière indépendance de la couronne impériale, lors-

---

(1) *Variar.* VII, 32.

(2) En voici le texte : *Omnis quidem utilitas publica fideli debet actione compleri quia totum vitiosum geritur, ubi conscientiae puritas non habetur. Tamen omnino monetae debet integritas quaeri, ubi et vultus Noster imprimitur et generalis utilitas invenitur. Quidnam erit tutum, si in Nostra peccetur effigie? Et quam subjectus corde venerari debet, manu sacrilega violare festinet? Additur quod venalitas cuncta dissolvitur si victualia metalla vitiantur, quando necesse est respui quod in mercimoniis corruptum videtur afferri. Quis ergo patiatur unius esse commodum dispendia scelesta cunctorum, et detestabile vitium venire possit ad pretium. Sit mundum, quod ad formam Nostrae Serenitatis adducitur; claritas regia* (la formule est ici placée dans la bouche du roi Théodoric) *nil admittit infectum. Nam, si vultus cujuslibet sincero colore depingitur, multo justius metallorum puritate principalis gratia custoditur. Auri flamma nulla injuria permixtionis albescat, argenti color gratia candoris arrideat, aeris rubor in nativa qualitate permaneat. Nam si unum laedere legibus putatur esse damnandum, quid ille mereri poterit, qui in tantam hominum numerositatem peccaverit? Pondus quinetiam constitutum denariis praecipimus debere servari, qui olim tam penso quam numero vendebantur. Unde, verborum vocabula competenter ab origine trahens, compendium et dispendium pulchre vocitavit antiquitas. Pecunia enim a pecude tergo nominata, Gallis auctoribus, sine aliquo adhuc signo ad metalla translata est; quam non sinimus faeculenta permixtione fieri contemptibilem, ne iterum in antiquam cognoscatur redire vilitatem. Proinde, te cujus Nobis laudata est integritas actéonis, ab illa indictione per juge quinquennium monetae curam habere praecepimus, quam Servius rex in aere primum impressisse perhibetur, ita ut tuo periculo non dubites quaeri si quid in illa fraudis potuerit inveniri. Nam sicut casus asperos subibis, si quid fortasse deliqueris, ita irremuneratum non relinquemus, si te egisse inculpabiliter senserimus.*

qu'ils acceptaient encore un lien de vasselage nominal envers l'Auguste de Byzance, les rois des Barbares qui s'établirent sur les ruines de l'Empire d'Occident, s'étudièrent à se former chacun une cour, imitée, autant qu'ils le pouvaient, de celle de l'Empereur. Un des principaux officiers de ces cours portait le titre de *Domesticus palatii* ou *Major domus palatii* et avait hérité de toutes les attributions financières du *Comes sacrarum largitionum* (1). Ce fut lui qui eut la direction de la monnaie et des monnoyers (2); car, pour ce service, les Barbares conservèrent d'abord autant que possible l'organisation romaine. Théodoric, en particulier, l'avait maintenu complétement intact en Italie, puisqu'il ne gardait pas seulement les offices des procurateurs des monnaies et des personnages encore plus élevés de l'ordre fiscal, mais les formules mêmes créées par la chancellerie impériale pour servir à leur institution.

10. Suivant l'heureuse expression d'Aulu-Gelle (3), les colonies romaines étaient comme une image en miniature de la cité mère, *populi romani cujus istae coloniae quasi effigies parvae simulacraque esse quaedam videntur.* Petites républiques formées sur le modèle de la grande, dont elles avaient essaimé et dont elles dépendaient, elles avaient, elles aussi, leur Sénat, analogue au sien, dans l'assemblée des décurions ou curie. L'autorité supérieure, le rôle de direction et de surveillance, le pouvoir exclusif d'ordon-

---

(1) Fredegar (?). *Continuat. Hist. Gregor. Turon.* 24.
(2) *Vit. S. Eligii a B. Audoeno*, dans D'Achéry, *Spicileg.* 1re édit. t. V, p. 170; voy. A. de Barthélemy, *Rev. num.* 1848, p. 176.
(3) *Noct. att.* XVI, 13.

ner les émissions et d'en déterminer l'importance suivant les besoins, qui appartenaient au Sénat de Rome dans tout le monnayage urbain sous la République et que même après Auguste il avait conservé dans la fabrication des espèces de cuivre, étaient légalement, et d'après ce type, entre les mains de la curie locale dans le monnayage de plein droit des colonies latines de l'Italie avant la loi Plautia-Papiria (dans ce livre, chap. Ier, § 2, 5) et de celles des provinces jusqu'à Auguste, puis dans le monnayage des colonies et des municipes, de droit latin ou de droit romain, sous les Empereurs, monnayage soumis à des conditions d'autorisation spéciale que nous avons eu l'occasion d'étudier plus haut (dans ce livre, chap. Ier, § 5, 3). Il y avait là, dans l'organisation de ces villes, copie fidèle des principes de droit public et de la constitution de l'État romain. C'était donc en vertu d'une décision des décurions qui ordonnait la fabrication monétaire dans les colonies, sauf approbation du gouverneur de la province à l'époque de l'Empire. De là la mention de cette décision par les abréviations consacrées D*ecreto* D*ecurionum* ou **EX** D*ecreto* D*ecurionum*, qui se présente si fréquemment sur les monnaies coloniales de toutes les provinces (1), qui pourtant n'y est pas de règle fixe et d'obligation comme l'inscription des lettres **SC** sur la monnaie d'Etat en cuivre, émise au nom du Sénat pendant la période impériale; car les marques **DD** et **EX DD** sont encore plus souvent omises qu'imprimées sur le cuivre municipal des colonies.

Dans le monnayage de la colonie de Carthage (2) et du

---

(1) Eckhel, *DN*, t. IV, p. 482.

(2) L. Müller, *Numism. de l'anc. Afrique*, t. II, p. 149 et s.

municipe d'Utique (1) la permission du proconsul et la décision de la curie sont mentionnées en même temps dans la formule abrégée Permissu Proconsulis Decurionum Decreto ou DDPP (plus haut, dans ce livre, chap. Ier, § 5, 3) ; on indique ainsi du même coup les deux conditions remplies, qui légitimaient la mise en circulation de la monnaie. A Babba de Mauritanie, nous trouvons par exception, au lieu de la formule habituelle, Decreto Decurionum PV-BL*ico* (2) et EX CONSENSV Decurionum (3). Une monnaie de Carteia en Bétique, qui ne peut pas être antérieure au règne d'Auguste, fait suivre le nom de M. FALCIDIVS. III VIR de l'indication EX Senatus Consulto (4). Bien que la province de Bétique fût au nombre des provinces sénatoriales, il est bien difficile d'admettre une intervention directe du Sénat de Rome dans le monnayage local de Carteia, puisque c'est l'Empereur qui donnait les autorisations de ce genre aux colonies et aux municipes, même dans les provinces du Sénat. Mais les curies municipales, en Espagne, aussi bien que dans les autres parties du monde romain, se paraient souvent du titre de Senatus, et je crois que la mention EX Senatus Consulto doit être une variante ambitieuse remplaçant avec le même sens la formule Decreto Decurionum (5) qui se lit habituellement sur les monnaies de Carteia, en même temps que le nom du quatuorvir chargé spécialement de faire fabriquer la monnaie d'après

(1) L. Müller, t. II, p. 159 et s.
(2) L. Müller, t. III, p. 170.
(3) L. Müller, t. III, p. 171.
(4) Aloïs Heiss, *Monn. ant. d'Espagne*, p. 332 et pl. XLIX, n° 30.
(5) Ce n'est peut-être pas le seul exemple du même fait. J'ai admis plus haut (dans ce livre, chap. Ier, § 5, 3 ; t. II, p. 213) que la formule *Signatum Paesti De Senatus Sententia*, qui se lit sur quelques petites

l'ordre de la curie (1). Ce qui me paraît apporter une confirmation décisive de cette explication, c'est une monnaie semblable où la légende, un peu plus développée, porte M FALCIDIVS IIIIVIR EX *Senatus Consulto Faciundum Curavit* (2). En épigraphie, cette formule s'emploie dans un certain nombre d'exemples incontestables (3) pour indiquer l'exécution d'un travail ordonné, non par le Sénat de Rome, mais par une curie ou sénat local. Et l'on ne saurait douter qu'il n'en soit ainsi dans ce cas, puisque l'addition des mots *faciundum curavit* prouve qu'*ex senatus consulto* se rapportait à la décision qui avait ordonné l'émission monétaire (4), décision qui émanait évidemment,

pièces de cuivre de Pæstum sans effigie impériale, était équivalente de la formule S*ignatum* P*aesti* S*enatus* C*onsulto*, que portent celles aux têtes d'Auguste et de Tibère; que les monnaies d'apparence autonome qui la présentent appartenaient donc au monnayage colonial du temps de l'Empire, autorisé exceptionnellement à Pæstum par une décision spéciale du Sénat de Rome. Mais il paraît maintenant bien établi que d'autres variantes des mêmes pièces, avec les mêmes types et le nom du même magistrat, ont, au lieu de SPDSS, S*ignatum* P*aesti* D*e* D*ecurionum* S*ententia* et d'autres S*ignatum* P*aesti* D*ecreto* D*ecurionum* (voy. Garrucci, *Syllog. inscr. latin.* p. 68, *aa*). Il faut donc reporter ces pièces, dont l'aspect extérieur est si pleinement autonome, au monnayage qui existait de plein droit, sous la République, dans la colonie de Pæstum jusqu'à la loi Plautia-Papiria. La comparaison des diverses variantes que je viens d'indiquer prouve en outre que, dans ces formules abrégées, *de senatus sententia* est le simple équivalent de *de decurionum sententia* ou *decreto decurionum*, et qu'il s'agit d'un acte du sénat municipal ou de la curie, ayant donné naissance à la monnaie.

(1) Il y a même de ces pièces où on lit seulement IIIIVIR D*ecreto* D*ecurionum*, sans que le nom du magistrat soit indiqué : A. Heiss, p. 332 et pl. XLIX, nᵒˢ 23 et 24.

(2) A. Delgado, *Nuevo método de classificacion de las medallas autonomas de España*, t. I, p. 91 et pl. xv, nᵒ 62.

(3) Pour nous borner à un seul, voy. Orelli, nᵒ 3283.

(4) Elle me paraît, en effet, écarter absolument l'idée qu'il s'agit d'un

suivant l'usage constant, de l'*ordo* de la ville, de l'assemblée de ses décurions. Il faut comparer les monnaies du municipe d'Utique où le nom du duumvir, chargé par la décision de la curie de diriger la fabrication monétaire, est suivi de la formule Fa*ciundum* Cu*ravit*, tandis qu'on lit dans le champ D*ecreto* D*ecurionum* P*ermissu* P*roconsulis*(1); et aussi celles de la colonie de Clypea en Afrique, où la légende est PERMIS*su* P DOLABELLAE PROCO*n*S*ulis*, C*urante* P G*avio* CAS*ca*, D*ecreto* D*ecurionum*. ou simplement PERMIS*su* P DOLABELLAE PROCO*n*S*ulis*, C*urante* P GAVIO CASCA (2).

Au reste, la délibération des décurions était si bien la condition normale, essentielle et nécessaire de toute émission de monnaies dans une colonie, qu'aux anciennes époques, alors que le monnayage colonial était de droit, on ne prend jamais soin de l'indiquer, de même que nous avons vu à Rome, aux temps républicains, la mention du Sénatusconsulte qui prescrivait de frapper les monnaies ne figurer que sur les espèces des émissions extraordinaires (plus haut, dans ce livre, chap. 1er, § 6, 5), l'intervention du Sénat dans le monnayage urbain ordinaire étant considérée comme un fait si normal, qu'il n'était pas besoin d'en parler. Au contraire, dès les plus anciennes époques de la fabrication monétaire des colonies latines sises en Italie, nous rencontrons des exemples d'inscription des noms des magistrats exécutifs locaux qui ont reçu la mission de diriger la frappe et l'émission des espèces.

---

quatuorvir ex Senatus consulto, nommé exceptionnellement à la suite d'une intervention du Sénat de Rome dans des difficultés municipales soulevées à Carteia pour le choix des magistrats.

(1) L. Müller, *Numism. de l'anc. Afrique*, t. II, p. 160 et s.
(2) L. Müller, t. II, p. 156.

La règle habituelle dans les colonies de droit latin ou romain et dans les municipes, est que la commission monétaire est remise aux premiers magistrats de la cité, aux duumvirs (1). Presque toujours, elle est confiée à tous les deux en même temps, et leur action comme leur responsabilité est solidaire en cette matière, ainsi que l'établit l'inscription simultanée de leurs noms sur les mêmes pièces. Dans le monnayage colonial du temps de l'Empire, nous trouvons les noms des deux duumvirs inscrits côte à côte sur les espèces des villes suivantes (2) :

Acci de l'Espagne Tarraconaise.
Agrigente de Sicile (3).
Bilbilis de Tarraconaise.
Buthrotum d'Epire (4).
Caesaraugusta de Tarraconaise.
Calagurris de Tarraconaise.
Celsa de Tarraconaise.
Enna de Sicile (5).
Ercavica de Tarraconaise.
Illici de Tarraconaise.
Osca de Tarraconaise.

---

(1) Eckhel, *DN*, t. IV, p. 474 et s.

(2) Je ne comprend dans cette liste que les villes où les deux noms sont formellement suivis du titre de duumvirs. J'écarte les colonies où on lit simultanément les noms de deux magistrats locaux, mais sans qualification, comme à Bailo de Bétique (A. Heiss, *Monn. ant. d'Espagne*, p. 341), à Onuba, dans la même province (A. Heiss, p. 388), et à Dertosa de Tarraconaise (Eckhel, *DN*, t. I, p. 47) ; il est pourtant bien évident qu'il s'agit encore dans ce cas des duumvirs.

(3) Eckhel, *DN*, t. I, p. 194.

(4) Eckhel, *DN*, t. II, p. 165.

(5) Eckhel, *DN*, t. I, p. 207.

Pæstum de Lucanie (1).
Panorme de Sicile (2).
Parium de Mysie (3).
Sagonte de Tarraconaise.
Turiaso de Tarraconaise.

Dans la numismatique coloniale de Corinthe (4), les deux duumvirs sont le plus souvent mentionnés ensemble, mais quelquefois cependant on ne lit le nom que d'un seul. Au contraire, dans les colonies et les municipes de la province d'Afrique, on ne mentionne jamais qu'un seul duumvir à la fois (5), sauf à Carthage (6). Il y avait donc là un usage provincial, admis par la plupart des villes, qui, au lieu de confier les soins du monnayage aux deux premiers magistrats ensemble et solidairement, en faisait désigner un seul spécialement par la curie pour avoir sur ce point la direction et la responsabilité. Notons aussi en passant que les plus anciennes pièces de la colonie fondée par César à Carthage, celles qui sont antérieures au nouvel envoi de 3,000 colons par Auguste (7), en 29 av. J.-C., prouvent qu'alors les premiers magistrats de cette cité

---

(1) Eckhel, *DN*, t. I, p. 159; Carelli, *Num. Ital. vet.* pl. cxxxv; *Catal. of gr. coins in the Brit. Mus., Italy*, p. 282.

(2) Eckhel, *DN*, t. I, p. 232; *Catal. of gr. coins in the Brit. Mus., Sicily*, p. 125.

(3) Eckhel, *DN*, t. II, p. 461.

(4) Mionnet, t. II, p. 170-177; *Suppl.* t. IV, p. 51-75. — Les mentions de magistrats locaux ne se prolongent pas au delà de la suppression temporaire du droit de monnayage municipal de Corinthe par Vespasien. Sur ce dernier fait, voy. Eckhel, *DN*, t. II, p. 243.

(5) L. Müller, *Num. de l'anc. Afrique*, t. II, p. 150.

(6) L. Müller, t. II, p. 149 et s.

(7) Appian. VIII, 136.

avaient pris le vieux titre punique de suffètes (1); c'est seulement à dater de la réorganisation de la ville par Auguste, quand il y installa un nouveau groupe de citoyens romains amenés de l'Italie, que cette appellation non romaine fit place à celle de *duumviri,* qui est désormais celle qu'on lit sur les monnaies (2).

On sait que les fonctions des duumvirs municipaux étaient normalement annuelles; mais la constitution intérieure de certaines villes leur attribuait une durée de cinq ans. Dans ce cas, ils recevaient la qualification de *duumviri quinquennales*, ou par abréviation simplement *quinquennales.* Les inscriptions ne manquent jamais de mentionner la quinquennalité du duumvirat dont un personnage a été revêtu, car elle donnait un lustre particulier à la fonction. Sur les monnaies aussi, nous voyons un certain nombre de fois apparaître ce titre (3), exprimé sous les formes IIVIR QVINQV, IIVIR QVINQ, IIVIR QVIN ou IIVIR Q pour *duumvir quinquennalis*, QVINQ, QVIN, QVI et Q pour *quinquennalis* (4). Mais l'emploi de la qualification de *duumvir quinquennalis* ou de *quinquennalis* alterne si bien avec celui du simple titre de *duumvir,* dans

---

(1) **ARISTO MVTVMBAL RICOCE SV**F*etes* : L. Müller, t. II, p. 149, n°˙ 319 et 320. — Il est encore impossible de déterminer si cette légende contient les noms de deux ou de trois suffètes.

(2) L. Müller, t. II, p. 149 et s., n°˙ 321-329.

(3) Eckhel, *DN*, t. IV, p. 476.

(4) On a des exemples numismatiques de **IIVIR QVIN***quennalis* **ITE**-**R***um* (à Corinthe) ou **QVINQ***uennalis* **ITER***um* (à Buthrotum) et même de **QVINQ***uennalis* **TERT***io* (à Buthrotum). Quant au **QVIN***quennalis* **PER***petuo,* qu'Eckhel (*DN*, t. II, p. 165) avait cru trouver à Buthrotum, d'après une description de Pellerin, il ne reposait que sur une fausse lecture; la pièce, en réalité, mentionne un *quinquennalis tertio* (Mionnet, t. II, p. 52, n° 30).

les mêmes temps, à Celsa et à Illici de Tarraconaise, à Buthrotum d'Épire, que l'on ne saurait admettre que la substitution de l'une à l'autre implique un changement dans l'organisation des magistratures de la municipalité. Il faut donc reconnaître, avec Eckhel (1), que, dans l'épigraphie numismatique, à la différence de l'épigraphie lapidaire, la quinquennalité du duumvirat n'est pas toujours indiquée et qu'un *duumvir quinquennalis* peut quelquefois y être seulement désigné comme duumvir. C'est seulement à Carthago Nova, dans la Tarraconaise, que nous trouvons invariablement usité le titre de *duumviri quinquennales;* à Emporiæ et à Valentia, dans la même province, celui de *quinquennales* pour les deux magistrats qui signent concurremment les monnaies municipales.

Quelquefois aussi, il arrivait qu'une ville interrompait la série des duumvirs ordinaires par la désignation exceptionnelle de quinquennaux. Eckhel (2) a admis cette explication pour les trois cas où des *duumviri quinquennales* sont mentionnés au lieu de *duumviri* sur la monnaie coloniale de Corinthe, mais on peut douter qu'il ait eu raison de le faire, quand on voit plus tard Apulée désigner des *quinquennales* comme les magistrats réguliers et ordinaires de Corinthe (3). Un exemple beaucoup plus positif nous en est offert par la numismatique du municipe d'Utique (4). Là, pendant les trois années successives du proconsulat de C. Vibius Marsus, qui doivent être placées entre 780 et 785 de Rome, 27 et 32 de l'ère chrétienne,

(1) *DN*, t. IV, p. 477.
(2) *DN*, t. II, p. 244.
(3) Apul. *Metam.* X, p. 309.
(4) L. Müller, *Num. de l'anc. Afrique*, t. II, p. 160.

nous avons les noms suivants de magistrats préposés au monnayage :

Première année : NERonis CAESaris Quinquennalis PRrae-
fectus Aulus M..... GEMELLVS.
DRVsi CAEsaris Quinquennalis PRaefectus Titus G..... RVFVS (1).
Caius CASSIVS FELIX Augustalis IIVIR.

2ᵉ année : Lucius CAECILIVS PIVS IIVir.
Quintus CAECILIOS IOVINus IIVir.
SEXtus TADIVS FASTVS IIVir.

3ᵉ année : Caius CAELIVS PAX AVGustalis IIVIR.
Caius CASSIVS FELIX Augustalis IIVir.
Caius SALLVSTIVS IVSTVS IIvir.
Marcus TVLLIVS IVDEX IIVIR.

De ceci il résulte clairement que les magistrats normaux d'Utique étaient des duumvirs ordinaires et annuels; que leur entrée en charge ne coïncidait pas avec le commencement de l'année de proconsulat, de telle façon que chacune de celles-ci voyait deux colléges successifs de duumvirs; enfin qu'on en compta même trois dans la troisième année du proconsulat de Vibius Marsus, un des deux qui devaient y fonctionner régulièrement ayant dû être remplacé, avant l'expiration de sa charge, par de nouveaux duumvirs, en vertu de circonstances que nous ignorons. En même temps, ces faits numismatiques nous apprennent que lorsque les *municipes* d'Utique voulurent décerner la magistrature honorifique de leur cité aux deux

(1) Sur les monnaies qui portent ces deux premières mentions, voy. Borghesi, *Osserv. num.* déc. X, 4 ; *Œuvres complètes*, t. I, p. 480 et s.

Césars, Néron et Drusus, ils les investirent exceptionnellement du caractère de quinquennaux; mais que, le *quinquennium* des deux Césars étant expiré dans la première année du proconsulat de Vibius Marsus, ils reprirent la série des duumvirs ordinaires.

Nous venons d'avoir ici le premier exemple numismatique d'un double fait, bien connu par les écrivains et par les inscriptions, l'honneur rendu aux Augustes ou aux Césars par les municipes et les colonies, en leur décernant le titre de la magistrature municipale la plus élevée (1); et la désignation, faite par le prince ainsi honoré, d'un *praefectus* chargé de le représenter et de remplir à sa place les fonctions de la magistrature (2). Les monnaies nous en offrent encore un certain nombre d'autres. Le plus intéressant est fourni par celles de Carthago Nova de Tarraconnaise, où on lit, sur l'une IMP*erator* CAES*ar* QVIN*quennalis* L BEN*nio* PRAE*fecto* — HIBERO PRAEF*ecto* (3), et sur l'autre M AGRIP*pa* QVIN*quennalis* HIBERO PRAEF*ecto* — L BENNIO PRAEF*ecto* (4). Elles montrent qu'Auguste et Agrippa furent proclamés en même temps *quinquennales* de la colonie et désignèrent pour leurs *praefecti*, l'un L. Bennius, l'autre Hiberus. Il y a là une dérogation apparente à la règle que nous voyons ensuite sévèrement observée et qui est formulée dans le § IV des célèbres Tables de Salpensa : « Si les décurions ou les « citoyens du municipe défèrent le duumvirat à l'Em-« pereur, qu'il l'accepte et qu'il nomme en son lieu et

(1) Eckhel, *DN*, t. IV, p. 487.
(2) Eckhel, t. IV, p. 477 et s.; Borghesi *Oss. num.* déc. X, 4, *Œuvres complètes*, t. I, p. 480 et s.
(3) A. Heiss, *Monn. ant. d'Espagne*, p. 270 et pl. xxxv, n° 12.
(4) A. Heiss, p. 270 et pl. xxxv, n° 13.

« place un préfet qui ait tel rang et tel droit qu'il aurait,
« si en vertu de cette loi il eût fallu le créer seul duumvir. »
Mais cette règle n'a trait qu'à l'impossibilité de nommer
un particulier collègue de l'Empereur dans le duumvirat;
Agrippa pouvait bien être associé à Auguste, dans la
qualité de quinquennal de Carthago Nova, puisqu'il le lui
était dans l'exercice de la puissance tribunicienne (1).

Si l'Auguste ne pouvait pas avoir comme duumvir de
collègue pris dans la condition privée, il n'en était pas de
même des Césars. Ainsi nous relevons à Caesaraugusta
de Tarraconaise :

TIBerio CLODio FLAVO PRAEFecto GERMANici. L IV-
VENTio LVPERCO IIVIRis (2);

IVNIANO LVPO PRaefecto C CAESARis (3), C POM-
PONio PARRA IIVIRis (4).

Puis, sans mention du *praefectus* qui tient la place du
César, à Corinthe :

TIberio CAESARE IIVIRo CORinthi — M. AIMILIO LA-
BEONE IIVIRo CORinthi (5).

---

(1) C'est encore probablement comme *praefectus* d'Agrippa, quoiqu'il ne soit pas nommé, que le même Hiberus reparaît sur une autre pièce de Carthago Nova, où on lit : TIberio NERONE QVINquennali HELVIo POLLIone PRaefecto — HIBERO PRAEFecto (A. Heiss, p. 270 et pl. xxxv, n° 14). Ceci semble indiquer qu'après avoir été le collègue d'Auguste dans la magistrature municipale de Carthago Nova, Agrippa y fut appelé de nouveau pour une seconde période quinquennale, que la mort l'empêcha sans doute de remplir comme son second *quinquennium* de puissance tribunitienne. Il aurait eu alors à côté de lui, pour second *duumvir quinquennalis*, son gendre Tibère, non encore élevé à la dignité de César.

(2) A. Heiss, p. 201 et pl. xxiv, n°s 18-21.

(3) De Caligula encore César, sous Tibère.

(4) A. Heiss, p. 202 et pl. xxiv et xxv, n°s 25, 26 et 31.

(5) Mionnet, t. II, p. 174, n° 195.

De même, à Carthago Nova, les deux rois de Mauritanie, Juba II et Ptolémée, apparaissent successivement comme collègues, dans le duumvirat quinquennal, de particuliers de la ville :

IVBA REX IVBAE F*ilius* IIV*ir* QV*inquennalis* — CN ATELIVS PONTI*fex* IIV*ir* Q*uinquennalis* (1);

REX PTOL*emaeus*, C LAETILIVS APALVS IIV*iri* Q*uinquennales* (2).

Lorsqu'il y a en même temps deux Césars, on s'arrange assez généralement pour les appeler ensemble au duumvirat, de manière à ce que, tout en ayant le nombre voulu de magistrats, on ne donne pas à ces princes de collègues qui leur soient inférieurs. C'est ainsi que Germanicus et Drusus sont simultanément duumvirs à Acci de Tarraconaise (3), et quatuorvirs à Carteia (4), évidemment les deux premiers *quatuorviri*, ceux qui étaient *juri dicundo* et qui correspondaient aux duumvirs, sans qu'on nomme leurs *praefecti*. Nous avons vu tout à l'heure Néron et Drusus, les fils de Germanicus, quinquennaux ensemble à Utique et représentés par A. M. Gemellus et T. G. Rufus; nous les retrouvons avec le même titre sur des pièces de Carthago Nova (5), et avec celui de duumvirs à Cæsaraugusta (6), sans que dans l'un et l'autre cas leurs représentants soient désignés. Le nom du *praefectus* de Caligula,

---

(1) A. Heiss, p. 269 et pl. xxxv, n° 5; L. Müller, *Numism. de l'anc. Afrique*, t. III, p. 111.

(2) A. Heiss, p. 269 et pl. xxxv, n°s 6 et 7; L. Müller, t. III, p. 131.

(3) A. Heiss, p. 237 et pl. xxxIII, n° 12.

(4) A. Heiss, p. 332 et pl. xLIX, n° 29.

(5) A. Heiss, p. 271 et pl. xxxvI, n°s 28 et 29.

(6) A. Heiss, p. 205 et pl. xxvI, n°s 51 et 52.

encore César sous Tibère, n'est pas non plus exprimé sur les pièces de Carthago Nova, où ce prince figure seul comme *quinquennalis* (1), et où l'on a omis volontairement son collègue de condition privée.

Ce n'était pas uniquement pour tenir la place d'un prince appelé à une magistrature municipale honoraire qu'un *praefectus pro duumviro* pouvait être créé. Lorsqu'un duumvir était obligé de s'absenter par un cas de force majeure ou mis d'une manière quelconque hors d'état de remplir ses fonctions, il devait se choisir un *praefectus* parmi les décurions. On en désignait aussi un, lorsque l'on n'était pas parvenu à une élection régulière de duumvir pour l'année. C'est probablement un substitut de ce genre, ne représentant pas un prince, qui est mentionné sur la monnaie de Cæsaraugusta, du règne de Tibère, où on lit FVLVIANO PRAEF*ecto* LVPERCO IIVIR*is* (2). Deux, qui sont *praefecti* pour la seconde fois, figurent ensemble sur une monnaie de Corinthe sans que l'on y mentionne les duumvirs ordinaires qu'ils remplacent, P AEBVTIO SP F*ilio*, C HEIO PAMPHILO PR*ae*F*ectis* ITER*um* (3). La numismatique de Parium de Mysie nous offre, du temps d'Octave, un très remarquable exemple de *praefectus* d'un duumvir ordinaire, dans la pièce qui porte d'un côté M BARBATIO, M ACILIO IIVIR*is* C*olonia* G*emella* I*ulia* P*arium*, de l'autre P VIBIO SAC*erdote* CAES*aris* M BARBA*tii* PRAEF*ecto* PRO IIVIR*o* (4); une variante de cette

---

(1) A. Heiss, p. 271 et pl. XXXVI, n°ˢ 30-34.

(2) Aloïs Heiss, p. 203, n° 36.

(3) Von Sallet, *Zeitschr. f. Numism.* t. II, p. 279; Th. Mommsen, même recueil, t. II, p. 369.

(4) Mionnet, t. II, p. 578, n° 426; Dumersan, *Descr. des méd. ant. de Allier de Hauteroche*, pl. XII, n° 15.

monnaie, mal lue par Vaillant et attribuée par lui à tort à Corinthe, ce qu'ont copié Eckhel (1) et Mionnet (2), donnait les noms sur la forme un peu moins développée **M BARBATIO, M ACILIO IIVIR**is — **P VIBIO M BARBA**tii **PRAEF**ecto **IIVIR**o. Il est tout à fait singulier qu'Eckhel (3), au lieu de reconnaître ici la mention des deux duumvirs et du *praefectus* du premier, ait été chercher dans cette légende quatre duumvirs simultanés, fait bien étrange, dont on n'est jamais parvenu à donner une explication satisfaisante (4), mais qui paraît se présenter d'une manière formelle sur une pièce de la colonie de Corinthe (5). Il est vrai que l'original de celle-ci n'a pas été revu depuis Vaillant, et que par conséquent elle est loin de pouvoir être tenue pour certaine.

Je ne saurais, avec Eckhel (6), voir des *praefecti duumviri* et des *praefecti quinquennales* sur les monnaies frappées à Celsa de Tarraconnaise pendant la courte période de quatre ans (de 45 à 41 av. J.-C.), où elle porta les noms de **COL**onia **VIC**trix **IVL**ia **LEP**ida (7). Ces pièces font lire :

PR. IIVIR — C. BALBO. L. PORCIO (8);

(1) *DN*, t. II, p. 243.
(2) T. II, p. 173, n° 188.
(3) *DN*, t. IV, p. 478.
(4) Voy. C.-L. Grotefend, dans les *Blätter für Münzkunde*, de Grote, t. IV (1838), p. 7.
(5) Mionnet, t. II, p. 172, n° 185.
(6) *DN*, t. IV, p. 479; les monnaies en question étaient alors fautivement attribuées à Leptis Magna de la Syrtique.
(7) Lorichs et C.-L. Grotefend, dans les *Blätter für Münzkunde*, t. IV, p. 2-10; A. Heiss, *Monn. ant. d'Espagne*, p. 144.
(8) A. Heiss, p. 142 et pl. XI, n° 13.

L. NEP. L. SVRA. PR. IIVIR (1);
P. SALPA. M. FVLVI. PR. IIVIR (2);
M. FVL. C. OTAC. PR. QVIN (3).

Il serait vraiment singulier que, dans quatre colléges successifs correspondant précisément aux quatre années que la ville garda le nom inscrit sur ces monnaies, les huit magistrats, duumvirs ordinaires et annuels dans les colléges des trois premières années, transformés ensuite la quatrième en quinquennaux, aient été tous obligés de se faire remplacer par des *praefecti*. Le bon sens repousse une pareille hypothèse. Il faut l'écarter et reconnaître dans les légendes des monnaies de Celsa les vieux titres de PR*aetores* IIVIR*i* et de PR*aetores* QVIN*quennales*, formellement justifiés l'un et l'autre par des exemples épigraphiques (4). Les préteurs municipaux se retrouvent aux premières époque de leur existence chez tous les municipes de l'Italie, fondés avant Sylla, et quelques-uns conservèrent ce titre à leurs magistrats par esprit de tradition. Ailleurs, l'épigraphie mentionne des préteurs et des duumvirs, et dans ce cas on constate que les premiers ont précédé les seconds (5). Dans la Gaule Narbonnaise, à Narbonne même et dans beaucoup de villes, les premiers magistrats municipaux sont appelés d'abord *praetores, praetores duumviri* et *praetores quatuorviri;* c'est vers

---

(1) A. Heiss, p. 142 et pl. XI, n° 15.

(2) A. Heiss, p. 142 et pl. XI, n°s 11 et 12.

(3) A. Heiss, p. 142 et pl. XI, n° 14.

(4) *Praetor duumvir* : Orelli, n°s 3265 et 3785; Henzen, n°s 7027-7030; Herzog, *Gall. Narbon. prov. roman. histor.* inscr. n° 16. — PR*aetor* CE-*Realis* I*uri* D*icundo* Q*uin* Q*uennalis* : Orelli, n°s 3993 et 3994; cette dernière inscription rectifiée dans Henzen, p. 434.

(5) Herzog, ouvr. cit. p. 214.

le milieu du règne d'Auguste que ces titres disparaissent et sont remplacés par ceux de *duumviri* ou *quatuorviri* (1). De même à nos *praetores duumviri* et *praetores quinquennales* de Celsa, du temps du triumvirat, succèdent sous Auguste des duumviri.

Déjà sur quelques-uns des as *librales* fabriqués à Luceria entre 440 de Rome (314 av. J.-C.), date de la fondation de cette colonie, et les environs de 486 (268) av. J.-C., époque approximative de la cessation de tout emploi du poids libral (livre VII, chap. II, § 3-5), par suite de l'introduction du monnayage de l'argent à Rome, déjà sur quelques-uns de ces as on lit deux noms d'hommes à l'ablatif (2), qui ne peuvent être que ceux des préteurs duumvirs municipaux ayant été chargés par la curie locale de diriger la confection des monnaies. Sur les monnaies divisionnaires de cuivre du pied sémoncial frappées à Pæstum un peu avant l'adoption de la loi Plautia-Papiria (3) (voy. plus haut, dans ce livre, chap. Ier, § 5-1), on trouve habituellement deux noms de magistrats. Dans beaucoup de cas ils ne sont suivis d'aucune désignation de la nature de leurs fonctions, ou bien un des deux personnages porte un titre sacerdotal, comme **FAD**ius **PON-**

---

(1) Herzog, ouv. cit. p. 56 et 215; *De praetoribus Galliae Narbonensis municipalibus*, Leipzig, 1862.

(2) **L. ΓVLIO. L. F. C. MODIO. CN. F** : *Mus. Hedervar.* t. I, pl. II, n° 42; *Bullet. de l'Inst. Arch.* 1847, p. 159; Riccio, *Le monete attribuite alla zecca di Luceria*, pl. II; Mommsen, *MR*, t. I, p. 344, *b*.

SE. ΓOS. Γ. BAB : Minervini, *Osserv. num.* p. 104; Mommsen, *MR*, t. I, p, 344, *b*.

A. Fabretti, *Corp. inscr. ital.* n° 2916; Ritschl, *Prisc. latin. mon. epigr.* pl. VI, *w*; Garrucci, *Syllog. inscr. latin.* p. 78.

(3) Gravées dans les pl. CXXXI-CXXXIV de Carelli. La collection de leurs légendes dans Garrucci, *Syllog. inscr. latin.* p. 66 et s.

T*ifex* (1) ou D. FAD*ius* EΓVL*o* Γ*ublice* EΓ*ulatus* (2); une fois, tous les deux ont la qualification honorifique de PATR*oni* (3). Mais c'est à titre de duumvirs de la colonie qu'ils figurent ainsi sur sa monnaie, pour avoir eu en cette qualité la direction de la frappe; car dans plusieurs exemples aussi ce fait est précisé par l'inscription du titre de IIVIR*i* après leurs noms (4). D'autres fois, toujours dans le même monnayage, il n'y a qu'un nom, sans désignation de magistrature (5); dans un cas, ce nom unique est suivi de IIVIR (6), dans deux cas de IIIIVIR (7). Il est probable que ce sont là deux manières synonymes et pouvant s'échanger pour désigner un des deux magistrats suprêmes investi isolément par les décurions de la commission monétaire, et que Pæstum était des villes qui groupaient leurs duumvirs et leurs édiles dans un collége de *quatuorviri* (8), pouvant ainsi qualifier indifféremment les deux premiers de l'appellation de *duumvir* ou de celle de *quatuorvir*. Car il n'est guère possible de songer à un changement dans la constitution intérieure de la colonie, qui aurait substitué des quatuorvirs aux duumvirs comme magistrats supérieurs, puisque nous voyons reparaître les duumvirs, de nouveau officiers monétaires, sur les espèces de cuivre fabriquées à Pæstum sous Auguste et Tibère, en vertu

---

(1) Garrucci, p. 67, *q* et *r*.
(2) Garrucci, p. 67, *p*.
(3) Eckhel, *DN*, t. I, p. 158; Garrucci, p. 67, *m*.
(4) Garrucci, p. 66 et s., *h*, *y*.
(5) Garrucci, p. 66 et s., *a*, *n*, *o*.
(6) Garrucci, p. 68, *u*.
(7) Garrucci, p. 66 et s., *i*, *x*.
(8) Zumpt, *Comment. epigr.* t. I, p. 166.

d'une permission spéciale du Sénat (1) (dans ce livre, chap. 1ᵉʳ, § 5-3).

L'exemple que nous venons d'étudier et qui appartient à l'époque de la République, n'est pas le seul où nous voyons le titre de *quatuorvir* apparaître dans les légendes des monnaies des colonies (2). A Clunia de Tarraconaise, la règle ordinaire est l'inscription simultanée sur les espèces des noms des quatre personnages constituant le collége des IIIIVIR*i* (3). L'unique monnaie frappée dans la colonie que César avait organisée à Cirta en Numidie, à la suite de la défaite de Juba Iᵉʳ à Thapsus (4), colonie appelée *Cirta Julia* (5) ou *Colonia Sittianorum* (6), nous présente les noms des deux quatuorvirs (7), dont le premier est P. Sittius lui-même (8). A Carteia, dans la Bétique, la monnaie est signée habituellement de un (9) ou

---

(1) Garrucci, p. 69, *hh, ii, kk, oo, mm, pp*.
Deux fois dans ce monnayage les pièces sont signées d'un seul duumvir, qualifié par son titre (Garrucci, p. 70, *nn, qq*), une fois aussi par un seul, sans rien après son nom (Garrucci, p. 69, *gg*). Les légendes de Garrucci, p. 69, *ll, mm*, sont obscures; mais je ne crois pas qu'il faille y voir l'inscription du nom de Tibère *Auguste* comme duumvir ayant un particulier pour collègue.

(2) Eckhel, *DN*, t. IV, p. 480.

(3) A. Heiss, *Monn. ant. d'Espagne*, p. 229 et s. et pl. XXIX, nᵒˢ 2-6 *a*

(4) L. Müller, *Numism. de l'anc. Afrique*, t. III, p. 61 et 65.

(5) Ptol. IV, 3.

(6) Pomp. Mel. I, 7; Plin. *HN*, V, 3, 2.

(7) L. Müller, t. III, p. 60, n° 74.

(8) Sur la curieuse histoire de cet aventurier, ancien partisan de Catilina, qui rendit les plus grands services à César dans sa guerre d'Afrique et en fut si richement récompensé, voy. Lacroix, *Hist. de la Numidie*, p. 53 et s.; Haakh dans Pauly, *Real-Encycl.* t. VI, part. 1, p. 1226.

(9) A. Heiss, *Monn. ant. d'Espagne*, p. 332 et pl. XLIX, nᵒˢ 22, 23, 25, 26 et 30; plus deux pièces attribuées inexactement à Obulco, p. 305 et pl. XLIV, nᵒˢ 40 et 41.

deux quatuorvirs (1), et il n'y a guère à douter qu'il ne faille reconnaître des personnages de la même qualité dans ceux qui signent d'autres pièces isolément (2) ou à deux (3), sans joindre de titre à leur nom.

Carteia est, du reste, la ville où nous constatons le plus de variations au sujet de la classe de magistrats dans laquelle la curie choisissait le commissaire ou les commissaires qu'elle désigne pour présider à telle ou telle émission de monnaies. Ainsi, nous y voyons cette charge donnée à deux édiles, CN. AMI. L. ARG. AED (4), à un seul édile C. VIB. AID (5) ou à deux censeurs, L. RAI. L. AGRI. CES (6). Deux autres commissaires des monnaies sont désignés comme P. IVLI. Q (7) et Q. CVRVI. Q (8). L'abréviation ne peut se lire ici *Quinquennalis*, car les quatuorvirs de Carteia étaient annuels (9); il est donc presque

---

(1) A. Heiss, p. 332 et pl. XLIX, n°s 27, 28 et 29.

(2) A. Heiss, p. 330 et s. et pl. XLIX, n°s 4, 5, 6, 8, 11, 30 *a* et 30 *d*.

(3) A. Heiss, p. 332 et pl. XLIX, n°s 20, 21 et 30 *c*.

(4) A. Heiss, p. 331 et pl. XLIX, n° 13.

(5) A. Heiss, p. 331 et pl. XLIX, n° 12. — Le même C. Vibius signe plus tard d'autres espèces comme IIIIVIR IT*erum* (A. Heiss, p. 332 et pl. XLIX, n° 30). On suit ainsi une partie de son *cursus honorum* municipal.

(6) A. Heiss, p. 331 et pl. XLIX, n° 14; cf. n° 15.

(7) A. Heiss, p. 331 et pl. XLIX, n°s 9 et 10.

(8) A. Heiss, p. 332, n° 30 *b*.

On trouve aussi un C. MINI. Q (A. Heiss, p. 331 et pl. XLIX, n° 16), mais je n'ose le grouper avec les deux autres; car il se peut qu'il faille lire C*aius* MIN*lus* Q*uinti* (*filius*) et reconnaître ici un quatuorvir, d'après une autre pièce (A. Heiss, p. 332 et pl. XLIX, n°s 25 et 26) qui porte C*aius* MIN*lus* Q*uinti* F*ilius* IIIIVIR IT*e*R*um*.

(9) C'est ce qui résulte formellement de la mention d'un *quatuorvir quartum* : A. Heiss, p. 332 et pl. XLIX, n° 27.

certain qu'elle désigne les questeurs de la colonie. Car, bien que les abréviations de titres se fassent dans les légendes des monnaies d'une façon beaucoup moins fixe et moins régulière que dans les inscriptions lapidaires, l'expression de *quatorvir* par Q serait tellement contraire aux habitudes que l'on ne saurait s'arrêter à une semblable hypothèse.

Nous avons vu plus haut (dans ce livre, chap. 1ᵉʳ, § 6, 5; et dans le premier paragraphe du présent chapitre II) des édiles curules et des édiles plébéiens recevoir à Rome du Sénat l'autorisation ou la commission d'un monnayage extraordinaire, distinct du monnayage ordinaire des triumvirs, qu'ils signent de leur nom. L'émission extraordinaire, en pareil cas, est toujours faite pour un objet déterminé, en vue de dépenses qui rentrent naturellement dans les attributions des édiles. Dans le monnayage des colonies et des municipes, Carteia est loin d'être la seule ville qui nous montre des autorisations ou des commissions extraordinaires du même genre confiées aux édiles municipaux (1), sans doute pour les besoins spéciaux des services dépendant de leur administration, là où la direction exécutive en matière monétaire appartenait ordinairement aux premiers magistrats.

Ainsi, parmi les villes que nous avons vues avoir leurs espèces municipales habituellement signées des noms des duumvirs annuels ou quinquennaux, nous relevons:

A Calagurris de Tarraconaise, deux pièces signées des édiles (2);

---

(1) Eckhel. *DN*, t. IV, p. 481.
(2) A. Heiss, *Monn. ant. d'Espagne*, p. 164 et pl. XV, n° 5; p. 176 et pl. XVI, n° 32.

A Celsa de Tarraconaise, deux groupes de pièces, signés chacun de deux édiles (1);

A Parium de Mysie, un exemple de l'inscription du nom des deux édiles (2), et un autre où il semble n'y en avoir qu'un seul qui figure (3);

A Sagonte de Tarraconaise, deux monnaies signées des deux édiles (4);

A Turiaso de Tarraconaise, trois autres où les deux édiles collègues ont inscrit leurs noms ensemble (5).

Nous avons dit qu'à Bailo en Bétique on inscrivait sans titres, sur la monnaie, les noms de deux personnages qui semblent être les duumvirs ; une fois nous voyons y substituer le nom d'un seul édile, L. APΘ. FAT. AID (6). A Clunia, dans la Tarraconaise, trois monnaies nous présentent les noms de deux édiles (7) au lieu de ceux des quatuorvirs, indiqués au complet. La seule monnaie connue d'Acinipo de Bétique où soit inscrit un nom de magistrat, porte celui d'un édile (8).

Il a pu, du reste, y avoir des villes où les magistrats monétaires habituels et normaux étaient les édiles. Tel était le cas du municipe d'Obulco, en Bétique, dont les grosses pièces de cuivre offrent toujours au revers les noms de

---

(1) *A.* A. Heiss, p. 143 et pl. XII, n°s 20-22. — *B.* A. Heiss, p. 144 et pl. XII, n° 27.

(2) Eckhel, *DN*, t. II, p. 461 ; Mionnet, t. II, p. 577, n°s 417 et 420; *Suppl.* t. V, p. 393, n° 693.

(3) Mionnet, *Suppl.* t. V, p. 393, n° 692.

(4) A. Heiss, p. 219 et pl. XXVIII, n°s 18 et 22.

(5) A. Heiss, p. 194 et s, et pl. XXIII, n°s 27, 28 et 29.

(6) A. Heiss, p. 341 et pl. L, n° 2; A. Delgado, t. I, pl. VI, n° 3.

(7) A. Heiss, p. 230 et pl. XXIX, n°s 7-8 *bis*.

(8) A. Heiss, p. 362 et pl. LIV, n° 1.

deux magistrats, d'abord en écriture turditaine (livre V, chap. VI, § 2), qui cache quelquefois des noms d'un caractère romain, comme celui de Metellus, orthographié Μεθλός (1), puis en latin. En effet, à cette dernière époque, les noms en question sont accompagnés de la mention du titre de AIDiles (2).

Les noms des magistrats, sur les monnaies des colonies et des municipes, sont, comme on a pu le voir par ce qui précède, au moins aussi souvent sans titre qu'avec titre. Ce qui est beaucoup plus rare, c'est l'indication du rôle rempli par un magistrat municipal dans l'émission de la monnaie, au moyen de l'inscription du titre de sa fonction, sans que son nom soit exprimé, de même que nous avons vu plus haut (dans ce livre, chap. 1ᵉʳ, § 7, 4 et 5; t. II, p. 284, 287 et 297) certaines monnaies militaires romaines ne porter que la marque Q, initiale de *quaestor*. C'est la numismatique de Carteia qui nous offre le plus d'exemples de ce genre. Nous y avons des pièces qui n'ont, avec le nom de la ville, que IIIIVIR· D· D (3); d'autres, CES (4), *censor* ou *censores;* d'autres enfin Q (5), *quaestor*. A Clypea, dans la province d'Afrique, une grande monnaie de cuivre,

---

(1) A. Heiss, p. 303 et pl. XLIII, nᵒˢ 11-14; A. Delgado, t. II, pl. LV, nᵒˢ 1-7.

(2) A. Heiss, p. 303 et pl. XLIII, nᵒˢ 16-19; A. Delgado, t. II, pl. LVIII, nᵒˢ 36-44.
Les pièces plus petites, portant deux noms de quatuorvirs, que M. A. Heiss (p. 305 et pl. XLIV, nᵒˢ 40 et 41) a publiées comme d'Obulco, ne sont pas de cette ville, mais de Carteia.

(3) A. Heiss, p. 332 et pl. XLIX, nᵒˢ 23 et 24.

(4) A. Heiss, p. 331 et pl. XLIX, nᵒ 16.

(5) A. Heiss, p. 330 et pl. XLIX, nᵒ 3.

la plus ancienne que l'on ait de cette colonie, offre au revers la légende C*lypea* I*ulia* P*acensis*. IIIIVIR (1).

Quelquefois, dans les légendes des pièces du monnayage colonial, une formule caractérise le rôle des différents magistrats exécutifs que nous venons de passer en revue, rôle de curateurs à la réalisation du décret de la curie municipale ordonnant la fabrication et l'émission des espèces. C'est ainsi que nous avons vu l'abréviation F*aciendum* C*uravit* employée à la suite du nom du magistrat sur une monnaie de Carteia (2) et sur celles d'Utique (3), que nous avons lu C*urante* P GAVIO CASCA sur des pièces de Clypea (4). La numismatique de Sagonte offre la légende CN BAEBI*us* GLAB*rio*, L C ALPVRN*ius* AED*iles* CVR*averunt* (5). C'est aussi une formule se terminant par CVR, *curavit* ou *curaverunt*, qui était inscrite au revers de la monnaie de la colonie de Cirta (6) ayant au droit les noms de deux quatuorvirs. Mais, sur l'unique exemplaire connu, qui appartient au Cabinet royal de Florence, cette légende est trop mutilée pour qu'on puisse tenter de la rétablir en entier.

(1) L. Müller, *Numism. de l'anc. Afrique*, t. II, p. 155, n° 330.
(2) A. Delgado, *Nuevo método de clasificacion de las medallas autonomas de España*, t. I, pl. xv, n° 62.
(3) L. Müller, t. II, p. 160 et s.
(4) L. Müller, t. II, p. 156.
(5) A. Heiss, *Monn. ant. d'Espagne*, p. 219 et pl. xxviii, n° 18.
(6) L. Müller, t. III, p. 60, n° 74.

CHAPITRE IV

L'ORGANISATION DES ATELIERS MONÉTAIRES; LES GRAVEURS ET LES OUVRIERS DANS L'ANTIQUITÉ.

§ Ier. — CHEZ LES GRECS.

1. Il n'est qu'une seule ville grecque pour laquelle nous soyons renseignés d'une manière précise sur l'organisation de l'atelier monétaire, c'est Athènes. Cette ville, qui avait donné tant d'importance et tant de développement à la fabrication et à l'exportation des espèces faites de l'argent de ses mines du Laurion (dans ce livre, chap. Ier, § 2, 1 et 7 ; livre IV, chap. IV, § 1), comptait parmi ses principaux établissements publics son hôtel des monnaies, ἀργυροκοπεῖον. Une inscription attique (1) en parle et nous apprend que c'était là qu'étaient déposés les étalons officiels des poids et mesures, ou du moins ceux qui servaient de types à la taille des monnaies, τὰ στάθμια τὰ ἐν τῷ ἀργυροκοπείῳ. L'inscription est des temps romains, mais antérieure à l'Empire ; elle appartient donc à une époque où la fabrication des tétradrachmes d'argent d'Athènes n'avait pas encore cessé (voyez plus haut, dans ce livre, chap. Ier, § 2 ; livre VII, chap. V, § 7), et continuait à être consi-

---

(1) *Corp. inscr. graec.* n° 123.

dérable. On a, d'ailleurs, des mentions plus anciennes de l'ἀργυροκοπεῖον d'Athènes comme établissement public, car Antiphon en parlait dans un de ses discours (1), et Eschine le Socratique dans son *Rhinon* (2). Sous les Empereurs, quand Harpocration composait son Lexique, quelques-uns préféraient employer l'expression de σημαντήριον pour désigner cet établissement, qui subsistait encore (3). Le mot ἀργυροκοπεῖον devait, en effet, choquer les esprits sensibles à l'étymologie dans un temps où Athènes ne pouvait plus frapper d'argent, mais seulement de la monnaie de cuivre.

Cet hôtel des monnaies d'Athènes était annexé, comme le premier hôtel des monnaies de Rome au temple de Junon Moneta (livre I, chap. II, v, et le § 2, 1, du présent chapitre), au sanctuaire d'un héros populairement désigné sous le nom du *Stéphanéphore*, ὁ Στεφανηφόρος (4). De là l'expression δραχμαὶ τοῦ Στεφανηφόρου pour dire des drachmes toutes neuves, sortant de la monnaie, n'ayant rien perdu de leur poids par la circulation et exactement conformes à l'étalon officiel (5). Beulé (6) a ingénieusement établi que le *Stéphanéphore* (7) était Thésée, tenant à la main la couronne, présent d'Amphitrite, qu'il avait été chercher dans

---

(1) Harpocrat. *v.* ἀργυροκοπεῖον.

(2) Pollux, VII, 24, 103.

(3) Harpocrat. *v.* ἀργυροκοπεῖον. Reproduit par Suidas au même mot.

(4) Bœckh, *Staatshaushalt. der Athen.* 2ᵉ édit. t. II, *Beilag.* p. 361; Beulé, *Les monnaies d'Athènes*, p. 139 et 349.

(5) *Corp. inscr. graec.* n° 123.

(6) *Monn. d'Athènes*, p. 350 et s.

(7) Harpocrat. Suid. et Phot. *v.* Στεφανηφόρος, tous d'après l'*Atthide* d'Hellanicos. Voy. Sturz, *Fragm. Hellanic.* 2ᵉ édit. p. 60.

le fond de la mer (1), d'après un mythe retracé par Micon dans ses fresques du Théséion (2). Thésée, le héros national par excellence, était celui qui avait dû être naturellement choisi comme protecteur et gardien de l'ἀργυροκοπεῖον, puisque la vanité des Athéniens se plaisait à le représenter comme ayant frappé la première monnaie dans leur cité (3) (livre I, chap. II, III).

Comme ceux de toutes les administrations de l'État athénien, les ouvriers de l'hôtel des monnaies étaient pris parmi les esclaves publics. « Je rougis de parler d'Hyperbolos, disait Andocide dans un de ses discours (4) ; son père, après avoir été marqué, est encore aujourd'hui esclave public à la monnaie (ἀργυροκοπεῖον), et, comme un étranger et un barbare, il n'est bon qu'à faire l'office de lampiste (5). »

Un hôtel des monnaies qui fabriquait en aussi grande abondance que celui d'Athènes occupait nécessairement une quantité d'ouvriers, et ne pouvait manquer, pour la bonne organisation du travail, d'être divisé en un certain nombre d'officines distinctes. Ceci étant, il y avait un intérêt majeur de comptabilité et de contrôle, intérêt qui se comprend facilement, à distinguer par des marques visibles, et ne prêtant pas à l'amphibologie, les monnaies pro-

(1) Pausan. I, 17, 3; Hygin. Poët. astron. II, 5.

(2) Voy. de Witte, dans les *Monuments grecs publiés par l'Association des études grecques*, fasc. 1 (1872), p. 5 et s.

(3) Plutarch. *Thes.* 25.

(4) *Ap.* Schol. *ad* Aristoph. *Vesp.* 1007.

(5) C'est cette dernière expression, λυχνοποιεῖ, qui a donné naissance à la narration, sans autorité sérieuse, d'après laquelle le père d'Hyperbolos aurait été un fabricant et marchand de lampes, qui aurait eu l'habitude de tromper les clients sur la qualité de sa marchandise (Schol. *ad* Aristoph. *Nub.* 1065.).

duites par les diverses officines. Beulé (1) a donc eu raison de reconnaître les marques de ces officines sur les tétradrachmes de la seconde série, où elles s'ajoutent aux noms des trois magistrats en exercice et à l'indication de la prytanie (dans ce livre, chap. III, § 1, 2). Elles consistent dans des sigles de deux ou trois lettres, placées au-dessous de l'amphore sur laquelle est posée la chouette du revers, entre l'amphore et la couronne d'olivier qui environne tout le type (2); ces sigles varient dans certains cas jusqu'à cinq ou six fois avec la notation d'une même prytanie. On en compte vingt-trois différentes, dont chacune offre quelques très-légères variantes :

AN	HP, HPA
AΠ, AΠO	IΣI
AP, APP	KT, KTH
BIΛ	ME, MEN, MENE
ΓΛ	MH
ΔA	ΠE, ΠEP
ΔH	ΠP, ΠPΩ
ΔI, ΔIO	ΣO, ΣOΛ
EMΦ	ΣΦ, ΣΦA, ΣΦAI
EΠ, EΠI	ΣΩ
EP	ΦI
EY, EYP	

« Certains ateliers, observe Beulé, ceux qui signaient ME, ΣΦ, ΣO ou ΣΩ, par exemple, étaient en permanence : on les voit en activité sous presque tous les magistrats. Les autres n'apparaissent que plus rarement et à de longs intervalles. N'est-il pas permis de croire qu'ils ne

(1) *Monn. d'Athènes*, p. 135 et s.
(2) Voy. encore C.-L. Grotefend, *Chronolog. Anordnung d. athen. Silbermünzen*, p. 9.

fonctionnaient que dans les années où le numéraire abondait et où l'émission était considérable? Dans les temps moins heureux, un petit nombre de monnayeurs suffisaient; mais, dès que la fortune souriait aux Athéniens, dès que leur commerce, qui ne cessa pas d'être leur unique ressource, l'exigeait, on rouvrait les ateliers fermés, on en disposait de nouveaux dont les noms changeaient selon le caprice des temps, et l'on frappait par milliers ces tétradrachmes, souvent d'un style si négligé et toujours d'un titre si pur, que le monde entier recherchait et qui furent recherchés jusqu'au dernier jour.

Il ne faudrait pas croire, d'ailleurs, que l'ἀργυροκοπεῖον d'Athènes ait jamais compté vingt-trois officines fonctionnant à la fois. Les magistratures sous lesquelles on relève le plus grand nombre de ces marques n'en comptent jamais plus d'une dizaine. S'il est quelques-unes de ces sigles qui se répètent pendant toute la durée du monnayage des tétradrachmes athéniens de la seconde série, comme celles que nous venons de voir citer par Beulé, et auxquelles il faut ajouter ΑΠ, il en est d'autres qui ne se sont jusqu'ici rencontrés que sur les espèces d'une ou de deux années, par exemple, ΒΙΛ, ΓΛ, ΔΑ, ΕΜΦ, ΚΤ, ΦΙ. En outre, dans le système de classement chronologique si ingénieux, quoique non complétement certain dans toutes ses parties, de M. C. L. Grotefend, on voit certaines marques apparaître et disparaître successivement. Il faut donc de toute nécessité admettre la création d'officines supplémentaires et temporaires, quand le monnayage avait une plus grande activité, ainsi que le changement du nom et, par suite, de la marque de certaines officines avec le cours des temps.

En effet, les combinaisons de lettres, qui sur ces tétradrachmes servent de marques distinctives des produits des diverses officines entre lesquelles était divisé l'hôtel des monnaies d'Athènes, sont de telle nature qu'il est bien difficile d'y voir autre chose que les initiales des noms par lesquels on désignait ces officines. Mais est-il sage et même possible d'essayer de restituer une partie au moins de ces noms d'après de semblables abréviations, et de se faire une idée de la nature des motifs qui ont pu les faire appliquer aux officines de l'ἀργυροκοπεῖον? Beulé l'a tenté (1); mais on ne saurait guère présenter les conjectures que les marques dont nous avons donné le catalogue éveillent dans l'esprit, autrement que comme des sortes de fantaisies de l'imagination, auxquelles on n'attache pas soi-même plus d'importance qu'elles n'en méritent. On doit cependant être frappé de la facilité avec laquelle une grande partie des commencements de noms qui constituent ainsi les marques des officines de la monnaie se complètent pour former des noms de divinités de la religion attique, ANάκων, ΑΠΟλλωνος, ΔΗμητρος, ΔΙΟνύσου, ΕΡμοῦ, ΗΡΑκλέως, ΙΣΙδος, ΜΗτρὸς (cf. le μητρῷον), des surnoms divins non moins importants et qui pouvaient s'employer seuls, ΚΤΗσίου (Διός), ΣΩτείρας (Ἀρτέμιδος), ou bien des noms de personnages qui tiennent un grand rôle dans l'histoire de la constitution religieuse et politique d'Athènes, ΕΠΙμενίδης, ΠΕΡικλῆς, ΣΟΛων, de même qu'on pourrait encore y trouver ΜΕΝΕσθεὺς et ΓΛαῦκος.

D'autres marques appelleraient comme complément naturel de ces appellations populaires comme on se plaisait à en donner aux statues, même à celles de dieux ou de héros, d'après leur action ou leur trait caractéristi-

---

(1) *Monn. d'Athènes*, p. 141.

que (1), ΑΡΡηφόρος et ΣΦΑΙριστὴς par exemple, et je rangerais volontiers ΕΜΦ dans la même catégorie. En se laissant aller à cette pente, l'imagination se représenterait assez volontiers chacune des officinés de l'ἀργυροκοπεῖον athénien comme désignée d'après une statue de dieu, de héros de la fable ou de mort illustre héroïsé, qui y aurait été placée à titre de celle d'un protecteur, de même que l'hôtel des monnaies tout entier était sous la sauvegarde tutélaire de Thésée Stéphanéphore. Il n'est pas jusqu'à la marque énigmatique ΒΙΛ qui ne trouverait une explication dans cette manière de voir. Je ne crois pas qu'il soit possible de trouver à ces trois lettres, comme initiales d'un mot ou d'un nom, un autre complément que ΒΙΛιστίχη, le nom (2) de la célèbre maîtresse de Ptolémée Philadelphe (3), qui prétendait descendre de la race des Atrides (4), que l'on admit à envoyer des coureurs aux Jeux Olympiques (5) et à qui son royal amant éleva des temples sous le nom d'Aphrodite Bilistiché (6). Les Athéniens, aidés par Ptolémée Philadelphe, poussèrent envers lui la flatterie jusqu'à le transformer en héros éponyme d'une nouvelle tribu de leur peuple, en même temps qu'ils appelaient aussi Ptoléméenne une des galères sacrées destinées à porter les Théories religieuses (7) et qu'ils élevaient officiellement des

---

(1) De Witte, *Nouv. Ann. de l'Inst. Arch.* t. I, p. 518; *Ann. de l'Inst. Arch.* t. XVIII, p. 399 et s.; Beulé, *Monn. d'Athènes*, p. 349 et s.

(2) Sur sa vraie forme, voy. l'article que lui a consacré G. Dindorf dans le *Thesaurus* d'Henri Étienne, de l'édition Didot.

(3) Athen. XIII, p. 576; Clem. Alex. *Protrept.* p. 42, ed. Potter.

(4) Athen. XIII, p. 596.

(5) Pausan. V, 8, 11.

(6) Plutarch. *Amat.* p. 753.

(7) Ulpian. *ad* Demosth. *Adv. Mid.* p. 214, ed. Meyer.

statues à la femme (1) et à la fille (2) du roi d'Egypte. Qu'au milieu de ce débordement de flatteries, un magistrat monétaire, un directeur de l'ἀργυροκοπεῖον en soit descendu jusqu'à placer une des officines de cet établissement sous le patronage de la statue d'Aphrodite Bilistiché, la chose n'a rien d'impossible ni d'invraisemblable. Elle est digne de ces Athéniens avilis qui avaient laissé élever et entretenaient l'héroon d'Aphrodite Pythionice (3), élevé à la courtisane maîtresse d'Harpalos, et de l'Aphrodite adorée dans un ancien sanctuaire sur la Voie Sacrée d'Eleusis (4) avaient fait une Aphrodite Philé en l'honneur de la femme de Démétrius Poliorcète (5).

Quoi qu'il en soit — et en laissant de côté ces remarques sur lesquelles je ne voudrais pas trop insister — ce qui me paraît certain, c'est l'existence, sur les tétradrachmes athéniens de la seconde série, de marques qui déterminent les produits des différents ateliers compris dans l'hôtel des monnaies. Une indication de ce genre complétait de la manière la plus heureuse tout le système des garanties, des gages de responsabilité dont Athènes à cette époque entourait la fabrication de ses espèces d'argent, si recherchées encore du commerce, ainsi que la conservation de la loyauté de leur poids et de leur titre. Par là, non-seulement les magistrats monétaires, mais les chefs d'atelier et les esclaves publics qui frappaient la monnaie, étaient atteints

---

(1) Pausan. I, 8, 6.

(2) Pausan. I, 6, 8.

(3) Athen. XIII, p. 594 et s.; Pausan. I, 37, 5; voy. ma *Monographie de la Voie Sacrée Éleusinienne*, t. I, p. 446-450 et 461-472.

(4) Pausan. I, 37, 4.

(5) Athen. VI, p. 255; *Corp. inscr. graec.* n° 507.

à coup sûr, si des pièces altérées étaient mises en circulation.

2. Nous verrons la même pratique régulièrement en usage dans le monnayage romain impérial, à partir d'une certaine époque ; nous en constaterons des vestiges sur une partie des espèces d'argent frappées à Rome sous la République. Il est donc impossible de croire que, dans le monde grec, elle ait été exclusivement restreinte à Athènes. Aussi avons-nous constaté déjà, dans le chapitre précédent (§ 1, 7), que l'interprétation la plus naturelle et la plus vraisemblable, pour les doubles ou triples marques de personnes qui, sous forme de monogrammes ou de sigles de deux ou trois lettres, se rencontrent à côté des différents des villes d'émission sur les espèces royales des monarchies grecques postérieures à Alexandre, consiste à y voir la signature du directeur de l'ensemble de l'hôtel des monnaies de telle ou telle ville, et celle du chef d'une des officines spéciales de cet hôtel, ou bien quelquefois, quand il y a trois marques, celle d'une sorte de maître général des monnaies du royaume ou d'une province, d'un officier de finances ayant eu autorité sur la fabrication monétaire de plusieurs villes à la fois, jointe aux deux autres marques qui viennent d'être indiquées.

Au reste, de même que le système d'indication des diverses villes où étaient frappées les monnaies d'un prince par de petits types, des monogrammes ou des combinaisons de lettres, ne se montre complétement organisé pour la première fois que dans la numismatique de Philippe II de Macédoine, c'est aussi seulement dans le siècle de Philippe et d'Alexandre que l'on commence à rencontrer sur les monnaies des villes indépendantes ou des rois, des marques que l'on peut interpréter avec quelque vraisemblance comme les indices des officines entre lesquelles se partageaient les hôtels des monnaies, comme les signatures des chefs de ces ateliers. Aux époques antérieures, on n'avait pas de raffinements de ce genre, ou du moins le goût esthétique des Hellènes, aux plus beaux temps de l'art, évitait d'encombrer le champ des monnaies de tant d'additions parasites, de nature à détourner le regard du type principal. Si donc alors, ce qui peut être encore tenu pour douteux sur les espèces des cités qui avaient un monnayage considérable et permanent, on cherchait à différencier, non-seulement les pièces fabriquées dans chaque année, sous l'autorité de tel ou tel magistrat, mais encore les produits des divers ateliers de l'ἀργυροκοπεῖον, on devait recourir à des moyens très-peu apparents, analogues aux *points secrets* des monnayeurs du Moyen-Age, à des modifications extrêmement légères du type principal et de la légende. Ces modifications, servant d'indices secrets, étaient de telle nature que le sens nous en échappe, et que même la plupart du temps nous ne savons pas les discerner; les contemporains y voyaient plus clair que nous, mais même pour eux elles ne devaient être complétement comprises qu'en recourant aux registres officiels de l'administration des monnaies. Leur caractère secret pouvait même ainsi devenir un moyen de déjouer la criminelle industrie des faussaires.

En dehors d'Athènes, le silence est absolu chez les écrivains et dans les inscriptions au sujet de la manière dont était organisée la fabrication monétaire, aussi bien que de la condition des monnoyers. Il y a seulement une très-grande probabilité pour l'existence d'un hôtel des monnaies d'État, d'un ἀργυροκοπεῖον constitué comme établissement officiel, ayant pour ouvriers des esclaves publics et comptant plusieurs ateliers distincts, dont chacun avec sa direction et sa comptabilité sous une direction supérieure commune, dans les grandes cités commerciales où la fabrication était continue et ne s'interrompait pas, où elle avait toujours un développement considérable et où les espèces monnayées, grâce à l'extension des opérations de négoce, formaient un article important d'exportation, comme à Corinthe, à Cyzique, à Rhodes, à Syracuse, à Tarente, à Massalie. C'est aussi ce qui devait être dans les principaux siéges de monnayage des grandes monarchies, dont chacun avait à fournir le numéraire indispensable à la circulation dans une notable étendue de territoire.

Cependant, une autre organisation semble être indiquée pour Antioche, du temps où elle était la capitale du royaume des Séleucides de Syrie, dans un passage où Polybe (1) décrit les habitudes populacières qu'affectait Antiochus Épiphane. « Quelquefois, dit-il, on le voyait s'échapper de la cour à l'insu de ses serviteurs et s'en aller errer au hasard dans la ville, avec deux ou trois compagnons seulement. On le trouvait surtout dans les ateliers des orfévres et des monnoyers, bavardant et disputant de leur art avec les ciseleurs et les autres ouvriers (2). Il se plaisait aussi à la conversation des premiers venus dans les gens de la plus basse classe du peuple, et allait boire dans les tavernes avec les plus vils étrangers. » Il n'est pas ici question d'un grand hôtel des monnaies officiel,

---

(1) XXVI, 10, 3; passage conservé par Athénée, V, p. 193.

(2) Μάλιστα δὲ πρὸς τοῖς ἀργυροκοπείοις εὑρίσκετο καὶ χρυσοχοείοις, εὑρεσιλογῶν καὶ φιλοτεχνῶν πρὸς τοὺς τορευτὰς καὶ τοὺς ἄλλους τεχνίτας.

d'un ἀργυροκοπεῖον unique constituant un édifice public important, dont les ateliers, par une précaution tout à fait élémentaire, auraient dû être fermés à tous autres qu'aux ouvriers et aux employés de l'établissement, mais où, en même temps, il eût été bien difficile que le roi pénétrât habituellement sans être reconnu et entouré des honneurs appartenant à son rang. Ce récit nous montre, au contraire, dans la ville d'Antioche, plusieurs établissements de monnayers, ἀργυροκοπεῖα, placés par l'écrivain sur la même ligne que les officines des orfèvres, χρυσοχοεῖα, et ayant également le caractère d'ateliers privés, ouverts à tout venant, suivant le vieil usage des Grecs de choisir, pour lieux de réunions habituels dans les soirées d'hiver, les forges et les autres ateliers des industries qui employaient le feu. Dès le temps de la composition des poésies homériques (1) et l'époque d'Hésiode (2), aussi bien que plus tard, lors de la guerre du Péloponèse (3), les oisifs aimaient à s'y rassembler, pour causer à la chaleur du fourneau. Ce que les écrivains que nous venons de rappeler indiquent comme se passant chez les forgerons, Polybe le représente comme ayant aussi lieu à Antioche chez les orfèvres et les monnoyers, où le roi venait se mêler incognito aux réunions des gens du peuple. Les ateliers où les choses se passaient ainsi devaient bien plus ressembler à ceux des monétaires de la Gaule à l'époque mérovingienne qu'aux hôtels des monnaies montés sur un grand pied par l'État, avec une organisation administrative savante, tels que celui dont nous avons constaté l'existence

---

(1) *Odyss.* Σ, 328.
(2) *Op. et dies*, 493.
(3) Plutarch. *Nic.* 12.

à Athènes, que celui qui fut monté à Rome sous la République, et ceux que nous verrons, au paragraphe suivant, sur un certain nombre de points de l'Empire romain.

Il semble donc, d'après ce passage, qui a quelque chose de très-formel dans ses expressions, qu'un certain nombre de villes indépendantes de la Grèce, et même de monarchies puissantes, avaient adopté une combinaison dans laquelle l'ἀργυροκόπος (1) ou ἀργυροκοπιστήρ (2), tout en ayant le caractère d'un officier public, investi d'une mission de l'État, lié par un serment solennel et soumis à une sévère responsabilité pénale, travaillait sous la surveillance et le contrôle des magistrats à ce délégués, non dans un établissement public, mais dans son atelier privé, monté par lui-même à ses frais et à ses risques, avec ses propres ouvriers, esclaves ou travailleurs libres. Il était ainsi, non plus un chef d'atelier dirigeant des esclaves publics dans un établissement de la République ou de la couronne, mais un fermier prenant à bail l'entreprise de la monnaie pour un temps plus ou moins long, dans des conditions plus ou moins dépendantes de l'administration, sans que l'État lui fournît ni le local, ni l'outillage. Dans les conditions d'outillage coûteux et compliqué de notre fabrication monétaire moderne, une semblable combinaison serait presque impraticable, surtout avec plusieurs monnoyers de ce genre fabriquant concurremment dans la même ville, sans compter que l'on trouverait avec raison qu'elle ouvre trop facilement la porte aux fraudes de toute espèce. Au contraire, les procédés des anciens, tels que nous les avons étudiés

---

(1) Pollux (VII, 24, 103) en cite, comme le plus ancien exemple littéraire, l'emploi dans l'*Ephialtès* de Phrynichos.

(2) Hesych. *s. v.*; Cratinos avait employé ce mot avec un sens métaphorique dans son *Trophonios* (Poll. *l. c.*).

dans le § 1ᵉʳ du chap. III du livre II étaient tellement rudimentaires, ne réclamaient qu'un outillage si simple, que la chose était facile à réaliser, et que tout orfévre pouvait en quelques jours s'improviser monnoyer. Les faits que nous avons constatés plus haut (dans ce livre, chap. III, § 1, 5) sur les drachmes d'argent de Dyrrhachion et d'Apollonie d'Épire, où l'on voit jusqu'à neuf ou dix monnoyers différents en exercice dans l'année de fonctions d'un magistrat éponyme, et chaque monnoyer continuant généralement à frapper sous plusieurs éponymes, cadrent mieux, pour l'organisation technique de ce monnayage, produit sur une très-vaste échelle en vue de l'exportation, avec l'hypothèse d'un certain nombre de fermiers faisant travailler simultanément dans leurs ateliers particuliers, qu'avec celle de l'existence d'un vaste hôtel des monnaies officiel.

Aux temps mérovingiens, nous voyons des personnages, comme Abbon et son élève Saint-Eloi, avant qu'il ne devînt évêque, être à la fois orfévres et monnoyers publics (1). De la même façon, dans les cités grecques, l'ἀργυροκόπος ou monnoyer, en même temps qu'il remplissait un office de la République, en forgeant ses espèces monétaires destinées à avoir cours légal, joignait à cette fabrication d'une nature particulière des travaux d'orfévre, travaux d'industrie toute privée où il cherchait une source de bénéfices supplémentaires. Aussi, à Éphèse, est-ce le monnoyer (ἀργυροκόπος) Démétrios, qui, voyant par suite des prédications de Saint-Paul diminuer son commerce de petits naos d'Artémis en argent, lâche dans la rue ses nombreux ouvriers et excite l'émeute aux cris de : « Grande est l'Artémis des

---

(1) Lecointre-Dupont, *Essai sur les monnaies du Poitou*, p. 18 et s., A. de Barthélemy, *Rev. num.* 1848, p. 178.

Éphésiens » (1). C'est grâce à cette fréquente réunion des deux professions dans les mêmes mains, ainsi qu'à leur étroite et fondamentale affinité, que les orfévres et les monnoyers sont quelquefois indiqués comme formant un seul corps de métier (2). Une inscription de Smyrne émane de la corporation des monnoyers et orfévres, Συνεργασία τῶν ἀργυροκόπων καὶ χρυσοχόων (3). On en vint même à appliquer abusivement, dans le sens du latin *faber argentarius*, le mot grec ἀργυροκόπος (4), dont la composition étymologique impliquait pourtant d'une manière formelle celui qui *taille* en monnaie (κόπτει) l'argent.

Là où ils étaient organisés, comme à Smyrne, en corporation avec les orfévres, les monnoyers cessaient complétement d'avoir le caractère d'officiers publics, pour être de purs industriels comme ceux à qui ils étaient associés. Il semble donc que, dans un certain nombre de cités grecques, il n'y ait pas eu d'offices de monétaires permanents ou institués d'une manière officielle pour un temps fixe d'une durée plus ou moins longue, que la fabrication de la monnaie y ait été entièrement remise à l'industrie privée, un orfévre soumissionnant aux conditions déterminées par les autorités publiques la totalité ou partie de la fourniture d'une émission monétaire, quand elle avait été décidée par un vote du Sénat et du peuple. C'est même là ce qui devait généralement arriver dans les villes de peu d'importance, qui ne monnoyaient que de loin en loin, pour

---

(1) *Act. Apost.* XIX. 24-41.
(2) Plutarch. *De vit. aer. alien.* p. 830.
(3) *Corp. inscr. graec.* n° 3154.
(4) *Jud.* XVII, 4 ; *Jerem.* VI, 29 ; Plutarch. *De placit. philosoph.* p. 876 ; Hierocl. *Philog.* 263, ed. Boissonade ; Justin. Mart. p. 495.

des besoins spéciaux et dans des occasions exceptionnelles. Dans ces villes, il n'y avait pas lieu d'avoir d'ἀργυροκοπεῖον de la République ni même de monnoyer officiel en permanence ; par suite, lorsque l'occasion s'en présentait, il fallait bien recourir aux ressources de l'industrie privée pour la fabrication des espèces, à moins qu'on ne se décidât à faire venir temporairement le monnoyer public d'une ville voisine et plus importante. Le simple bon sens suffit à faire deviner qu'en pareil cas, lorsque la fabrication de la monnaie avait lieu par entreprise de l'industrie privée, on devait prendre des précautions particulières, imposer au soumissionnaire, sous la sanction de peines très-sévères, des obligations analogues à celles que les lois de Solon avaient établies à Athènes pour les graveurs de cachets. Il était absolument défendu aux dactylioglyphes de garder chez eux les empreintes des sceaux et cachets qu'ils avaient gavés (1), de manière à éviter qu'on ne pût ensuite falsifier ces cachets en les copiant exactement, ce qui, dans les habitudes antiques, eût correspondu à une falsification de signature. A plus forte raison, l'orfévre qui avait eu l'entreprise d'une émission de monnaies devait être tenu, la fabrication achevée, de remettre aux magistrats publics les coins et les poinçons qu'il avait gravés pour cet objet ; c'est seulement ainsi qu'on pouvait être assuré qu'il se maintiendrait exactement dans les limites à lui fixées par la décision publique qui avait ordonné la création de monnaies, et qu'il ne continuerait pas frauduleusement la fabrication à son profit personnel.

---

(1) Diog. Laërt. I, 57.

3. La présence de signatures des artistes qui ont gravé les coins, sur quelques monnaies grecques de la plus belle époque, est un fait aujourd'hui parfaitement établi. Sa constatation a été l'une des découvertes les plus heureuses et les plus fécondes qui aient été faites en numismatique depuis l'époque d'Eckhel.

Que les graveurs des monnaies helléniques aient été de véritables artistes, vivant dans des conditions d'honorable liberté, assez considérés même pour avoir été dans certains temps et dans certaines villes admis à signer leurs œuvres, c'est ce qu'attestent d'une façon impossible à contester les pièces de Cydonia de Crète où on lit ΝΕΥΑΝΤΟΣ ΕΠΟΕΙ (1) et celles de Clazomène qui portent ΘΕΟΔΟΤΟΣ ΕΠΟΕΙ (2), plaçant ainsi après le nom du graveur le verbe ἐπόει, « faisait », qui constitue le complément habituel des formules des inscriptions d'artistes. En présence de deux exemples aussi formels, les numismatistes ont dû se demander si, sur les monuments qui font l'objet de leurs études, il n'existait pas d'autres signatures du même genre, avec une formule moins complète, sans addition du verbe, mais pourtant possibles à déterminer, et s'il y avait des règles qui permissent de distinguer avec quelque certitude ces noms d'artistes de ceux des magistrats responsables, préposés à la fabrication des monnaies et y donnant leur garantie personnelle par l'apposition de leur signature. Le résultat de ces recherches a été de faire reconnaître avec sûreté des inscriptions d'artistes dans un

---

(1) Eckhel, *DN*, t. II, p. 309; Mionnet, t. II, p. 271, n° 112; *Zeitschr. f. Numism.* t. II, pl, 1, n° 8.

(2) R. Rochette, *Lettre à M. Schorn*, vignette du titre; *Catalogue Dupré*, pl. II, n° 288; Friedlander, *Zeitschr. f. Num.* t. I, p. 294; Von Sallet, même recueil, t. II, p. 9, pl. I, n° 9.

certain nombre de noms qui se présentent sur les monnaies, tracés en caractères extrêmement petits, à demi dissimulés en général, dans une position exceptionnelle, dans un accessoire du type, un bandeau de la coiffure, un pli du vêtement, à des places bien moins apparentes que celles où se montrent les noms des magistrats, qui sont aussi toujours écrits en plus grandes lettres. On a pu, en effet, constater qu'entre les différentes pièces qui offrent un même nom dans ces conditions exceptionnelles, il existe toujours, dans l'exécution des types, une parenté de style, de faire, de main, qui ne permet pas d'y méconnaître les œuvres d'un même artiste.

Le premier qui ait ouvert la voie à ces ingénieuses et brillantes recherches, a été le duc de Luynes (1). Après lui, Raoul Rochette a définitivement établi le fait des signatures de graveurs monétaires sur une quantité notable de pièces grecques (2), et formulé d'une manière fort heureuse les règles qui permettent de les discerner. Mais, malheureusement, il n'a pas été toujours assez fidèle aux règles qu'il avait posées lui-même, et il s'est laissé entraîner à grossir démesurément la liste des artistes de cette classe, en y inscrivant des noms qui n'avaient en aucune façon droit à y figurer. Un nouveau travail qui reprît la question avec une rigoureuse critique, écartât les exemples sûrement allégués à faux, et dans les autres fît la part du certain et du douteux, restait donc à faire après celui de Rochette. La science l'a longtemps attendu, mais il a été enfin exé-

---

(1) *Ann. de l'Inst. Arch.* t. II, p. 85 et s.

(2) *Lettre à M. le duc de Luynes sur les graveurs des monnaies grecques.* Paris, 1831, in-4°; et dans sa *Lettre à M. Schorn*, où un chapitre est consacré aux graveurs monétaires. — Voy. aussi H. Brunn, *Geschichte der griechischen Künstler*, t. II, p. 415-438.

cuté de main de maître par M. Von Sallet (1), qui a su y déployer les qualités éminentes par lesquelles se distinguent toujours ses œuvres numismatiques.

C'est principalement sur les monnaies de la Grande Grèce et de la Sicile qui se rencontrent les signatures d'artistes. Voici la liste de celles que l'on peut y tenir pour asssurées :

ITALIE.

Héraclée de Lucanie : ΑΡΙΣΤΟΞΕΝΟΣ, ΑΡΙΣΤΟΞΕνος (2) ; ΕΥΦΡΟνιος (3).
Métaponte : ΑΡΙΣΤΟΞενος (4).
Vélia : ΚΛΕΥΔΩΡΟΥ (5), ΚΛΕΥδώρου (6) ; ΦΙΛΙΣΤΙΩΝΟΣ (7).
Pandosia : ΜΑΛΥΣ (8) ;

(1) *Die Künstlerinschriften auf griechischen Münzen*, Berlin, 1871 ; *Zu den Künstlerinschriften auf griechischen Münzen*, dans la *Zeitschr. f. Numism.* t. II, p. 1-9.

(2) Imhoof-Blumer, *Berliner Blätter für Münzkunde*, t. V, pl. LII, n° 2 ; Von Sallet, p. 14 et 44.

(3) Imhoof-Blumer, *Choix de médailles*, pl. VIII, n° 234 ; Von Sallet, p. 24 et 44 ; *Zeitschr. f. Num.* t. II, p. 1.

(4) R. Rochette, pl. IV, n° 32 ; Von Sallet, p. 14 et 44.

(5) R. Rochette, pl. III, n° 21.

(6) Von Sallet, p. 30 et 46.

(7) R. Rochette, pl. III, n° 20 ; D. de Luynes, *Choix de médailles grecques*, pl. III, n° 17 ; Von Sallet, p. 37 et 46.
Peut-être faut-il y joindre, d'après des monnaies de la même ville, HPA : D. De Luynes, *Choix de méd.* pl. III, n° 16 ; Von Sallet, p. 23 et 46.

(8) *Catal. of gr. coins in the Brit. Mus., Italy*, p. 370, n° 2 ; *Zeitschr. f. Num.* t. II, p. 2.

Rhégium :
NIKO (1), nom que nous n'osons pas compléter, tant ce début peut l'être de façons différentes.
ΕΥαινέτου (2) ;
ΚΡΑΤΗΣΙΓΓΟ (3).

On doit aussi probablement reconnaître des signatures de graveurs sur quelques pièces d'argent de Thurium ; mais elles sont encore douteuses et surtout très-difficiles à distinguer des inscriptions de noms de magistrats.

SICILE.

Camarina : ΕΞΑΚΕΣΤΕΙΔΑΣ (4) ; ΕΞΑΚΕστείδας, rétrograde (5) ;
ΕΥΑΙνετος (6) ;
Catane : ΕΥΑΙΝετος (7), ΕΥΑΙνετος (8) ;

(1) Salinas, *Sul tipo dei tetradrammi di Segesta*, p. 28 ; *Zeitschr. f. Num.* t. II, p. 2.

(2) *Zeitschr. f. Num.* t. II, p. 2. — C'est l'analogie du style avec celui des coins gravés à Syracuse par Evénète, qui amène à compléter ainsi ce nom, réduit en abréviation à sa première syllabe.

(3) *Catal. Th. Thomas*, n°s 166 et 167 ; Friedländer, *Archæol. Zeit.* 1847, p. 119, pl. VIII, n° 6 ; Pinder, *Die antiken Münzen*, p. 21, n° 111 ; Von Sallet, p. 26 et 47 ; *Zeitschr. f. Num.* t. II, p. 3.

(4) R. Rochette, pl. II, n° 18 ; *Catal. of gr. coins in the Brit. Mus., Sicily*, p. 33, n° 14.

(5) *Rev. Num.* 1864, pl. XV, n° 6 ; Von Sallet, p. 16 et 48.

(6) *Catal. of Brit. Mus., Sicily*, p. 36, n° 16 ; *Zeitschr. f. Num.* t. II, p. 3.

(7) R. Rochette, pl. I, n° 8 ; *Catal. of Brit. Mus., Sicily*, p. 48, n° 35.

(8) R. Rochette, pl. I, n° 9 ; *Catal. of Brit. Mus., Sicily*, p. 48, n° 37 ; Von Sallet, p. 20 et 49.

ΗΡΑΚΛΕΙΔΑΣ (1);
ΠΡΟΚΛΗΣ (2);
ΧΟΙΡΙΩΝ (3);

Messana : ΚΙΜΩΝ (4);

Naxos : ΠΡΟΚΛΗΣ (5);

Syracuse : ΕΥΑΙΝΕΤΟ, ΕΥΑΙΝΕτου, ΕΥΑΙνέτου (6);

ΕΥΘ (7), nom que l'on ne saurait compléter avec certitude;

ΕΥΚΛΕΙΔΑ, ΕΥΚΛΕΙδα (8);

ΕΥΜΕΝΟΥ (9), ΕΥΜΗΝΟΥ (10), et les abrévia-

---

(1) *Catal. of Br. Mus.*, *Sicily*, p. 46 et s., nᵒˢ 31, 32 et 39; Von Sallet, p. 26 et 49.

(2) R. Rochette, *Lettre à M. Schorn*, vignette de la préface; Von Sallet, p. 34 et 49.

(3) Fox, *Greek coins*, pl. III, n° 30; *Catal. of the Brit. Mus.*, *Sicily*, p. 47 et s., nᵒˢ 34 et 42; Von Sallet, p. 41 et 49; *Zeitschr. f. Num.* t. II, p. 3, pl. I, n° 7.

(4) *Catal. of Brit. Mus.*, *Sicily*, p. 105, n° 56. La lecture est encore quelque peu douteuse.

(5) Torremuzza, *Sicil. vet. num.*, *Auctar. II*, pl. IV, n° 3; Millingen. *Ancient coins*, pl. II, n° 15; R. Rochette, pl. II, n° 19; D. de Luynes. *Choix de méd.* pl. VII, n° 7; Von Sallet; p. 34 et 50; *Zeitschr. f. Num.* t. II, p. 3.

(6) R. Rochette, pl. I, nᵒˢ 6 et 7; Von Sallet, p. 17 et s.; *Catal. of the Brit. Mus.*, *Sicily*, p. 166, n° 148; p. 171 et s., nᵒˢ 173-190; *Zeitschr. f. Num.* t. II, pl. I, n° 2.

(7) R. Rochette, pl. II, n° 16; *Catal. Gréau*, pl. I, n° 876; Von Sallet, p. 21; *Catal. of Brit. Mus.*, *Sicily*, p. 167, n° 152.

(8) R. Rochette, pl. I, nᵒˢ 2-5; *Catal. Gréau*, pl. I, n° 878; Von Sallet, p. 21; *Catal. of Brit. Mus.*, *Sicily*, p. 173 et s., nᵒˢ 190-199; *Zeitschr. f. Num.* t. II, pl. I, nᵒˢ 5 et 6.

(9) *Catal. of Brit. Mus.*, *Sicily*, p. 166 et s., nᵒˢ 148-150, 152 et 162.

(10) R. Rochette, pl. I, n° 2; II, nᵒˢ 11, 12 et 15; *Catal. of. Brit. Mus.*, *Sicily*, p. 164 et s., nᵒˢ 140-144.

tions susceptibles de se rapporter indifféremment à ces deux formes (1), qui s'échangent dans la signature du même artiste (2);

ΚΙΜΩΝ, ΚΙΜων, ΚΙμων (3);

ΓΑΡΜΕνίων ou ΓΑΡΜΕνίδης (4);

ΣΩΣΙΩΝ (5);

ΦΡΥΓΙΛΛΟΣ, ΦΡΥΓίλλος, ΦΡΥγίλλος (6).

La signature de Phrygillos est la seule qui se présente sur une monnaie de bronze (7); les autres graveurs que nous venons d'énumérer n'ont inscrit leurs noms que sur l'argent, et Cimon peut-être sur l'or.

---

(1) R. Rochette, pl. II, nos 12, 15 et 16; *Catal. of Brit. Mus., Sicily,* p. 165 et s., nos 146, 147, 151, 153. — Sur l'ensemble des signatures d'Euménos : Von Sallet, p. 22 et s.

(2) Le nom d'Eumélos, admis par quelques-uns dans la liste des graveurs syracusains, doit en être retranché. M. Salinas (*Rev. Num.* 1864, p. 351-362) a établi que les pièces où l'on avait lu ce nom sont des contrefaçons frauduleuses et presque barbares de celles qu'avait gravées Euménos, et que ΕΥΜΗΛΟΥ y est une faute du faussaire pour ΕΥΜΗΝΟΥ.

(3) R. Rochette, pl. I, n° 1; *Mus. Sanclem. num.* t. I, pl. XI, n° 120; Von Sallet, p. 29; *Catal. of Brit. Mus., Sicily,* p. 170, n° 168, p. 175 et s., nos 200-209; *Zeitschr. f. Num.* t. II, p. 4, pl. I, nos 3 et 4.

(4) R. Rochette, pl. II, n° 17; Von Sallet, p. 33; *Catal. of Brit. Mus., Sicily,* p. 177 et s., nos 210-213.

(5) Von Sallet, p. 36; *Catal. of Brit. Mus., Sicily,* p. 167, n° 154; *Zeitschr. f. Num.* t. II, p. 4, pl. I, nos 1.

(6) R. Rochette, *Lettre à M. Schorn,* vignette du titre; *Catal. Gréau,* pl. I, n° 876; Von Sallet, p. 38; *Catal. of Brit. Mus., Sicily,* p. 168 et s., nos 156-161.

(7) R. Rochette, *Lettre à M. Schorn,* vignette à la fin de la préface; Von Sallet, p. 39; *Catal. of. Brit. Mus., Sicily,* p. 182, n° 241.

Il y a sérieuse probabilité pour que l'on doive reconnaître des noms d'artistes dans ceux qui, tracés avec une singulière finesse, sont disposés de manière à former le léger poil follet de la joue de la tête juvénile du droit, sur quelques oboles de Massalie (1). Ces graveurs des monnaies massaliètes, ATPI..., MA..., ΓAP..., et un autre de lecture encore douteuse, me paraissent devoir être groupés avec ceux de l'Italie, car je crois pouvoir établir, dans un travail spécial dont je rassemble les éléments, d'après des analogies très remarquables et très-caractérisées de style, que c'est de Vélia, autre colonie phocéenne, que Massalie fit à plusieurs reprises venir des artistes pour relever la gravure de ses coins monétaires, quand elle menaçait de tomber dans la barbarie.

Tandis que la numismatique de l'Italie méridionale et de la Sicile nous a fourni une liste d'une certaine étendue, de noms où l'on peut reconnaître avec certitude des signatures d'artistes, dans la Grèce proprement dite et dans l'Asie Mineure, il n'y a d'exemples certains de semblables signatures que le ΝΕΥΑΝΤΟΣ ΕΓΟΕΙ de Cydonia de Crète et le ΘΕΟΔΟΤΟΣ ΕΓΟΕΙ de Clazomène. Cependant, à cause de leur position exceptionnelle, un monogramme des lettres MYP sur une autre monnaie de Cydonia (2) et ΓΥΘΙΑΓΥ sur une pièce d'argent d'Aptéra (3), également dans l'île de Crète; les lettres AM, ΔE et KPA sur quelques

---

(1) La Saussaye, *Numism. de la Gaule Narbonnaise*, pl. I, n⁰ˢ 31-33; Von Sallet, p. 42.

(2) *Zeitschr. f. Num.* t. II, p. 6.

(3) Mionnet, t. II, p. 264, n° 27; *Suppl.*, t. IV, pl. VIII, n° 3 (il a lu ΓΥΘΟΑΓ); Leake, *Numism. hellen.*, *Ins.* n° 3 (il a lu ΓΥΘΑΓ); Von Sallet, p. 35 et 52.

monnaies de la Ligue Chalcidienne (1) (sur ce monnayage, plus haut, dans le présent livre, chap. Ier, § 2, 3); THMI ou TEMI à Pharsale de Thessalie (2) ; KI sur le côté du siége du trône de Zeus dans un exemplaire du tétradrachme d'Alexandre enregistré par M. L. Müller sous le n° 897, exemplaire conservé au Cabinet de Berlin (3) ; peut-être enfin, mais avec bien plus de doute, ΙΣΙΔωρος, inscrit en toutes petites lettres dans l'arc de l'Apollon, au revers d'un tétradrachme de Séleucus IV, roi de Syrie (4), auraient quelques chances sérieuses de pouvoir être rangés parmi les inscriptions d'artistes (5). Mais pour aucun de ces exemples on ne saurait être aussi affirmatif que pour les signatures de graveurs de la grande Grande Grèce et de la Sicile. L'usage de laisser les artistes inscrire leur nom sur les monnaies dont ils exécutaient les coins, n'était donc bien établi que dans ces deux contrées. Partout ailleurs le fait ne se présentait que tout à fait exceptionnellement.

Quelquefois deux artistes ont été associés pour graver en commun une même monnaie, l'un exécutant le droit et l'autre le revers. Ainsi nous possédons des pièces de Syracuse qui, par les signatures qu'elles présentent sur l'une et l'autre face, ainsi que par le cachet de style personnel des types, se révèlent comme les produits de la

(1) *Zeitschr. f Num.* t. II, p. 5.

(2) Imhoof-Blumer, *Choix de méd.* pl. IX, n° 27, *Zeitschr. f. Num.* t. II, p. 6.

(3) Friedländer, dans Brunn, *Gesch. d. griech. Künstler*, t. II, p. 433; Von Sallet, p. 28 et 51.

(4) R. Rochette, *Lettre à M. Schorn*, vignette de la p. 1; Von Sallet, p. 27 et 52.

(5) Tous les autres noms jusqu'ici donnés, par R. Rochette, H. Brunn ou par d'autres, comme ceux de graveurs, doivent être rayés de la liste et sont sûrement des noms de magistrats.

collaboration d'Eumène et d'Evénète (1), d'Eumène et d'Euth... (2), de Phrygillos et d'Euth.... (3), d'Euclide et d'Eumène (4) et d'Euclide et d'Evénète (5). Pareilles associations étaient fréquentes chez les artistes grecs, surtout chez les statuaires (6). Pausanias (7) et Pline (8) citent un certain nombre des statues célèbres comme le produit de la collaboration de deux sculpteurs. Les exemples du même genre sont abondants dans les monuments parvenus jusqu'à nous de l'épigraphie grecque; bornons-nous à rappeler ceux qui attestent, dans l'école attique, la collaboration habituelle de Critios et Nésiotès (9), d'Euchir et d'Eubulidès (10).

Quand un graveur de monnaies avait acquis une certaine réputation d'habileté et de talent, la sphère de son activité d'artiste ne se restreignait pas à la cité qu'il habitait, et de nombreuses villes se disputaient l'avantage de

(1) Von Sallet, p. 19; Barclay Head, *Coinage of Syracuse*, pl. III, n° 13; *Catal. of Brit. Mus., Sicily*, p. 166, n°⁸ 148-151.

(2) R. Rochette, pl. II, n° 16; Von Sallet, p. 21; *Catal. of Brit. Mus., Sicily*, p. 167, n°ˢ 152 et 153.

(3) *Catal. Gréau*, pl. I, n° 876; Von Sallet, p. 21; *Catal. of Brit. Mus., Sicily*, p. 168, n°ˢ 156 et 157.

(4) R. Rochette, pl. I, n° 2; Von Sallet, p. 22; *Catal. of Brit. Mus., Sicily*, p. 173, n°ˢ 191-193.

(5) *Catal. of Brit. Mus., Sicily*, p. 173, n° 190.

(6) Bœckh, *Corp. inscr. graec.* p. 21; R. Rochette, *Lettre à M. le duc de Luynes*, p. 25.

(7) IX, 11, 2; X, 10, 2.

(8) *HN*, XXXVI. 5, 4.

(9) *Corp. inscr. attic.* t. I, nᵗˢ 374-376.

(10) *Corp. inscr. graec.* n° 666; Ross, *Le Monument d'Eubulidès*, Athènes, 1837; Beulé, *L'Acropole d'Athènes*, t. II, p. 345, n° 22; Le Bas, *Mém. de l'Acad. des Inscr.* nouv. sér. t. XXIII, 2ᵉ part. p. 146-150.

lui voir graver les coins destinés à la frappe de leurs espèces métalliques. C'est ainsi que les monuments numismatiques nous font voir, comme on a pu déjà le discerner dans la liste que nous avons donnée, Evénète travaillant pour Phégium, Camarina et Catune en même temps que pour Syracuse, Proclès pour Catane et Naxos, Aristoxène pour Héraclée de Lucanie et Métaponte, Cimon pour Syracuse et Messana. Cette conclusion ne résulte pas seulement de l'identité des noms dans les signatures, ce qui serait une raison insuffisante, car il pourrait y avoir homonymie purement fortuite entre des artistes différents ; mais le travail de la même main, l'empreinte du style propre à un même artiste, sont incontestables dans les monnaies de villes différentes que nous rapprochons ainsi (1).

Au sujet de la période de temps fort restreinte dans laquelle se placent toutes les signatures connues de graveurs des monnaies grecques, nous ne saurions mieux faire que de rapporter ici les judicieuses observations de M. Von Sallet (2).

« A Rhégium, la destruction de la ville en 387 av. J.-C. (par Denys l'Ancien) fournit une date certaine pour la cessation du monnayage d'argent. Le graveur Cratésippos est manifestement un peu plus ancien, puisqu'il emploie encore l'orthographe ΡΗΓΙΝΟΝ dans la légende de ses monnaies. (Voy. livre IV, chap. II, § 2 ; livre V, chap. I, § 2.)

« Pour la Sicile, l'époque de la destruction de Naxos et de Catane par Denys, en 403 av. J.-C., offre un élément sûr pour dater un grand nombre de monnaies. Proclès a

---

(1) Voy. par exemple, dans la pl. I de R. Rochette, nos 6-9, le rapprochement des types gravés par Evénète pour Syracuse et Catane.
(2) *Zeitschr. f. Num.* t. II, p. 7 et s.

travaillé pour Naxos et Catane, Chœrion et Héraclidas pour Catane, tous les trois évidemment très-peu avant 403. Evénète gravait à la fois pour Catane et pour Syracuse dans sa première manière, d'un style encore dur, également dans les dix dernières années du vᵉ siècle. Les monnaies qui appartiennent au complet développement de son talent, à la perfection de sa manière (et la pièce qu'il a gravée pour Camarina est du nombre), doivent être attribuées avec certitude aux années qui ont suivi 400, ainsi que les monnaies gravées par Cimon, son contemporain. Dans le même temps se placent Euclide, Phrygillos, etc. Eumène a commencé plus tôt, et Sosion doit être aussi rangé parmi les artistes qui participent encore de l'ancien style.

« En un mot, tous les graveurs monétaires siciliens appartiennent à une même période, celle du plus haut degré de développement de la Sicile, et en particulier de Syracuse, après la guerre des Athéniens et sous Denys Iᵉʳ, au temps de qui je rapporterais les chefs-d'œuvre d'Evénète et de Cimon.

« En Grèce, les inscriptions de noms d'artistes sont si mal déterminées encore et se présentent si sporadiquement, qu'il est difficile d'en parler avec précision. Les belles monnaies de la Ligue Chalcidienne appartiennent au temps de Philippe de Macédoine, jusqu'en 348 av. J.-C. (1). Les pièces de Clazomène avec ΘΕΟΔΟΤΟΣ ΕΓΟΙΕΙ doivent avoir été frappées à l'époque du roi Mausole de Carie, mort en 353 (2). On a déjà remar-

---

(1) J'ai cru devoir adopter une époque de trente ans antérieure et se terminant en 379 (plus haut, dans ce livre, chap. 1ᵉʳ § 2, 3).

(2) Je pencherais plutôt à croire qu'elles appartiennent aux années

qué l'analogie de style qui existe entre la tête du droit de ces pièces et celle qui se voit sur les monnaies du monarque carien, mais avec une beauté bien supérieure dans l'œuvre du graveur de Clazomène.

« Par conséquent, à l'exception de quelques exemples bien douteux fournis par certaines monnaies royales (d'Alexandre et de Seleucus IV) et peut-être de quelques autres appartenant à l'Italie méridionale, on peut déterminer le milieu du IV° siècle avant l'ère chrétienne comme l'époque où les noms de graveurs disparaissent absolument des monnaies, tandis qu'on ne saurait citer aucun fait certain d'inscription d'un nom de ce genre avant les dix dernières années du V° siècle. »

Enregistrons maintenant, sur le sujet spécial des graveurs de Syracuse, les remarques de M. Barclay Head (1), qui a su serrer de plus près et avec plus de succès qu'aucun autre les phases de l'histoire de l'art dans cette grande cité, et qui en a fait un si heureux usage pour la détermination de la série chronologique de ses monnaies.

De la levée du siége par les Athéniens à l'avénement de Denys l'Ancien (412-406 av. J.-C.) : « C'est à ce moment qu'une attention toute particulière commence à être consacrée à la fabrication des monnaies, dont la beauté est désormais regardée comme un objet d'intérêt public. Pour la première fois, les graveurs des coins sont admis à signer leur œuvre, et nous voyons dès lors

---

subséquentes, pendant lesquelles on construisait et décorait à Halicarnasse le tombeau de Mausole.

(1) *On the chronological sequence of the coins of Syracuse*, Londres et Paris, 1874, extrait du t. XIV de la nouvelle série du *Numismatic Chronicle*.

fréquemment charger deux artistes différents de l'exécution des deux faces d'une même pièce. Eumène, Sosion et Phrygillos sont les graveurs principalement employés à l'exécution des têtes du droit des pièces que je classe avant 406, Eumène, Evénète et Euth.... ceux à qui l'on confie plutôt les coins des revers dans les mêmes années (1). »

Temps de Denys et de ses successeurs (406-345) : « Les monnaies d'argent des règnes de Denys et de ses successeurs sont les spécimens les plus splendides qui existent de l'art monétaire, par le luxe du style et la délicatesse du travail. Mais ils ne présentent pas, par contre, la pureté et la simplicité qui caractérisent l'art de la meilleure époque en Hellade et en Ionie (2). Les noms de graveurs qui se rencontrent alors le plus fréquemment sur les droits des pièces sont ceux d'Evénète, Euclide, Cimon et Parménion ou Parménide. Les deux premiers se trouvent souvent avec des revers signés d'Eumène. Euclide et Cimon ont excellé dans la représentation des têtes de face ; celle de Pallas par Euclide (3) et celle d'Aréthuse par Cimon (4), sont justement célèbres; nous préférons la seconde, mais la première était alors tellement favorite qu'on l'adopta, à l'exclusion de toute autre, pour les drachmes et les hémidrachmes...

« Les décadrachmes sont nombreux dans cette période. Tous, sans exception, paraissent avoir été les œuvres des deux artistes Evénète et Cimon, bien que tous ne soient pas signés......

---

(1) P. 19.
(2) R. S. Poole, *On greek coins as illustrating greek art*, dans le *Num. chron.* nouv. sér. t. IV, p. 236.
(3) Pl. IV, n° 10 de la publication de M. Barclay Head.
(4) Pl. IV, n° 9.

« Les pièces qui semblent bien positivement appartenir à la fin de la période ne portent plus de signatures d'artistes....... Il est probable, du reste, que les dernières datent de la fin du règne de Denys II et du temps de Dion (356-353). Les neuf ans qui suivirent l'assassinat du dernier ne furent qu'une longue convulsion de désordre et d'anarchie, où il n'est pas vraisemblable que l'on ait produit beaucoup de monnaies (1). »

Il résulte de ces faits que l'on ne trouve de signatures certaines de graveurs monétaires que pendant une période historique d'une soixantaine d'années environ, qui correspond, du reste, au développement le plus parfait de cet art; puis que la permission accordée à ceux qui exécutaient les coins des monnaies d'y inscrire leurs noms n'a été, même pendant cette période, dans la Grèce proprement dite et l'Asie-Mineure, qu'un fait extrêmement rare, exceptionnel; qu'il n'est passé à l'état d'usage habituel que dans la Sicile et la Grande-Grèce. Ceci semble bien montrer que si ces graveurs étaient des hommes libres et de véritables artistes, en général on ne les classait pas à un rang bien élevé, sur la même ligne que les maîtres de la sculpture et de la peinture; qu'on les rangeait plutôt dans ce que nous appellerions les artistes industriels, par opposition à ceux qui cultivent le grand art. Cette conclusion est confirmée par le silence absolu que gardent tous les écrivains de l'antiquité grecque au sujet des graveurs monétaires. Les littérateurs ont dédaigné de conserver le nom d'aucun d'eux, tandis qu'ils célèbrent la gloire de certains graveurs sur pierres fines, même celle de ciseleurs d'orfévrerie.

(1) P. 20 et s.

Une certaine parenté de procédés techniques entre les deux arts a fait supposer à quelques-uns des érudits modernes (1) que les graveurs des coins monétaires devaient être pris parmi les graveurs d'intailles et de camées. Il n'est pas impossible que la chose ait pu quelquefois se produire. Cependant, il me semble plus probable que ces graveurs des monnaies appartenaient ordinairement à la classe des toreutes, ou ciseleurs sur métaux, et qu'ils devaient en même temps exécuter des pièces d'orfévrerie, de même que nous venons de voir les entrepreneurs de monnayage, ἀργυροκόποι, se confondre avec les orfévres, χρυσοχόοι. Il y a même vraisemblance à ce que, dans bien des cas, le même personnage, tout en exerçant le métier d'orfévre, a pu être à la fois monnoyer, comme entrepreneur industriel, et graveur de coins (2). C'est de la même façon que la plupart des grands graveurs de médailles et de monnaies de l'Italie des XVe et XVIe siècles, et ceux de la France du XVIe (3), étaient en même temps orfévres, et que plusieurs d'entre eux sont connus comme ayant soumissionné l'entreprise d'une ou plusieurs émissions de monnaies (4).

(1) Jacobs, *Münchner Denkschrift*, part. v, p. 9; Meyer, *Geschichte der bild. Künste*, t. I, p. 141 ; Welcker, *Kunstblatt*, 1827, n° 84, p. 334.

(2) Je serais assez disposé à croire que c'est seulement dans cette dernière condition que l'on aura permis à un graveur de placer son nom sur la monnaie, non plus d'une manière dissimulée, mais à une place plus importante et avec le verbe ἐπόει. L'inscription serait ainsi à la fois une signature d'artiste et une signature de monnoyer responsable.

(3) Voy. la dissertation de M. Albert Barre : *Graveurs généraux et particuliers des monnaies de France; Contrôleurs généraux des effigies; Noms de quelques graveurs en médailles de la Renaissance française* (extrait de l'*Annuaire de la Société Française de Numismatique*). Paris, 1867. Et J.-J. Guiffrey, dans les *Mélanges de Numismatique*, 1877, p. 430 et s.

(4) Voy., entre autres, l'exemple d'Emiliano Orsini, de Foligno, sous

Nous avons vu que l'un des principaux et des plus habiles graveurs monétaires de Syracuse, au temps des Denys, s'appelait Cimon. Or, parmi les plus fameux ciseleurs de vases d'or et d'argent, à la grande époque de la plastique grecque, est précisément aussi un Cimon, qu'Athénée (1) mentionne avec de grands éloges, mais sans indiquer sa patrie. Le rapprochement est au moins remarquable, quoiqu'il y aurait imprudence à affirmer d'une manière absolue l'identité des deux personnages.

En tous cas, la nature de l'art qu'ils pratiquaient, et qui n'était pas tenu pour plus relevé que celui de l'orfévre et du ciseleur, qui de même était rangé parmi les métiers plutôt que parmi les arts proprement dits, a fait que les anciens ont tenu les graveurs de monnaies en assez médiocre estime pour ne nous avoir conservé aucun de leurs noms. Et pourtant pour nous autres modernes, qui n'avons pas les mêmes préjugés, il est au moins trois de ceux dont les signatures ont pu être lues sur leurs œuvres, que nous n'hésitons pas à placer au rang des plus grands artistes de l'antiquité, et qui méritent à nos yeux au moins une page dans l'histoire générale de l'art : ce sont Evénète et Cimon de Syracuse, et Théodote de Clazomène (2).

Evénète et Cimon étaient contemporains, quoique le premier ait commencé à travailler un peu plus tôt que le second. Comme je l'ai déjà fait voir, l'époque de leur

---

les papes Pie II et Paul III, signalé dernièrement par M. Eugène Muntz, *Gazette des Beaux-Arts*, juillet 1878, p. 100 et s.

(1) XI, p. 781.

(2) Voy. l'étude que je leur ai consacrée dans la *Gazette des Beaux-Arts*, t. XV, p. 380 et s., accompagnée d'une admirable planche par M. Jules Jacquemart. Jamais on n'a mieux rendu que dans cette planche le style propre à chacun des trois grands maîtres de l'art monétaire.

grand éclat correspond à la tyrannie des deux Denys à Syracuse. C'est alors qu'ils ont été chargés d'exécuter les énormes pièces d'argent, du poids de dix drachmes attiques, que l'on appelait *pentécontalitra* (voy. livre VI, chap. IX, au mot *Pentécontalitron* ; livre VII, chap. I, § 1) : Toutes celles de ces pièces qui sont jusqu'à présent connues, appartenant à l'époque indiquée, sortent des mains de l'un ou de l'autre, et ce sont leurs plus merveilleux chefs-d'œuvre. Une partie seulement est signée. Mais, sur les pentécontalitra du même temps qui ne portent pas de nom d'artiste, il est facile de reconnaître le faire de l'un des deux rivaux, sans qu'on en ait encore rencontré qui porte l'empreinte d'une troisième main.

Depuis longtemps le jugement unanime de tous les connaisseurs a proclamé ces pentécontalitra de Syracuse, gravés par Evénète et Cimon, même avant qu'on n'eût su discerner les noms de leurs auteurs, le *nec plus ultra* de l'art monétaire. Des deux graveurs, Cimon ne doit être classé que le second, et pourtant ses œuvres surpassent de beaucoup ce qui a été fait de plus remarquable dans le même art à la Renaissance. Son style est loin d'être sans défauts ; il recherche un peu trop les tours de force et le côté gracieux des types, aux dépens d'une beauté plus idéale et plus sublime. Ses figures, trop surchargées de détails et d'ornements, manquent de simplicité, et par suite perdent quelque chose du côté de la pureté et du grandiose. En même temps, il a toujours dans l'exécution une certaine âpreté, qui quelquefois atteint presque à la rudesse et contraste singulièrement avec la recherche de grâce dont il paraît toujours préoccupé.

Cimon n'est qu'un grand artiste ; Evénète est le plus grand de tous dans la branche qu'il a cultivée. Il est comme le Phidias de la gravure en monnaies. Regardez pendant quelque temps une pièce gravée par lui, et bientôt vous oublierez les dimensions exiguës de l'objet que vous tenez à la main ; vous croirez avoir sous les yeux quelque fragment détaché des frises du Parthénon ; car c'est le propre de l'art parvenu à sa perfection, de donner autant de grandeur aux plus petits qu'aux plus immenses objets, et de rassembler sur un flan monétaire de six ou sept centimètres de diamètre autant de beauté et de puissance que dans une statue colossale.

Comme beaucoup de grands maîtres, Evénète a progressé constamment dans le cours de sa carrière et modifié sa manière d'une manière sensible. A ses débuts, dans les dernières années du v° siècle, son style et son faire participent beaucoup de ceux d'Eumène, avec qui il commence par être associé et qui semble avoir été son maître. C'est Raphaël dans sa première manière, encore sous l'influence du Pérugin. Evénète a déjà, de plus qu'Eumène, ce je ne sais quoi de divin où se sent l'artiste de premier ordre ; mais il lui emprunte un dernier reste de la raideur et de la dureté de l'ancien style. Peu à peu son style s'assouplit et se perfectionne, il gagne de la douceur et de la liberté, mais en gardant toujours un accent de grandeur simple et de sévérité jusque dans la grâce, qui atteint au sublime. Comme précision et science du modelé, il est incomparable ; ses têtes de divinités respirent un souffle vraiment idéal ; il sait être riche sans tomber dans cet excès d'ornements et de détails qui finit par rapetisser une œuvre d'art. Son exécution arrive à une finesse égale à celle de la gravure des intailles ou des camées sur gemmes ; cette finesse inouïe de travail est même son écueil, car dans les figures de petite dimension des revers des tétradrachmes il la pousse presque jusqu'à la sécheresse. C'est à ce moment le plus complet du développement de son talent qu'il grave les coins des pentécontalitra et qu'il voit se dresser en face de lui, comme son émule et son rival, Cimon, lequel paraît lui avoir survécu et avoir continué à graver après lui, de même qu'Euclide.

Au reste, ce n'est pas à l'école athénienne de Phidias que se rattachent les graveurs syracusains, mais à l'école dorienne de Polyclète. Le peu qui reste des œuvres originales des sculpteurs de l'école d'Argos, qui disputa un moment la palme à celle d'Athènes, les fragments de l'Héræon d'Argos (1), où travailla Polyclète lui-même, une tête encore inédite en bas-relief, découverte au monastère de Loukou, et dont j'ai rapporté en 1863 un moulage à notre École des Beaux-Arts, présentent comme art la plus étroite parenté avec les belles monnaies syracusaines. C'est la même manière de sentir et de rendre la nature, la même conception de l'idéal, la recherche des mêmes lignes.

En revanche, Théodote, le graveur de Clazomène, qu'il faut mettre sur la même ligne que les deux grands Syracusains, se relie par son style d'une manière manifeste aux enseignements presque romantiques (si semblable expression peut s'employer en parlant de sculpteurs grecs) des artistes qui travaillèrent à la décoration du tombeau de Mausole, et en firent une des merveilles du monde. C'est encore un maître du premier ordre, qui pour la noblesse du style et la science du modelé peut rivaliser avec Evénète lui-même. Mais il n'a pas aussi bien compris les conditions spéciales de la composition des types monétaires. En employant, au lieu d'un profil, pour décorer le droit de ses

---

(1) F. Lenormant, *Rev. Archéol.* nouv. sér. t. XVI, p. 116-122.

monnaies, une tête de trois-quarts modelée en méplat, il s'est laissé aller trop complaisamment — comme l'ont fait aussi, du reste, à Syracuse, Cimon et Euclide vers la fin de leur carrière — à une mode passagère de son temps (voy. livre IV, chap. I, § 1 et 9). Et s'il y a trouvé l'occasion de prouver, dans de très-grandes difficultés, toutes les ressources de son talent, il a fait preuve de moins de goût et d'intelligence en ne discernant par les inconvénients qui devaient empêcher l'établissement définitif de la mode à laquelle il a cédé, tandis qu'Événète n'y a jamais sacrifié.

FIN DU TOME III

TABLE ANALYTIQUE
DES MATIÈRES
DU TOME III

LIVRE III. — LA LOI DANS LES MONNAIES ANTIQUES.

Chapitre II. — Coup d'œil sur la doctrine monétaires et ses conséquences pratiques dans l'antiquité.

§ 1. — Les Grecs.

	Pages.
1. Les Grecs ne se sont jamais mépris sur la véritable nature de la monnaie...	1
La théorie de la monnaie chez Aristote...	Ibid.
Chez Platon...	2
Chez Xénophon...	3
2. Excellence de la monnaie grecque au point de vue de la correspondance entre la valeur matérielle intrinsèque et la valeur nominale de circulation...	4
Rareté des exceptions à cette règle générale...	6
L'opération monétaire des Cyzicéniens aux ve et ive siècles av. J.-C...	7
L'opération de l'*Union des hectés d'électrum* et son peu de succès sur les marchés...	8
Les monnaies fourrées n'ont jamais été chez les Grecs que des espèces de nécessité...	Ibid.
La théorie de la *monnaie-signe* ne s'est jamais implantée chez les Grecs au temps de leur indépendance...	9

Pages.

3. Garanties qui s'opposaient chez les Grecs à l'altération systématique des espèces. Le caractère municipal du monnayage. 10
La liberté politique et l'esprit de contrôle.................. 11
On ne trouve dans le monde hellénique d'altération des monnaies que sous les *tyrans* 12
Nombreuses altérations des espèces dans l'empire despotique des Perses; contraste qu'il offre, sous ce rapport, avec la Grèce. 13
Prétention des Achéménides à l'établissement du double étalon et à la fixation légale d'un rapport invariable entre l'or et l'argent; conséquences qu'entraîne cette erreur économique..... 14
En l'absence de la notion du système représentatif, le développement des autonomies municipales dans les états monarchiques était le seul contre-poids à l'omnipotence du souverain; c'est la barrière qui a empêché l'altération des monnaies dans une partie des royautés grecques après Alexandre........... 17

§ 2. — *Les Romains.*

1. La saine doctrine monétaire est transmise des Grecs aux Romains.. 18
On en trouve encore des vestiges chez les jurisconsultes, mais moins nettement formulés et laissant la porte ouverte à de graves abus.. 19
Ce qui manque à la définition de la monnaie par Paul.......... *Ibid.*
2. Les premières réductions de l'as à Rome n'impliquent pas la prétention de l'Etat à donner au numéraire une valeur conventionnelle et factice.. 21
La première tentative de ce genre s'observe dans la loi Flaminia, mais elle était alors seulement un expédient de nécessité résultant de la détresse de la République...................... 23
3. Cette loi devient un précédent funeste, dont s'autorise la théorie de la monnaie-signe, adoptée par le parti aristocratique à l'avénement de la *nobilitas*... 25
Perturbations profondes dans les monnaies qui résultent de l'adoption de cette fausse théorie au milieu des désordres politiques de la décadence de la République.............................. 26
Tentative de réforme de Marius Gratidianus.................... 27
Triomphe de la doctrine de la monnaie-signe avec Sylla........ *Ibid.*

Pages.
4. L'habile politique de César et d'Auguste produit de bonnes monnaies au commencement de l'Empire.................. 28
Mais le développement du despotisme impérial, s'autorisant de la doctrine de la monnaie-signe, amène bientôt de grandes altérations des espèces.................................... 29
Progrès de ces altérations à partir de Néron.................. 30
La crise monétaire du IIIe siècle.............................. 31
La doctrine désormais universellement adoptée livrant la monnaie à l'arbitraire du souverain, toutes les tentatives postérieures de réforme n'ont qu'un effet temporaire, et l'altération des espèces reprend toujours son cours au bout de peu de temps.. *Ibid.*
5. L'empire romain lègue au Moyen-Age son erreur économique sur la nature de la monnaie; conséquences de ce funeste héritage.. 32
La grande crise monétaire du XIVe siècle..................... 33
St Thomas d'Aquin lui-même reconnaît au souverain le droit d'altération des monnaies................................. 34
Seul, dans le Moyen-Age, Nicolas Oresme proteste contre cette théorie et formule les vrais principes économiques.......... *Ibid.*
Triomphe tardif de ceux-ci chez les peuples modernes......... 35

Chapitre III. — Les magistrats monétaires dans l'antiquité.

§ 1. — *Les magistrats monétaires chez les Grecs.*

1. Obscurité du sujet...................................... 37
Divers modes de signature des magistrats responsables sur les espèces monnayées des Grecs.............................. *Ibid.*
Absence presque constante de la mention du titre de ces magistrats.. 38
Les deux principaux systèmes adoptés chez les Grecs en pareille matière à l'époque de leur pleine indépendance : le monnayage confié au principal magistrat politique, ou bien remis à des officiers spéciaux et indépendants, d'ordre inférieur........... 39
2. Les trois noms de magistrats inscrits sur les tétradrachmes athéniens de la seconde série............................ *Ibid.*

	Pages.
Les deux premiers sont annuels; le troisième se renouvelle à chaque prytanie.	40
Importance du personnage qui tient le premier rang.	41
Conjectures émises au sujet de son titre.	42
Ce personnage représente la direction suprême du monnayage.	Ibid.
La seconde signature est celle de l'individu chargé spécialement de la fabrication.	43
C'est à lui qu'appartient le petit type accessoire placé dans le champ du revers de la monnaie.	Ibid.
Exceptions à cette règle.	45
Explication possible de ces exceptions.	47
Le troisième nom inscrit, qui change à chaque prytanie.	49
Le magistrat qui mettait cette troisième signature sur la monnaie devait avoir un office de surveillance et de contrôle.	50
Le monnayage était donc confié, chez les Athéniens, à trois magistrats spéciaux, ayant des rôles savamment partagés et offrant au public toutes les garanties de contrôle et de responsabilité.	51
3. Cités où, sans un mécanisme aussi habile, nous trouvons encore le monnayage remis à un magistrat spécial.	52
Le monnoyer dans la convention entre Mitylène et Phocée pour la fabrication des hectés d'électrum.	Ibid.
Dans la série des cyzicènes et dans celle des villes de l'*Union des hectés*, la distinction des émissions de chaque monnoyer successif se fait par le changement du type principal, la ville n'étant indiquée que par un symbole accessoire.	53
Modifications ayant le même objet, dans les détails des types principaux, sur les monnaies de Tarente.	54
Le symbole personnel du magistrat monétaire devenant le type du revers dans une portion de la numismatique d'Abdère.	55
Les bronzes athéniens contemporains des tétradrachmes de la seconde série.	Ibid.
Le magistrat qui place sa signature et son symbole en petit type accessoire, dans le champ, au revers des monnaies d'argent de Rhodes après Alexandre.	Ibid.
Ce n'est pas le prêtre d'Hélios, éponyme de la cité.	56
Le rapprochement avec les monnaies de cuivre frappées par Rhodes sous l'Empire Romain établit que ce magistrat est le ταμίας ou trésorier public.	58
4. Villes où c'est le premier magistrat politique qui signe la monnaie comme responsable.	60

	Pages.
Les prytanes à Smyrne....................................	Ibid.
Le premier prytane à Pergame...........................	61
L'archonte à Taba de Carie...............................	62
Ce système paraît avoir été général dans les cités grecques de l'Asie Mineure..	Ibid.
La signature du prytane éponyme sur les monnaies de Corcyre.	63
Celle du prêtre d'Apollon Actien à Leucade.................	Ibid.
Celle du démarque à Naples	Ibid.
Réunion des signatures du premier archonte et du monnoyer spécial sur les espèces d'Olbiopolis........................	64
5. Ce système de la double signature du magistrat politique et du monnoyer, adopté dans un grand nombre de localités...	65
Les deux noms des monnaies d'argent de Dyrrhachion et d'Apollonia d'Illyrie...	Ibid.
Mention de l'éponyme politique sur les monnaies de Cherrhonésos de Tauride..	69
Sur celles de la Cyrénaïque après l'extinction de la dynastie des Battiades..	Ibid.
Objet de la mention du magistrat éponyme sur les espèces monétaires...	70
L'éponyme ainsi mentionné, quand il joint à l'inscription de son nom le symbole de son cachet personnel, se constitue responsable des espèces..	71
6. Les magistrats mentionnés sur les monnaies fédérales des ligues grecques...	72
Stratéges des Phocidiens...................................	Ibid.
Des Chalcidiens de Thrace.................................	73
De la Ligue Acarnanienne.................................	Ibid.
Béotarques..	Ibid.
Stratéges des Épirotes.....................................	74
Les deux noms inscrits sur les monnaies de la Ligue Thessalienne formée après la bataille de Cynoscéphales.................	Ibid.
Signature des magistrats spécialement monétaires de chacune des villes sur les espèces de la Ligue Achéenne..............	75
Mécanisme de la responsabilité qui en résultait..............	76
La responsabilité des cités et de leurs magistrats dans le monnayage de la Ligue Lycienne...............................	77
7. Les marques d'ateliers et de monnoyers sur les monnaies royales grecques à partir de Philippe et d'Alexandre........	78
Travaux sur ce sujet......................................	79
Une seule de ces marques indique l'atelier.................	81

	Pages.
Les autres sont celles de fonctionnaires ou de monnoyers......	82
Division habituelle des hôtels des monnaies en plusieurs officines.	83
Marques qui paraissent quelquefois appartenir à un fonctionnaire supérieur préposé simultanément à plusieurs hôtels de monnaies............	84
8. Inscription exceptionnelle du nom d'un personnage, tracé tout au long sur des monnaies royales; signification de ce fait.....	85
Les magistrats municipaux des villes et les chefs de peuplades barbares sur des espèces d'imitation, qui ne sont royales qu'en apparence............	86
Exemples plus positifs du fait que nous étudions sur les monnaies d'Alexandre le Grand, d'Alexandre son fils et de Philippe Arrhidée	87
Les généraux de Lysimaque............	89
Le ministre Sosibios sur les monnaies de Ptolémée Philopator...	90
L'eunuque Eulæos sur celles de la minorité de Ptolémée Evergète.	91
Tryphon sur celles d'Antiochus VI............	Ibid.
Inscription du nom d'un Philippe sur une drachme de Démétrius Ier de Syrie............	92
9. Mention des magistrats locaux sur les monnaies des villes de la province sénatoriale d'Asie, sous les empereurs..........	93
La plupart de ces mentions ont un caractère simplement éponymique, destiné à dater la monnaie............	94
Caractère vague de l'expression ἄρχων dans les légendes de ce genre............	96
Mention de deux archontes ou de tout le collège des magistrats dans des légendes monétaires éponymiques............	99
Le premier éphore sur les espèces de Sparte............	100
Eponymie du *bularchos* à Mastaura de Lydie............	Ibid.
Les cités où le magistrat éponyme, mentionné comme tel sur les monnaies, était le secrétaire public............	101
Cas où l'inscription monétaire du nom de ce secrétaire public doit indiquer qu'il a eu réellement la direction de la fabrication des espèces............	102
L'omission du titre du magistrat éponyme est aussi fréquente que son inscription à côté de son nom, dans les légendes des monnaies............	103
Quelquefois, au lieu du titre politique qui lui valait le rôle d'éponyme, ce magistrat enregistre à la suite de son nom un titre sacerdotal, dont il était en même temps revêtu	104
Mentions de prêtres qu'il faut ainsi expliquer............	106
Mentions d'Asiarques ayant le même caractère............	107

	Pages.
Villes où l'éponyme n'était pas un magistrat politique mais un fonctionnaire de l'ordre sacerdotal.....................	111
Dates monétaires par la double mention d'un prêtre en exercice et de l'éponyme politique............................	112
10. Les mentions de magistrats comme dates éponymiques, sur les monnaies des villes grecques au temps de l'Empire Romain, n'apprennent rien au sujet de la nature des magistrats qui dans ces villes avaient la direction du monnayage...............	113
Légendes d'une autre nature, ayant trait aux fonctionnaires réellement préposés à la fabrication des espèces..............	115
Les questeurs ou trésoriers.............................	116
L'agent de comptabilité à Cidyessos de Phrygie..............	117
Mentions numismatiques de commissaires spéciaux délégués par les cités à la surveillance d'une émission monétaire..........	Ibid.
Expressions spéciales indiquant, dans quelques localités, que la monnaie a été frappée « par les soins » d'un personnage.....	119
Etude des magistrats sacerdotaux ou agonistiques qui ont eu la direction des émissions monétaires d'Apamée de Phrygie, liés aux grands jeux solennels de cette ville...................	120
Autres mentions de personnages chargés de la direction des jeux, sur des espèces circulantes et des médaillons non monétaires..	125
Développement des monnaies sacrées dans la numismatique des villes de la province d'Asie sous les Empereurs............	126
La direction du monnayage d'Ephèse confiée à cette époque, et antérieurement, du temps de la pleine autonomie, au grand-prêtre d'Artémis...............................	127
Monnaie épirote signée d'un prêtre, probablement celui de Dodone.	130
Les monnaies frappées à Smyrne et à Philadelphie de Lydie avec le nom du même personnage, le prêtre Hermippos..........	131
Autres exemples analogues, paraissant se rapporter à des personnages généreux qui ont gratifié les villes d'émissions de monnaies à leurs frais......................................	132
11. Cette sorte de libéralité municipale est tout à fait dans l'esprit des mœurs du temps de l'Empire....................	Ibid.
Fabrication de monnaies aux frais de ceux qui fournissaient à la dépense des jeux......................................	134
Les légendes numismatiques à formule de dédicace............	Ibid.
Légendes de ce genre sur des pièces non-monétaires...........	135
Dédicaces de pièces monétaires ou non-monétaires par un des premiers fonctionnaires de la cité.........................	137
Dédicaces de la même nature sans expression du titre de donateur.	139

	Pages.
Les émissions monétaires dédiées à différentes cités par P. Claudius Attalus, fils du sophiste Polémon....................	140
Villes d'Asie-Mineure où la formule de dédicace est constante sur les monnaies...	143

§ 2. — *Les magistrats monétaires chez les Romains.*

1. Travaux antérieurs à ce sujet.............................	145
La direction de la monnaie urbaine avant l'institution de magistrats spéciaux à cet objet................................	146
Les triumvirs monétaires et leur titre......................	147
Leurs attributions...	148
2. Les triumvirs monétaires chargés des émissions du monnayage ordinaire..	149
Autres magistrats chargés exceptionnellement d'émissions extraordinaires...	150
Les monnaies signées des édiles curules ont été frappées à leurs frais, pour les dépenses des jeux qu'ils donnaient au peuple..	151
Les deniers républicains portant la mention *ex argento publico*...	152
Rareté extrême des pièces de cuivre produites par des monnayages extraordinaires................................	154
3. Les origines de la magistrature des triumvirs monétaires.....	155
Colléges de triumvirs mentionnés au complet sur les espèces romaines antérieures à Sylla................................	158
Commissions monétaires plus nombreuses, exceptionnellement formées à la même époque.................................	160
Le triumvirat monétaire devient une magistrature régulière après la Guerre Sociale..	160
Obscurités que présente encore son organisation..............	161
Il était compris dans les magistratures mineures..............	162
La signature des triumvirs monétaires sur les espèces urbaines..	163
Rareté de l'inscription de leur titre après leur nom............	164
Les triumvirs pompéiens réfugiés en Orient..................	166
4. Accroissement du nombre des magistrats mineurs par César..	*Ibid.*
Substitution de quatuorvirs aux triumvirs monétaires.........	167
Le premier collége de quatuorvirs (de 44 av. J.-C.) et ses vicissitudes...	*Ibid.*
La fabrication de la monnaie d'or encore remise à une commission extraordinaire en 44.....................................	169

	Pages.
Remise l'année suivante aux quatuorvirs ordinaires	170
Les quatuorvirs de l'an 43 av. J.-C.	170
Ceux de l'an 42	172
De l'année suivante	173
5. Interruption de toute mention des magistrats monétaires urbains réguliers sur les espèces après 41 av. J.-C.	176
Restitution de l'ancienne magistrature des triumvirs des monnaies, en 727 de Rome	177
Pièces d'Auguste en argent et en or qu'ils signent dans les années de 20 à 15 av. J.-C. (734 à 739 de Rome)	Ibid.
Suppression de toute mention de ces magistrats sur les espèces des deux métaux nobles, à partir de 14 av. J.-C.	180
Les triumvirs continuent pendant une dizaine d'années encore à inscrire leurs nom sur les pièces de cuivre	Ibid.
Disparition définitive de la mention de ces magistrats, même sur le monnayage sénatorial de cuivre	181
Les premières pièces de ce métal frappées dans les nouvelles données	182
Résumé des dates de l'histoire des magistrats monétaires sénatoriaux sous Auguste, et époque précise du partage du droit de battre monnaie entre l'Empereur et le Sénat	183
6. Quoique n'inscrivant plus les noms de ses membres sur les espèces, le triumvirat monétaire continue pendant deux siècles et demi, sous l'Empire, à faire partie du cadre des magistratures régulières	185
Relevé des mentions des triumvirs dans les inscriptions latines de la période impériale	Ibid.
7. Tout en montrant la permanence de l'office des triumvirs monétaires sous l'Empire, les inscriptions ne renseignent pas sur la nature de leurs attributions réelles à cette époque	196
Système de M. O. Hirschfeld et sa réfutation	197
Les triumvirs monétaires, à l'époque impériale, n'ont pu avoir autorité que sur la fabrication de la monnaie de cuivre du Sénat.	198
Tant que celle-ci a continué à être frappée, son administration a été distincte de celle de la monnaie d'or ou d'argent de l'Empereur, même après la réorganisation du service monétaire par Trajan	199
Date des dernières mentions épigraphiques de triumvirs monétaires sous les empereurs	200
Suppression de cette magistrature sous Aurélien, en même temps que prend fin le monnayage sénatorial de cuivre	201

	Pages.
8. Fixation par M. O. Hirschfeld des lignes essentielles de l'histoire de l'administration du monnayage d'or et d'argent de l'Empereur	202
Sa constitution en service fiscal de la maison impériale	Ibid.
La direction de la monnaie de Rome remise dans le 1er siècle à l'intendant *a rationibus*, celle des ateliers provinciaux aux procurateurs du fisc des provinces	203
Trajan institue l'office du *procurator monetae*	Ibid.
Mentions épigraphiques de personnages revêtus de ce titre	204
Leurs employés de comptabilité, les *dispensatores*	205
Le *procurator monetae* continuant à dépendre du *rationalis*	206
Fraudes auxquelles se livraient les agents du fisc attachés à l'administration des monnaies, et leur définition légale	Ibid.
Fabrication d'espèces coulées au lieu d'espèces frappées	207
9. Institution, à partir du règne d'Aurélien, de procurateurs spéciaux pour les divers hôtels monétaires, désormais beaucoup plus multipliés dans les provinces, au lieu d'un *procurator monetae* unique	208
Ces fonctionnaires sous le régime institué par Dioclétien	211
Au temps du Bas-Empire, ils sont placés sous la dépendance du *Comes sacrarum largitionum*	Ibid.
Autorité monétaire du *Domesticus* ou *Major domus palatii* à la cour des rois barbares	213
10. Calque du gouvernement central de la mère-patrie dans les institutions des colonies romaines	Ibid.
Le conseil des décurions y a, sur la monnaie locale, la même autorité que le Sénat de la République sur la monnaie de l'État.	214
Mention de la délibération des décurions sur les espèces coloniales	Ibid.
Emploi de la formule *ex senatus consulto* comme équivalent de *decurionum decreto*	215
Fréquente omission de cette dernière formule, précisément parce que la délibération préalable des décurions était une condition absolument nécessaire pour toute émission de monnaie locale	217
Le soin de présider à la fabrication monétaire, dans les colonies, est, d'après la règle habituelle, remis aux duumvirs	218
Liste des villes qui, sur leurs monnaies, mentionnent ces magistrats avec leur titre	Ibid.
Inscription monétaire du nom des deux duumvirs à la fois ou d'un seul	219

Les duumvirs ordinaires et les quinquennaux dans l'épigraphie numismatique	220
Les princes revêtus d'un duumvirat honoraire et leurs *praefecti*.	223
Duumvirat honoraire des rois étrangers	225
De deux Césars en même temps	Ibid.
Praefecti de duumvirs ordinaires empêchés par force majeure de remplir leurs fonctions	226
Les *praetores duumvirs* de Celsa sous le second Triumvirat	227
Inscription du nom des duumvirs sur les espèces des colonies, dès le temps de la République	229
Villes qui mentionnent sur leurs monnaies des quatuorvirs	231
Variété des magistrats qui figurent comme chargés du monnayage sur les espèces de Carteia de Bétique	232
Monnaies des colonies signées par des édiles	233
Mentions de magistrats par la simple inscription de leur titre, sans noms	235
Les formules *faciendum curavit* et *curavit*	236

Chapitre IV. — L'organisation des ateliers monétaires, les graveurs et les ouvriers dans l'antiquité.

§ 1. — Chez les Grecs.

1. L'*argyrokopeion* d'Athènes	237
Cet hôtel des monnaies était annexé au sanctuaire du héros Stéphanéphore	238
Les ouvriers en étaient pris parmi les esclaves publics	239
Sa division en plusieurs ateliers	Ibid.
Marques de ces différents ateliers sur les monnaies	240
Les uns paraissent avoir été permanents, les autres temporaires	241
Conjectures au sujet des noms de ces ateliers	242
Garantie qui résultait de l'inscription sur les monnaies de la marque des ateliers spéciaux de l'*argyrokopeion*	244
2. Vestiges de l'emploi de marques de même nature sur les monnaies d'autres cités libres et de monarchies grecques	245
On n'en trouve qu'à partir du temps de Philippe de Macédoine et d'Alexandre	Ibid.
Les villes qui ont eu un monnayage constant et considérable, ont dû généralement, comme Athènes, posséder un *argyrokopeion* officiel	246

284 TABLE ANALYTIQUE DES MATIÈRES

	Pages.
Il a dû en être de même dans les siéges de monnayage des principales monarchies..	247
Système différent à Antioche, révélé par un récit de Polybe	*Ibid.*
Les officines de monnoyers y apparaissent comme des ateliers privés, analogues à ceux des orfévres	248
Système de la fabrication monétaire confiée, sous certaines garanties, à l'industrie privée	249
Ce système paraît avoir été celui qui était adopté à Dyrrhachion et à Apollonia d'Illyrie	250
Le monnoyer en même temps orfévre	*Ibid.*
Réunion des deux métiers en une même corporation, comme à Smyrne	251
Mécanisme du système de l'orfévre entrepreneur, et son adoption par les villes qui n'avaient pas un monnayage assez régulier ni assez constant pour se charger des frais d'un *argyrokopeion* officiel	*Ibid.*
Garanties légales qui devaient prévenir les inconvénients de ce système	252
3. Les signatures des graveurs sur les monnaies grecques	253
Principaux travaux des numismatistes modernes à ce sujet	254
Liste des noms de graveurs inscrits sur les monnaies des villes grecques de l'Italie méridionale	255
De celles de la Sicile	256
Graveurs des monnaies de Massalie	259
Des villes de la Crète	*Ibid.*
Marques que l'on peut encore considérer comme des signatures de graveurs sur les monnaies d'autres contrées grecques	260
Pièces portant la signature de deux graveurs ayant travaillé en collaboration	*Ibid.*
Graveurs qui ont travaillé pour plusieurs villes différentes	261
Observations de M. Von Sallet sur les limites de temps dans lesquelles on trouve les signatures des graveurs sur les monnaies grecques	262
Observations de M. Barclay Head sur les dates des différents graveurs monétaires de Syracuse	264
Les signatures des graveurs ne se rencontrent sur les monnaies que pendant une période d'une soixantaine d'années, et constituent toujours un fait exceptionnel en dehors de l'Italie et de la Sicile	266
Les graveurs monétaires devaient être en même temps ciseleurs et orfévres	267

	Pages.
Silence des écrivains anciens à leur égard....................	268
Les trois grands graveurs qui méritent une place dans l'histoire de l'art...	Ibid.
Comparaison entre les deux Syracusains Cimon et Evénète.....	269
Ils se rattachent à l'école dorienne de Polyclète................	271
Théodore de Clazomène et les relations de son style avec celui des sculpteurs du Tombeau de Mausole................................	Ibid.

FIN DE LA TABLE DES MATIÈRES DU TOME III

Paris. — Imp. Gauthier-Villars, 55, quai des Grands-Augustins.

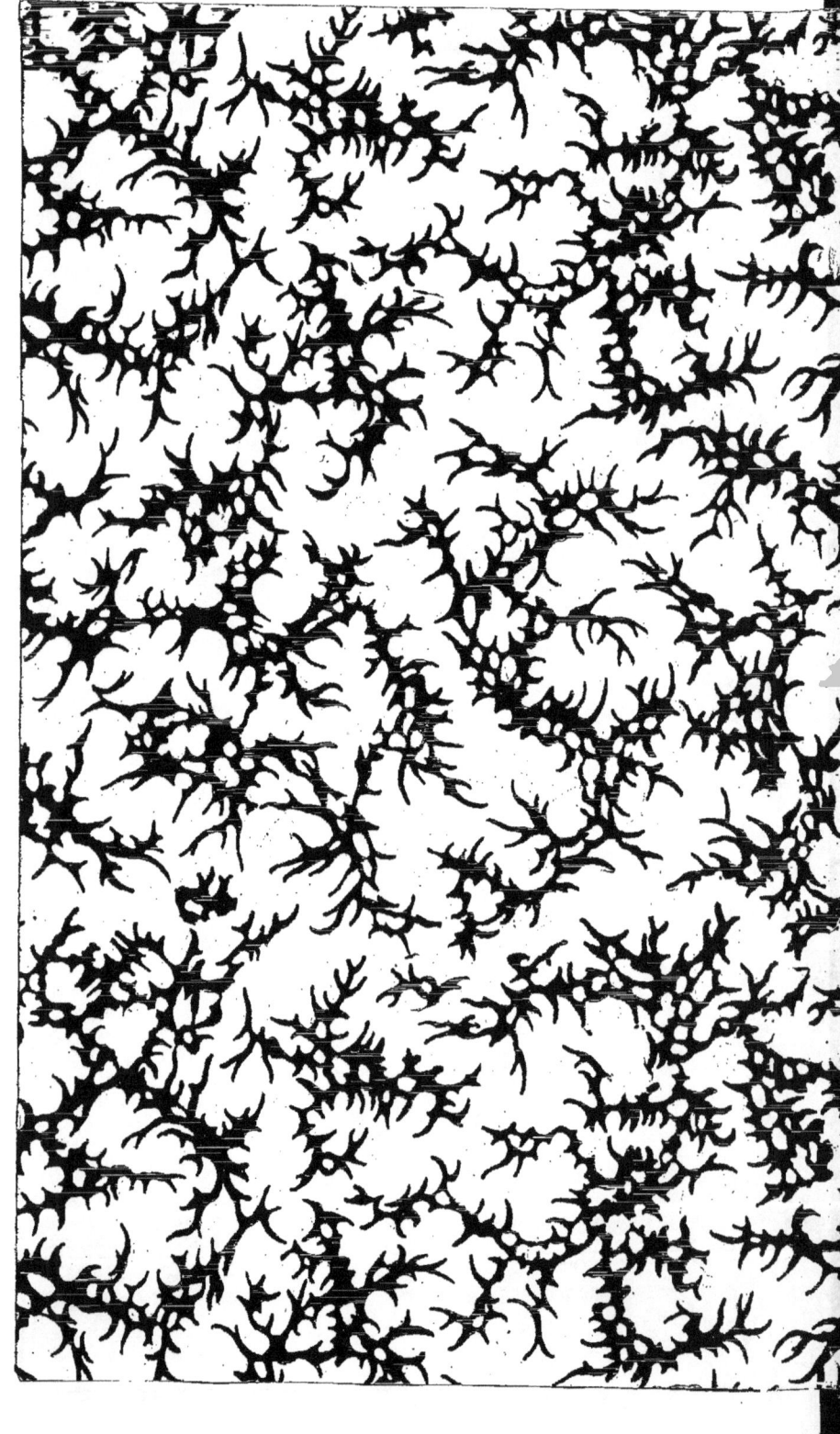

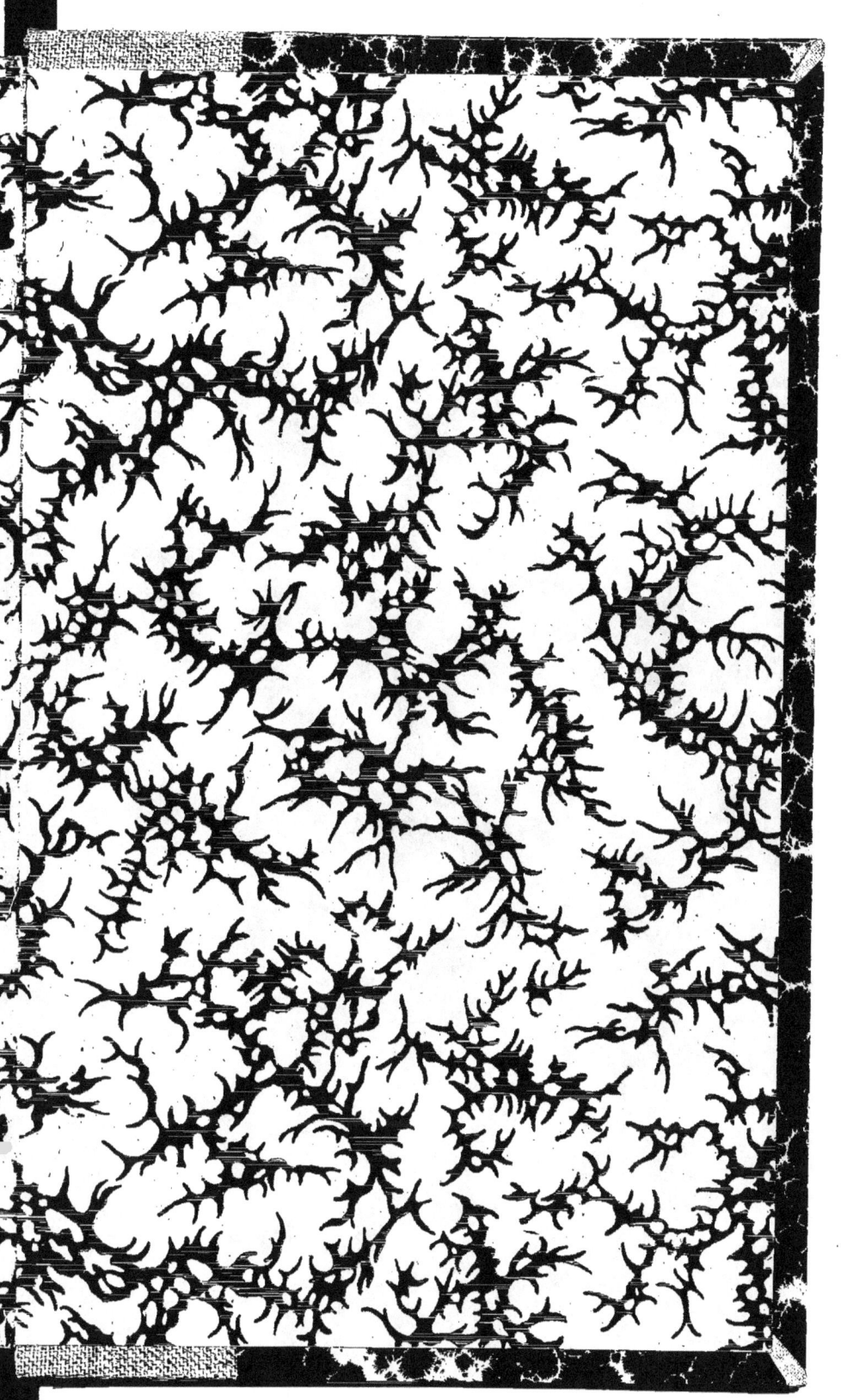

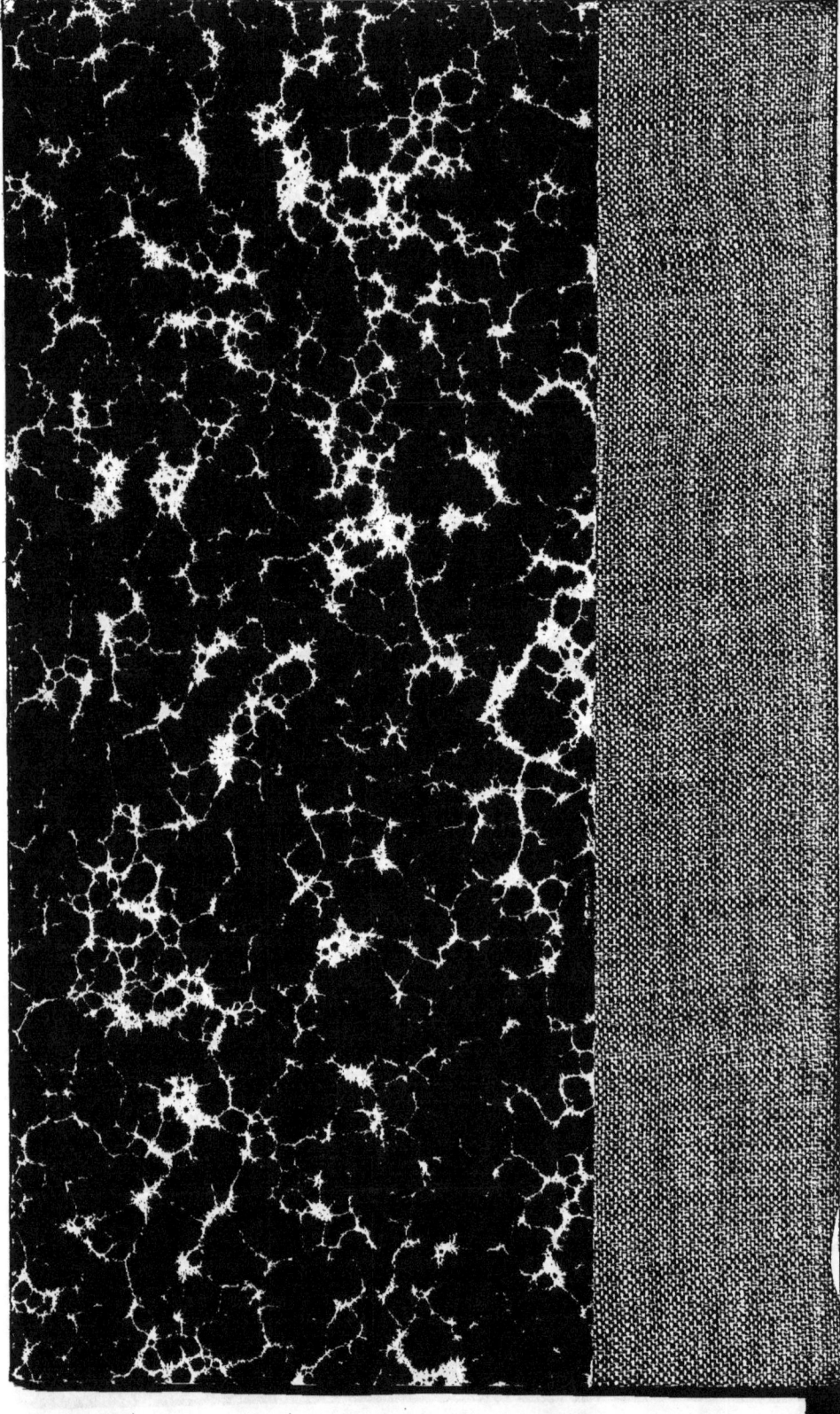

www.ingramcontent.com/pod-product-compliance
Lightning Source LLC
Chambersburg PA
CBHW071345150426
43191CB00007B/853